65歳定年に向けた
人事処遇制度の見直し実務

労務行政研究所 編

労務行政

は し が き

　現在、高年齢者の雇用は新たな局面を迎えています。
　2018年の人事院勧告に際して、人事院が国家公務員の定年を60歳から65歳に段階的に上げるよう国会と内閣に申し入れたことを受けて、政府は国家公務員法や給与法などの改正関連法案の提出に向けて準備を進め、2021年4月施行を目指しています。2018年10月の政府の「未来投資会議」では、人生100年時代に向けて「65歳以上への継続雇用年齢の引き上げに向けた検討」を開始するとし、2019年夏に3年間の工程表を含む実行計画を閣議決定するとしました。さらに、2018年11月に示された「経済政策の方向性に関する中間整理」では、70歳までの就業機会の確保に向けた法制化の検討の方向性も示されています。このように65歳以上の雇用に向けて国家公務員が先鞭をつけ、高年齢者雇用安定法が改正されれば、民間企業に与える影響は大きいといえます。
　こうした政府の動きに加え、公的年金の支給開始年齢は段階的に引き上げられ、男性の場合は2025年度に65歳となります。2021年度以降に60歳に到達する労働者は65歳まで「無年金期間」が続くことになります。折しもバブル入社層のボリュームゾーンが50～54歳に達し、人件費の負担増がピークになるのも2025年前後に当たります。少子高齢化に伴う構造的な人手不足、2020年4月施行（大企業）の定年後再雇用者と正社員との間の処遇格差の解消を求める同一労働同一賃金への対応など、高年齢者雇用をめぐる環境は激変しています。企業は新たな対応に迫られており、最近では65歳定年制を導入する企業も増えつつあります。
　そこで、本書では、これから求められる高年齢者雇用の在り方に対して、企業がいかに対応すべきか、またどのようなステップで各種制度を整備・改定すべきかに焦点を当て、多角的な視点から専門家に解説いただきました。いずれも、実務に即した内容で丁寧に分析・解説しており、ぜひとも手元に置いてご活用いただければ幸いです。
　最後に、本書の刊行に当たり、ご多用中にもかかわらずご執筆いただいた執筆者の方々に厚く御礼申し上げます。
　2019年3月

　　　　　　　　　　　　　　　　　　　　　　　　労務行政研究所

目次

第1章 高年齢者雇用の現状と最近の高年齢者雇用をめぐる動き

1 少子高齢化社会の現状
　──人口減少と高齢化率、将来推計人口　　　16
2 第4次安倍政権で重点政策となる
　「生涯現役社会に向けた雇用制度改革」　　　17
3 65歳以降の継続雇用の検討始まる
　──70歳までは多様な選択肢で　　　17
4 政策のベースにある「ニッポン一億総活躍プラン」　　　21
5 年金受給繰り下げ制度の改善などを含む
　「高齢社会対策大綱」を閣議決定　　　22
6 「未来投資戦略2018」──定年延長の促進・再就職支援の強化　　　23
7 60歳超雇用──2度の高年齢者雇用安定法改正に伴う
　「雇用確保措置」の変遷　　　25
8 雇用保険法の改正で65歳以降の雇用者が保険の適用対象に　　　26
9 厚生労働省「2018年『高年齢者の雇用状況』」から見た
　企業の高年齢者雇用の実態　　　28
　[1] 高年齢者雇用確保措置の実施状況　　　28
　[2] 65歳定年制の導入状況　　　29
　[3] 66歳以上の雇用確保措置の実施状況　　　29
10 年金の不支給期間と雇用確保による収入の維持期間の
　接続を目的とした法律改正の経緯　　　30
11 JILPT調査から見る高年齢者の雇用・就業をめぐる課題　　　31

12	「経労委報告」等に見る経営側の動向	34
13	定年延長・継続雇用をめぐる労働組合側の動向	36
14	年金制度改正と高齢者就業機会の拡大は第4次安倍政権の重要課題	39

第2章 総点検 ―定年後再雇用者の「均衡待遇」と制度の見直し（法令・判例編）

1	長澤運輸事件最高裁判決が定年後再雇用に与える影響	42
	[1] 長澤運輸事件最高裁判決の概要	42
	[2] 労契法20条の適用と考慮要素	42
	[3] 長澤運輸事件最高裁判決が定年後再雇用に与える影響	46
2	短時間・有期雇用労働法の概要	48
	[1] 主要な改正点	48
	[2] 待遇の相違の内容・理由を説明する際の考え方	53
3	「短時間・有期雇用労働者及び派遣労働者に対する不合理な待遇の禁止等に関する指針」の内容	56
	[1] ガイドライン案から引き続き示されている点	57
	[2] ガイドライン案から修正・加筆された点	59

第3章 総点検 ―定年後再雇用者の「均衡待遇」と制度の見直し（制度設計編）

| 1 | はじめに | 62 |
| 2 | 報酬項目別の見直し――同一労働同一賃金の考え方 | 64 |

3	法令対応に向けた具体的な見直し方法	68
	［1］報酬制度の見直し	68
	［2］業務分担・役割分担の見直し	72
4	同一労働同一賃金を踏まえたこれからの人事制度の在り方	75
5	おわりに	80

第4章 65歳定年制への移行実務

1	高齢社員戦力化の方向性	84
	［1］戦力化を図るなら65歳以上定年	84
	［2］継続雇用制度も「進化」している	86
2	定年延長vs再雇用	87
	［1］定年延長と再雇用、比べてみると……	87
	［2］65歳定年のタイプ	87
	［3］定年延長の効果	88
	［4］定年延長に当たっての課題	91
3	65歳定年制に向けた定年延長の手順	92
	［1］定年延長を進める手順	92
	［2］現状把握〜基本方針の決定段階	94
	［3］制度検討・設計、具体的検討・決定段階	98
	［4］実施段階	114
	［5］見直し・修正段階	120
4	高齢者戦力化のための七つのポイント	121
5	まとめ	123

第5章 シニア・プレシニア世代の活用戦略
バブル入社組の高年齢化を見据えた本格的な制度改定論

第1節　55〜60歳超社員を取り巻く環境と企業の取り組み

1　現状の課題認識　126
2　シニア・プレシニア世代の処遇を取り巻く経営環境　126
3　企業における人員構成の実態と推移予測　130
4　企業における定年前後の処遇制度の実態　133
　[1] 継続雇用制度の導入　133
　[2] 定年の引き上げ　137
　[3] 定年廃止　138

第2節　自社における要員調達ニーズの予測を踏まえた制度コンセプトの設計

1　検討の枠組みとコンセプトを定める　138
2　シニア・プレシニア世代の処遇制度を考えるための枠組み　139
3　ステップ1：現状の把握と今後の事業戦略等を基にした要員構成の予測　141
　[1] 60歳を超える人材の雇用確保措置についての理解　141
　[2] 自社の要員構成の実情と今後の変化についての把握　141
4　ステップ2：問題抽出とあるべき仕組み・取り組みの構想　150
　[1] 65歳までの雇用確保措置としての制度を選択する　150
　[2] 現状のシニア・プレシニア世代の処遇制度の実態把握と問題点の抽出　152
　[3] シニア・プレシニア世代の処遇コンセプトの設計　152

第3節　定年延長を行う場合の人事制度改定の進め方と事例紹介

1　仕組み・取り組みの詳細設計	154
2　定年延長する場合の人事制度の実装パターン	155
[1] 一国一制度	155
[2] 一国二制度	158
[3] その他	158
3　定年延長を行う場合の人事制度改定のプロセスと事例	159
[1] 該当人材のミッションの明示	159
[2] 職務の定義・コース（等級制度）設計	163
[3] 評価・報酬制度設計（退職給付制度除く）	165
[4] 原資調整・退職給付制度改定	169
[5] 既存人事制度の調整	171

第4節　円滑な制度導入に向けて実施すべき事項の整理と進め方

1　制度を円滑に導入し、定着させるための要件	172
2　定年延長に際して実施すべき事項の全体像	173
3　①制度設計段階 　　──激変緩和を目的とした移行措置案の設計	174
[1] 労働契約法上の不利益変更の視点	174
[2] 高年齢者雇用安定法の視点	177
[3] 税金・補助金の視点	179
4　②制度導入段階──人事制度改定内容の周知活動の実施	180
[1] 管理職には管理職向けの制度説明会を 　　　　開催するだけなく、運用マニュアルを配布する	180

	[2] 定年延長時点で50〜59歳の非管理職、60歳以上の嘱託社員には、対象者向け制度説明会に加え、新制度の適用に関して個別面談を行う	180
	[3] 制度導入時点で49歳以下の正社員には、案内文書を発信し、必要に応じて対面での説明会や個別説明の場を設ける	182

5 ③制度浸透段階──継続的な周知活動の実施　　　　　183
　　［1］シニア・プレシニア世代となる正社員への定期的な
　　　　説明会の実施　　　　　　　　　　　　　　　　183
　　［2］正社員に対する相談窓口の設置　　　　　　　　184
6 ④制度定着・活用段階
　　──シニア・プレシニア世代の活躍に向けた支援　　185
　　［1］シニア・プレシニア世代の活躍支援の仕組みの決定　187
　　［2］シニア・プレシニア世代の活躍に向けた
　　　　トレーニング手段の検討・実施　　　　　　　　188

第5節　定年延長に伴う退職給付制度の見直し

1 検討すべき課題　　　　　　　　　　　　　　　　　189
2 退職給付制度における検討項目　　　　　　　　　　189
3 具体的な検討事項　　　　　　　　　　　　　　　　190
　　［1］A．コンセプトの統一　　　　　　　　　　　　190
　　［2］B．トータルコストの検討　　　　　　　　　　193
　　［3］C．タイミングの統一　　　　　　　　　　　　195
　　［4］D．法令制約の理解　　　　　　　　　　　　　195
4 最後に　　　　　　　　　　　　　　　　　　　　　198

第6章 高年齢者雇用における健康管理・安全衛生管理

1	高年齢者雇用における健康管理・安全衛生管理の課題	**202**
2	労災事故と安全管理	**204**
	[1] 事故事例とその背景	204
	[2] 労災事故につながる加齢現象と個人差	205
	[3] 安全管理の基本的な考え方・進め方	207
	[4] 高年齢労働者による転倒災害を防止するポイント	208
3	業務上疾病と労働衛生管理	**210**
	[1] 具体的な事例とその背景	210
	[2] 労働衛生対策・5管理の考え方と進め方	211
4	高年齢労働者における心身の健康問題の課題と対応	**215**
	[1] がんに対する対策	215
	[2] 脳・心臓疾患に対する対策	219
	[3] メンタルヘルス対策	221
	[4] 認知症への対応	224
5	対策の統合と求められるエイジ・マネジメント	**225**
	[1] 十分に働けない従業員の増加	225
	[2] これから取り組む「エイジ・マネジメント」	228
	[3] 高年齢者に配慮した職場改善チェックリスト	230

第7章 今から進めるバブル入社層の活性化

1	問題の背景 ――バブル入社層の影響に伴う組織高年齢化の進行	**232**
2	問題の本質――パフォーマンスと処遇のミスマッチ	**232**

3	バブル入社層の活性化に向けた組織的なアプローチ	**235**
	［1］経営スタンスの明確化	235
	［2］マネージャーの関与	239
	［3］自身の意識改革	242
	［4］モチベーション向上に向けた必要・十分条件	245
	［5］社内での「キャリア」から「プロフェッショナル」への意識転換	247
	［6］これからの時代に求められる仕事意識	249
	［7］役割に対する当事者意識の醸成	250
	［8］ケーススタディ	254
4	**おわりに**	**258**

第8章 65歳定年制導入企業の事例

事例❶ 東洋インキグループ　　262

1. 高年齢者雇用の基本的な考え方		**263**
［1］定年引き上げに至る背景		263
［2］段階的な引き上げとした理由		266
［3］定年引き上げと処遇制度改定の方向性		267
2. 65歳定年制と「シニア正社員制度」の内容		**268**
［1］60歳以降は「シニア正社員」へ移行		268
［2］シニア正社員への格付け		269
［3］仕事内容・勤務条件		271
［4］処遇内容		271
［5］人事評価		272
［6］再雇用制度の内容		278

3. 定年引き上げに伴う60歳以前の制度変更　　　　　279
　　[1] 昇格・昇給意欲を高める賃金テーブル変更　　280
　　[2] 諸手当の再改定　　　　　　　　　　　　　　280
　　[3] 退職金制度の改定　　　　　　　　　　　　　280
4. 関連施策の展開　　　　　　　　　　　　　　　　283
5. 社員の反応と変更へのコンセンサス醸成　　　　　284
6. 今後の展望　　　　　　　　　　　　　　　　　　286
7. 他社へのアドバイス　　　　　　　　　　　　　　287

事例❷ オーエスジー　　　　　　　　　　　　288

1. 65歳定年制度導入の経緯と目的　　　　　　　　　289
　　[1] 従来の定年後再雇用制度の推移　　　　　　　289
　　[2] 定年延長の基本的な考え方　　　　　　　　　290
　　[3] 旧制度（シニアスタッフ制度）の運用状況　　290
2. 65歳定年制度の内容　　　　　　　　　　　　　　291
　　[1] 勤務形態・職務　　　　　　　　　　　　　　291
　　[2] 社員区分・賃金など処遇面の変更　　　　　　293
　　[3] 総額人件費に対するスタンス　　　　　　　　296
　　[4] 定年延長時点で60歳に到達していた社員への対応　297
3. 定年延長に対する従業員の反応　　　　　　　　　298
4. 役職定年者へのセカンドキャリア支援施策　　　　299
5. 今後に向けた課題　　　　　　　　　　　　　　　300
6. 他社へのアドバイス　　　　　　　　　　　　　　301

事例❸ 日置電機　　302

1. 定年延長に至った経緯　　303
　　[1] 65歳定年制への移行　　303
　　[2] 2017年までの嘱託再雇用制度の内容　　304
2. 65歳定年制の内容　　305
　　[1] 勤務形態、職務内容　　305
　　[2] 月例給、賞与　　306
　　[3] 退職金　　308
3. 70歳までの継続再雇用制度　　309
　　[1] 65歳以降の働き方　　309
　　[2] 継続再雇用制度の内容　　309
　　[3] 給与　　309
　　[4] 運用実績　　311
4. 中高年層の賃金カーブの見直し　　312
5. 60歳以降の賃金制度を再度見直し　　314
6. 今後の課題　　316
　　[1] 制度全体の見直し　　316
　　[2] 今後の課題　　316
7. 他社へのアドバイス　　318

高年齢者雇用の現状と最近の高年齢者雇用をめぐる動き

1 少子高齢化社会の現状——人口減少と高齢化率、将来推計人口

わが国の総人口は2017年10月1日現在、1億2671万人で、65歳以上人口は3515万人となり、総人口に占める割合（高齢化率）も27.7％となっている（総務省統計局「人口推計」確定値）[**図表1-1**]。65歳以上人口を男女別に見ると、男性は1526万人、女性は1989万人で、女性のほうが3割程度多い。

総人口は2011年から減少に転じ、その後も長期にわたって減少し続けることが見込まれる。国立社会保障・人口問題研究所「日本の将来推計人口」（2017年推計）の出生中位・死亡中位仮定に基づく推計結果によると、2029年に人口が1億2000万人を下回った後、2053年には1億人を割り込んで9924万人となり、2065年には8808万人にまで減少すると推計されている。

一方、65歳以上人口は、「団塊の世代」が65歳以上となった2015年に3387万人となっており、同世代が75歳以上となる2025年には3677万人に達する。その後も65歳以上人口は増加傾向が続き、2042年の3935万人でピークを迎え、以降は減少に転じると見込まれている。

総人口が減少する中で65歳以上層がこのように増加することで、65歳以上の高齢化率は上昇を続け、2036年には33.3％と3人に1人となると推計されている。65歳以上人口がピークとなる2042年以降に高齢層の人口が減少に転じたとしても、高齢化率は上昇を続け、2065年には38.4％に達し、国民の約2.6人に1人が65歳以上となる。同年にはさらに、75歳以上人口の割合も25.5％となり、約3.9人に1人が75歳以上となる。このように、高齢化率は時間の経過とともに長期間にわたり高まり続ける見通しである。

2 第4次安倍政権で重点政策となる「生涯現役社会に向けた雇用制度改革」

　このように、急速に少子高齢化が進展する中、第4次安倍政権は重点政策に「生涯現役社会に向けた雇用制度改革」を据えた。第197回臨時国会が2018年10月24日に召集され、安倍晋三首相は所信表明演説の中で、最大のチャレンジと位置づける全世代型の社会保障制度実現に向けた改革を今後3年かけて進める考えを示した。これに関連して安倍首相は、「これまでの働き方改革の上に、生涯現役社会を目指し、65歳以上への継続雇用の引上げや中途採用・キャリア採用の拡大など雇用制度改革に向けた検討を進め」ると強調した。

　これに先立つ2018年10月2日の新内閣発足後の記者会見で安倍首相は「人生100年時代を見据え、生涯現役社会を実現するための雇用制度改革について検討を開始してもら」うと表明し、新たに全世代型社会保障改革を担当する特命担当大臣に茂木敏充氏を充てた。茂木大臣は同年10月5日の記者会見で、全世代型社会保障改革の基本的方向性について、「生涯現役社会の実現に向けて、65歳以上への継続雇用年齢の引上げに向けた検討を開始」すると述べた。

3 65歳以降の継続雇用の検討始まる──70歳までは多様な選択肢で

　こうした動向を受け、「未来への投資」の拡大に向けた成長戦略と構造改革の加速化を図るための司令塔と位置づけられている政府の未来投資会議（議長・安倍首相）が2018年10月22日に首相官邸で開かれ、安倍首相は「65歳以上への継続雇用年齢の引上げについては、70歳までの就業機会の確保を図り、高齢者の希望・特性に応じて、多様な選択肢を許容する方向で検討する」とし、2019年の夏までに実行計画を決め、具体的な制度化の方針を決定した上、労働政策審議会を経て、法律案を提出

図表1-1 高齢化の推移と将来推計

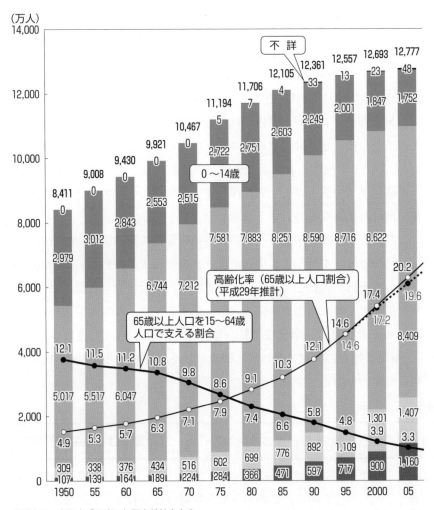

資料出所：内閣府『平成30年版高齢社会白書』

[注] 1. ①棒グラフと実線の高齢化率については、2015年までは総務省統計局「国勢調査」、2017年は同「人口推計」（平成29年10月1日確定値）、2020年以降は国立社会保障・人口問題研究所「日本の将来推計人口（平成29年推計）」の出生中位・死亡中位仮定による推計結果。
②点線と破線の高齢化率については、それぞれ「日本の将来推計人口（平成9年推計）」の中位仮定、「日本の将来推計人口（平成24年推計）」の出生中位・死亡中位仮定による、推計時点における将来推計結果。

2. 2017年以降の年齢階級別人口は、総務省統計局「平成27年国勢調査　年齢・国籍不詳をあん分した人口（参考表）」による年齢不詳をあん分した人口に基づいて算出されていること

第1章 高年齢者雇用の現状と最近の高年齢者雇用をめぐる動き

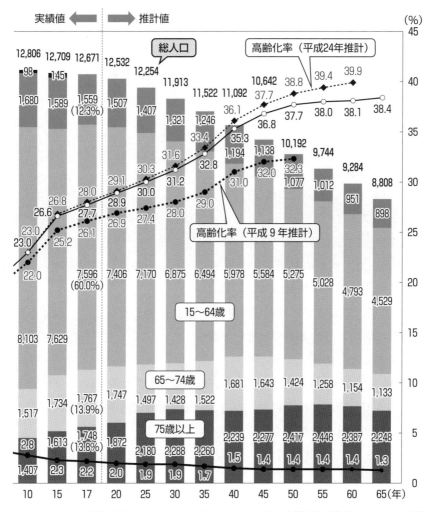

とから、年齢不詳は存在しない。なお、1950～2015年の高齢化率の算出には分母から年齢不詳を除いている。
3. 年齢別の結果からは、沖縄県の昭和25年70歳以上の外国人136人（男55人、女81人）および昭和30年70歳以上2万3328人（男8090人、女1万5238人）を除いている。
4. 将来人口推計とは、基準時点までに得られた人口学的データに基づき、それまでの傾向、すう勢を将来に向けて投影するものである。基準時点以降の構造的な変化等により、推計以降に得られる実績や新たな将来推計との間にはかい離が生じ得るものであり、将来推計人口はこのような実績等を踏まえて定期的に見直すこととしている。

する方向で検討するよう関係閣僚に指示した。

　この会議で示された70歳までの就業機会確保を進める際の主な論点は、次のとおりである。

◆高齢者の希望・特性に応じた選択肢

「65歳までと異なり、それぞれの高齢者の希望・特性に応じた活躍のため、とりうる選択肢を広げる必要があるのではないか」

「このため、多様な選択肢を許容し、選択ができるような仕組みを検討する必要があるのではないか」

◆法制化の方向性

「70歳までの就業機会の確保を円滑に進めるには、法制度についても、ステップ・バイ・ステップとし、まずは、一定のルールの下で各社の自由度も残る法制とすべきではないか」

「その上で、個々の従業員の特性等に応じて、多様な選択肢のいずれかを求めることを検討すべきではないか」

「その際、65歳までの現行法制度は、混乱が生じないよう、改正を検討しないこととするのではないか」

◆年金制度との関係

「70歳までの就業機会の確保に伴い、年金支給開始年齢の引上げは行うべきでないのではないか。他方、年金受給開始年齢を自分で選択できる範囲は拡大を検討すべきではないか」

　これらを踏まえた出席者からの意見として、労働政策審議会の樋口美雄会長が、「政労使間の社会的対話を通じ、その具体的な対応のロードマップを固めていくことは急務と考える」との見解を示した。また、「70歳までの就業機会確保」については、健康寿命の延伸と高齢者のニーズの多様化に対応していくため、「短時間勤務や起業のほか、地域でのボランティア的な就労など様々な働き方に対するニーズも高まって」おり、「こうした働く側のニーズの変化に対応する視点を持って、今後の具体的政策を検討していく必要がある」とした。

この会議には、労使団体のトップも出席し、経団連の中西宏明会長は、年齢にかかわらず活躍できる社会をつくることが重要としつつも、高齢者には、意欲・能力・健康面で個人差があり、働き方のニーズも多様であることから、「高齢者の多様性をうまく活かした、幅広い活躍の場を用意することが必要」との見解を表明した。

　一方、連合の神津里季生会長は、意欲ある高齢者が年齢にかかわりなく働き続ける社会の実現は歓迎するものの、高齢者は体力や健康面で個人差が大きいため、職場におけるきめ細かな作業環境の改善やメンタルヘルス対策などの安全衛生対策の充実が必要と主張した。また、定年後に継続雇用され、業務内容に変化がないにもかかわらず賃金が減少するケースが多いことから、「同一労働同一賃金原則を踏まえたさらなる均等・均衡待遇の取り組みが必要」と要望した。

4 政策のベースにある「ニッポン一億総活躍プラン」

　この新たな政策の方向性のベースにあるのが、アベノミクスの第2ステージで打ち出された「一億総活躍社会」であり、安倍首相は「少子高齢化の問題に真正面から立ち向かう」と強調していた。これを受け、2016年6月2日に「ニッポン一億総活躍プラン」が閣議決定された。一億総活躍社会とは、「女性も男性も、お年寄りも若者も、一度失敗を経験した方も、障害や難病のある方も、家庭で、職場で、地域で、あらゆる場で、誰もが活躍できる、いわば全員参加型の社会」と定義された。

　その中で高齢者の就労促進については、「生涯現役社会を実現するため、雇用継続の延長や定年引上げに向けた環境を整えるとともに、働きたいと願う高齢者の希望を叶えるための就職支援を充実する必要がある」とし、高齢者の就業率を高めていくことが、主要な政策課題の一つに位置づけられた。

　その方向性として既に、「将来的に継続雇用年齢や定年年齢の引上げ

を進めていくため……の環境を整えていく必要がある。企業の自発的な動きが広がるよう、65歳以降の継続雇用延長や65歳までの定年延長を行う企業等に対する支援を実施し、企業への働きかけを行う」との基本的な方針が示されていた。

　高齢者の就労促進に向けた具体的な対策として、同プランでは、継続雇用延長や定年延長を実現するための優良事例の横展開、高齢者雇用を支える改正雇用保険法の施行、企業における再就職受け入れ支援や高齢者の就労マッチング支援の強化などを進めるとしていた。

　同プラン策定後に実施された対策を見ると、2016年度第2次補正予算で、「65歳超雇用推進助成金」が創設され、65歳以降の継続雇用延長等を実施した企業を支援することとされた。2017年度予算でも同助成金は継続された。また、継続雇用延長等を実施した企業をヒアリング調査し、賃金制度・評価制度等の雇用管理の在り方、雇用管理制度を見直すための手順をまとめた「65歳超雇用推進マニュアル」を2017年3月に策定した。

5　年金受給繰り下げ制度の改善などを含む「高齢社会対策大綱」を閣議決定

　2018年2月に、年金繰り下げ制度の改善に向けた検討などを盛り込んだ高齢社会対策大綱が閣議決定された。高齢期における職業生活の多様性に応じた一人ひとりの状況を踏まえた年金受給の在り方について、次期の財政検証（2019年）に向けて、関係審議会等において検討を行い、法案提出も含めた必要な措置を講ずるとした（経済・財政再生計画　改革工程表。その後、同新計画の「改革工程表2018」も公表されている）。

　大綱では、政策分野別の基本的施策を設定している。その中で「就業・所得」については、「公的年金の支給開始年齢の引上げ等を踏まえ、希望者全員がその意欲と能力に応じて65歳まで働けるよう安定的な雇用

の確保を図る」とし、また、年齢を判断基準とせず、就業継続意欲が高い高齢者が多く見られる現況を踏まえて、「年齢にかかわりなく希望に応じて働き続けることができるよう雇用・就業環境の整備を図るとともに、社会保障制度についても、こうした意欲の高まりを踏まえた柔軟な制度となるよう必要に応じて見直しを図る」との方針を盛り込んだ。就業継続がもたらす年金受給面の課題を踏まえた制度見直しの方向性が提起されたことになる。

さらに、「勤労者の職業生活の全期間を通じた能力の開発」として、「職業生涯の長期化や働き方の多様化等が進む中、勤労者がその人生において、必要な学び直しを行いライフスタイルに応じたキャリア選択を行うことができるよう、人生100年時代を見据え、リカレント教育の抜本的な拡充等、誰もが幾つになっても、新たな活躍の機会に挑戦できるような環境整備について、検討する」とした。

その具体的な施策として、「職業訓練の実施や職業能力の『見える化』」と「個々人に合った職業生涯を通じたキャリア形成支援」の推進を挙げている。

6 「未来投資戦略2018」──定年延長の促進・再就職支援の強化

アベノミクス成長戦略の中核として政府が重点的に取り組んでいく政策の方向性を示す「未来投資戦略2018」が、2018年6月15日に閣議決定された。この中で、「人材の最適活用に向けた労働市場改革」として、「Society 5.0※」の社会実装が進む中、個人に求められるスキルは飛躍的に高度化・専門化すると指摘。その上で、こうした変化に対応するには、内部労働市場中心の人材活用から脱却し、労働市場全体で人材の最適活用を進める必要があるとしている。

※Society 5.0：サイバー空間（仮想空間）とフィジカル空間（現実空間）を高度に融合させたシステムにより、経済発展と社会的課題の解決を両立する、人間中心

の社会（Society）をいう。狩猟社会（Society 1.0)、農耕社会（Society 2.0)、工業社会（Society 3.0)、情報社会（Society 4.0)に続く、新たな社会を指す。
https://www8.cao.go.jp/cstp/society5_0/index.html

　このため、「職務や能力等の内容の明確化とそれに基づく公正な評価・処遇の仕組みを普及させるとともに、女性、高齢者、外国人等が活躍できる場の拡大に取り組む」ことなどを改革の方向性とした。高齢者が活躍できる場の拡大策としては、企業における定年延長等の促進やハローワークにおける再就職支援の強化に取り組むとともに、シルバー人材センターを活用したマッチングの促進のほか、フリーランスなど雇用によらない働き方など、多様な就業の選択肢拡大を挙げた。また、継続雇用により定年後も同一の企業で働き続ける高齢者の処遇の在り方について検討を行うとしている。

　同戦略にある「多様な選考・採用機会の拡大」の中で、労働移動支援助成金等については、初めて中高年齢者を採用する企業への助成を拡充するなど、キャリアアップおよびキャリアチェンジを後押しすることに重点化して再構築することとした。さらに、中小企業等の中核人材確保に向けて、大企業等からの労働移動を円滑にするために仲介支援機関等を整備するなど、中高年齢者の転職による就業機会の拡大を進める対策も盛り込まれた。

　それに加えて、「人生100年時代」においてはキャリアを自ら切り開くマインドが必要となり、リカレント教育を通じた知識のアップデートや新たなスキルの獲得が不可欠となってくることから、「主体的なキャリア形成の支援」を盛り込んだ。その具体策として、「労働者が『気づき』の機会を得て、主体的にキャリア形成を行えるよう、年齢、就業年数、役職等の節目において企業内外でキャリアコンサルティングを受けられる仕組みの普及、ジョブ・カードの活用促進やキャリアコンサルタントの資質向上に取り組むとともに、長期の教育訓練休暇制度の導入支援など学び直しに資する環境整備を進める」としており、キャリアチェンジ

による、職業人生の長期化も政策の射程に入れた。

このように、アベノミクスの第２ステージで打ち出された「一億総活躍社会」から既に、高齢者の就業機会の拡大の方向性は、深く埋め込まれていたといえる。

7 | 60歳超雇用──２度の高年齢者雇用安定法改正に伴う「雇用確保措置」の変遷

60歳以降の雇用確保措置が、企業にとって大きな課題として浮上してきたのは、まず2004年の高年齢者雇用安定法（高年齢者等の雇用の安定等に関する法律。以下、高年法）改正（2006年４月施行）だった。それまで努力義務とされていた65歳までの高年齢者雇用確保措置が「義務」に格上げされた。事業主が講ずべき措置の具体的内容も拡充され、①定年年齢の65歳引き上げ、②希望者全員対象の65歳までの継続雇用制度導入、または③定年の定めの廃止──のいずれかを選択して実施することとなった。ただし、経過措置として、労使協定により継続雇用制度の対象者を限定する基準を定めることなどが認められていた。

この見直しの背景には、老齢厚生年金の定額部分（１階部分）の支給開始年齢が、2001年度から３年ごとに１歳ずつ引き上げられ始めたため、同引き上げにより生じる年金の不支給期間と雇用確保による（従来の年金受給に代わる）収入の維持期間の接続措置が必要となったことがある。その一方、経過措置を活用し、どのような条件を整備するかは、労使による協議・話し合いに委ねられる格好となった。

しかし、2013年度からの特別支給の老齢厚生年金の報酬比例部分（２階部分）の支給開始年齢の引き上げられることになり、60歳定年後に年金の空白期間が生まれることになった。男性の場合（女性の場合は５年遅れ）、2013年度に61歳へ、2016年度に62歳へ、2019年度に63歳へ、2022年度に64歳へ、2025年度に65歳へと段階的に引き上げられ、各年度

以降は当該年齢に達するまで基本的に無年金の状態となる。

　これを受け、政府は2010年6月に閣議決定された「新成長戦略」で、65歳まで希望者全員の雇用が確保されるよう、所要の措置を行う方針を示し、2020年までに60〜64歳の就業率を63％とする目標を掲げた。これを踏まえて、厚生労働省は2011年6月に「今後の高年齢者雇用に関する研究会報告書」を取りまとめ、65歳までの雇用確保の方策として、①65歳までの法定定年年齢の引き上げ、②希望者全員の65歳までの継続雇用——の選択肢を示した。

　同報告書に基づいて、労働政策審議会で検討が行われた結果、法定定年年齢の引き上げは現段階では困難であるため、「継続雇用制度」の対象者を労使協定で限定できる仕組みを廃止することで、65歳までの希望者全員の雇用を確保することが適当——との結論に至った。

　このような状況を踏まえて、高年法が2012年に改正され、対象者を限定する基準を設けることは認められないこととなり、事業主には本人が希望する限りは継続雇用される制度を実施する義務が課された。

　2013年4月から施行された同改正法では、65歳未満の定年の定めをしているすべての事業主は、①65歳までの定年引き上げ、②希望者全員を対象とする65歳までの継続雇用制度の導入、③定年の定めの廃止——のいずれかの雇用確保措置を講じなければならないことになった。

8｜雇用保険法の改正で65歳以降の雇用者が保険の適用対象に

　政府はまた、「『日本再興戦略』改訂2015」で示された「意欲ある高齢者が、年齢にかかわりなく生涯現役で活躍し続けられるよう社会環境を整えていくことは……極めて重要」との方針を踏まえ、65歳以上の新規雇用高齢者を雇用保険の適用対象とする雇用保険法の改正案を2016年1月に国会に提出し、同改正法は同年3月に成立した。改正事項は次のとおりである。

①65歳以降新たに雇用される者を雇用保険の適用対象とする
②地方公共団体、シルバー人材センター、事業主団体などの高齢者の就業等に係る地域の関係者は協議会を組織することができ、当該協議会の協議を経て、厚生労働大臣の同意が得られた計画に定める高年齢者の雇用に資する事業については雇用保険二事業（①雇用安定事業、②能力開発事業）として実施する
③シルバー人材センターにおける業務について、従来「臨時的・短期的」（おおむね月10日程度まで）または「軽易な業務」（おおむね週20時間程度まで）と限定されていたが、センターが行う労働者派遣・職業紹介業務について週40時間までの就業を可能にする

　これまで、65歳以上の高年齢者は雇用保険の被保険者とならないため、同層に対する国の施策は主に一般財源で実施されてきたが、今後は雇用保険二事業も活用し、65歳以上の雇用促進に積極的に取り組むことになった。65歳以上で雇用される者を再び雇用保険の適用対象としたことに象徴されるように、高年齢者雇用・就業の政策は、徐々に年齢基準から脱却し、積極的な活躍促進を図る方向に進んでいる。

　なお、労働契約法（以下、労契法）の改正によって、2013年4月から「無期転換ルール」が導入されたが、2015年4月に施行された「専門的知識等を有する有期雇用労働者等に関する特別措置法」によって、高度な専門的知識等を有する有期契約労働者のほか、定年後、引き続き雇用される高齢の有期契約労働者について、雇用管理上の措置に係る計画を申請し、都道府県労働局長に認定されれば、改正労契法に伴う無期転換申込権が発生しない特例が規定されている。

9 厚生労働省『2018年『高年齢者の雇用状況』』から見た企業の高年齢者雇用の実態

[1] 高年齢者雇用確保措置の実施状況

先に見たように、改正高年法では、65歳未満の定年の定めをしているすべての事業主に対して、高年齢者雇用確保措置を講じるよう義務づけているが、それと同時に、毎年6月1日現在の高年齢者雇用状況の報告を求めている。厚生労働省の2018年「高年齢者の雇用状況」調査結果（従業員31人以上の15万6989社〔以下、全集計対象企業〕の状況）によると、65歳までの高年齢者雇用確保措置を実施済みの企業は15万6607社で、前年比で0.1ポイント増加し99.8％となった。その内容（実施内訳）を見ると、「継続雇用制度の導入」12万4135社が最も多く79.3％（前年比1.0ポイント減）に上る［図表1-2］。一方、「定年制の廃止」4113社は2.6％で同横ばい、「定年の引き上げ」2万8359社は18.1％（同1.0ポイント増）となった。

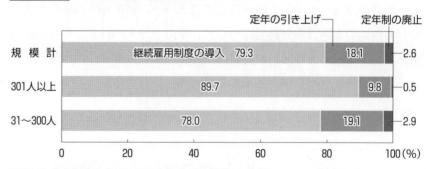

図表1-2 高年齢者雇用確保措置の実施状況

資料出所：厚生労働省「2018年『高年齢者の雇用状況』」（［図表1-3～1-4］も同じ）
［注］ 高年齢者雇用確保措置を実施済みの企業（15万6607社。全集計対象企業〔従業員31人以上の15万6989社〕の99.8％）が実施している同雇用確保措置の内訳を見たもの。

[2] 65歳定年制の導入状況

　定年年齢が65歳となっている企業は2万5217社（前年比1382社増）で、全集計対象企業に占める割合は16.1％（同0.8ポイント増）となった[図表1－3]。企業規模別に見ると、大企業（301人以上）は前年より153社増の1532社で、導入割合は9.4％（同0.9ポイント増）となっている。一方、中小企業（31～300人以下）は同1229社増の2万3685社、同16.8％（同0.7ポイント増）となり、導入割合は大企業を上回っている。

[3] 66歳以上の雇用確保措置の実施状況

　希望者全員とは限らないものの、66歳以上働ける制度のある企業は4万3259社で、全集計対象企業に占める割合は27.6％となっている[図表1－4]。企業規模別に見ると、中小企業は同28.2％（3万9699社）、大企業は21.8％（3560社）となり、こちらも中小企業における導入割合が大企業を上回っている。

　また、同じく70歳以上働ける制度のある企業は4万515社で、前年比5239社増と大幅な伸びを示している。全集計対象企業に占める割合は25.8％（前年比3.2ポイント増）である。企業規模別では、中小企業（前年比4453社増の3万7232社）は同26.5％（同3.1ポイント増）、大企業は（同786社増の3283社）は同20.1％（同4.7ポイント増）となり、こちらは

図表1－3　65歳定年制の導入状況

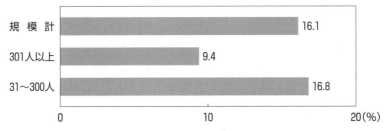

［注］　全集計対象企業（［図表1－2］の脚注参照）に占める割合である（［図表1－4］も同じ）。

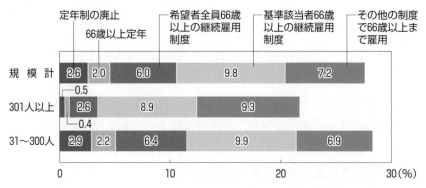

図表1-4 66歳以上の雇用確保措置の実施状況

[注] 1. 66歳以上定年制度と66歳以上の継続雇用制度の両方の制度を持つ企業は、「66歳以上定年」に計上している。
2. 「その他の制度で66歳以上まで雇用」とは、希望者全員や基準該当者を66歳以上まで継続雇用する制度は導入していないが、企業の実情に応じて何らかの仕組みで66歳以上まで働くことができる制度を導入している場合を指す。

大企業の伸びが目立つ結果となった。

10 年金の不支給期間と雇用確保による収入の維持期間の接続を目的とした法律改正の経緯

　高年法は1986年に成立し、事業主に対して定年年齢が60歳を下回らないようにする努力義務が課されることになった。当時はまだ、多くの企業が55歳を定年年齢としていた。

　その後、1994年に公的年金制度が改正され、前述（**7**参照）のとおり老齢厚生年金の定額部分（１階部分）の支給開始年齢が2001年度から2012年度にかけて60歳から65歳に段階的に引き上げられていくことが決まった。これに合わせる形で高年法が改正され、60歳定年の努力義務規定が「義務」規定となった（施行は1998年度から）。わが国の定年年齢が法律上60歳とされたのは、それほど昔のことではない。

　ここから、年金の不支給期間と雇用確保による収入の維持期間を接続

させ、年金の空白期間を埋めるための法律改正や対策が打たれるようになる。年金の支給開始年齢の繰り延べに雇用対策が追従するパターンが始まったともいえる。その後、2000年改正の高年法で、定年の引き上げ、定年後の継続雇用制度の導入等の「高年齢者雇用確保措置」が事業主の努力義務として規定された。

さらに、この改正実施と同じ年（2000年）の公的年金制度改正で、今度は老齢厚生年金の報酬比例部分（2階部分）についても、2013年度から支給開始年齢が段階的に65歳まで引き上げられることが決定された。以降の高年法改正の流れは7で見たとおりであり、2000年の時点ですでに、65歳までの雇用確保措置の義務化は時間の問題だったともいえる。

11 JILPT調査から見る高年齢者の雇用・就業をめぐる課題

2013年度から希望者全員を対象とする65歳までの雇用が義務化され、前述の厚生労働省調査（9参照）にもあるように、60代前半層の雇用確保は着実に実施されつつある。しかし、同層に対して適切な雇用管理を実施していない場合、さまざまな問題が生じることになる。

労働政策研究・研修機構（以下、JILPT）の「高年齢者の雇用に関する調査」（2015年実施）から、60代前半の従業員を対象とした評価制度の導入状況を見ると、導入済みの企業が26.3％、導入検討中の企業が27.7％である。導入済み企業の割合は企業規模による差が顕著で、100人未満20.0％、100～300人未満27.9％に対し、1000人以上では58.6％と過半数を占める。評価制度を導入している1628社に評価結果の活用について聞いたところ、「評価結果に基づき個別面談等を行い、賃金を改定」55.0％、「評価結果に基づき個別面談等を行うが賃金に反映なし」19.9％、「評価は行うが個別面談等は行わず賃金にも反映しない」11.1％となっている。

一般的に定年後に嘱託などの雇用形態で継続雇用されている場合、若

干のランク分けはあるにせよ、ほぼ定額・横並びの賃金制度を適用しているケースが多い。しかし、同調査によると、評価制度導入済みの企業は4社に1社程度にすぎず、その評価を賃金に反映させている割合は半数をやや超える程度となっている。60代前半層に高い生産性を望むのであれば、適切な評価と賃金への反映は不可欠といえる。

定年後の賃金低下についても、大きな課題となる。同機構が2014年に実施した「60代の雇用・生活調査」から、定年後も同じ会社で継続して仕事をしている人の定年到達直後における賃金額の変化を見ると、80.3％が「減少した」と回答しており（[図表1-5] ①）、その減少率は「41～50％台」が24.2％と最も多くなっている（[図表1-5] ②）。継続雇用者にこの賃金低下に対する認識を聞いたところ（複数回答）、「雇用が

図表1-5 継続雇用者の定年到達直後における賃金額の変化

①賃金額の変化 －（人）、％－

区 分	合 計		減少した	賃金額はあまり変化していない	増加した	無回答
60歳以上計	(2,352)	100.0	80.3	13.8	1.2	4.7
60～64歳	(1,227)	100.0	83.8	10.4	1.0	4.8
65～69 〃	(1,125)	100.0	76.4	17.6	1.4	4.7

②賃金額の減少率（①表で「減少した」と回答した場合） －（人）、％－

区分	合計		減 少 率									
			1～5％台	6～10％台	11～15％台	16～20％台	21～30％台	31～40％台	41～50％台	51～60％台	61～70％台	71％以上	無回答
60歳以上計	(1,888)	100.0	1.1	2.6	2.2	8.3	18.6	13.7	24.2	10.8	7.2	4.8	6.4
60～64歳	(1,029)	100.0	2.1	2.6	3.0	5.0	15.7	15.2	25.2	13.0	10.3	4.3	3.5
65～69 〃	(859)	100.0	0.0	2.7	1.3	12.3	22.1	12.0	23.0	8.0	3.4	5.3	9.9

資料出所：労働政策研究・研修機構（JILPT）「60代の雇用・生活調査」（2014年実施、[図表1-6～1-7]も同じ）。
[注] 55歳当時雇用者で、定年年齢または60歳以降も仕事をした人に尋ねたもの（[図表1-6～1-7]も同じ）。

確保されるのだから賃金の低下はやむを得ない」47.5％、「仕事によって会社への貢献度は異なるので、賃金が変わるのは仕方がない」14.6％、「仕事はまったく別の内容に変わったのだから、賃金の低下は仕方がない」6.0％と是認する意見がある一方、「仕事がほとんど変わっていないのに、賃金が下がるのはおかしい」30.0％、「会社への貢献度が下がったわけではないのに、賃金が下がるのはおかしい」20.8％、「仕事の責任の重さがわずかに変わった程度なのに、下がりすぎである」17.0％、「在職老齢年金や高年齢雇用継続給付が出るといって下げるのはおかしい」15.3％などとして、賃金低下に不満を持つ人も多い[図表1－6]。

また、定年後の継続雇用者の「仕事内容の変化」について見ると、「変わっていない」50.7％が最も多く、「同じ分野の業務ではあるが、責任の重さが変わった」34.8％がこれに次ぐ[図表1－7]。さらに、定年後継続雇用者の業務内容の変化と賃金の増減の関係を見ると、仕事の内容は「変わっていない」と回答した人の77.2％が賃金額は「減少した」

図表1－6　継続雇用者の賃金低下に対する認識（複数回答）

－（人）、％－

区分	合計	仕事がほとんど変わっていないのに、賃金が下がるのはおかしい	会社への貢献度が下がったわけではないのに、賃金が下がるのはおかしい	仕事の責任の重さがわずかに変わった程度なのに、下がりすぎである	在職老齢年金や高年齢雇用継続給付が出るといって下げるのはおかしい	仕事によって会社への貢献度は異なるので、賃金が変わるのは仕方がない	仕事はまったく別の内容に変わったのだから、賃金の低下は仕方がない	雇用が確保されるのだから、賃金の低下はやむを得ない	その他	無回答
60歳以上計	(1,888) 100.0	30.0	20.8	17.0	15.3	14.6	6.0	47.5	8.5	1.2
60～64歳	(1,029) 100.0	33.7	20.6	21.2	14.2	13.9	4.5	47.7	8.0	0.3
65～69〃	(859) 100.0	25.6	21.0	12.0	16.5	15.6	7.9	47.3	9.0	2.3

[注]　[図表1－5]①表で賃金額が「減少した」と回答した人に尋ねたもの。

図表1-7 定年年齢または60歳に到達した際の継続雇用者の仕事内容の変化

−(人)、％−

区分	合計	まったく別の業務分野の仕事に変わった	同じ分野の業務ではあるが、責任の重さが変わった	業務内容の一部が変わった	変わっていない	その他	無回答
60歳以上計	(2,352) 100.0	7.4	34.8	2.8	50.7	0.5	3.8
60〜64歳	(1,227) 100.0	6.9	35.1	3.4	51.2	0.9	2.5
65〜69 〃	(1,125) 100.0	8.1	34.5	2.1	50.2	0.0	5.1

としている。労契法20条に定める有期契約労働者に対する「不合理な労働条件の禁止」は、同一の使用者と労働契約を締結している有期契約労働者と無期契約労働者との間で、期間の定めがあることにより不合理に労働条件を相違させることを禁じるものである。同条関連の判例の蓄積や、政府が進める同一労働同一賃金の政策動向によって、高年齢雇用継続給付との関係も含め、高年齢者の定年後の賃金をめぐる環境が変化することも考えられる。

12 「経労委報告」等に見る経営側の動向

　先に見たとおり、企業は法律改正や労務構成上の課題、昨今の人手不足への対応など、それぞれ置かれた状況を踏まえて、高年齢者の雇用継続に努めてきた。先進的に既に65歳以上の定年制を導入、さらに定年制を廃止する企業が出てきている。一方、労働者にとって年金支給開始年齢と接続させるために必要な継続雇用制度が整備されていたとしても、就業意欲を持続させるために、解決しなければならない雇用管理上の課題が残されている。さらに、本人の健康や老親の介護等の問題を抱えている場合、制度と現実の間にミスマッチが生じることもある。

こうした中、経団連は春季労使交渉に向けた指針となる「経営労働政策特別委員会報告」（以下、報告）の中で、高齢者の活躍推進に向けた考え方を示している。ここ2年間の報告、あるいは経団連が実施した高齢社員に関する調査から特徴的な点を挙げると、次のようになる。

【18年版報告】
- 前記JILPTの調査結果（11参照）や政府が目指す同一労働同一賃金の実現に向けた法整備の動向を踏まえて、「継続雇用制度の下で、処遇面に対する不満を持つ高齢社員がみられることに留意が必要」「継続雇用者から求めがあった場合には、無期雇用フルタイムとの待遇差の内容やその理由の説明が必要」と注意を喚起
- 継続雇用制度対象者の納得度を高める工夫として、仕事の内容・責任の範囲、労働時間の長短や異動の有無などに応じた複数の雇用区分を設けて処遇する「複線型の処遇制度」の導入を提起。加えて評価制度を導入し、働きぶりを処遇に反映させていくことも効果的とする
- 2017年3月に決定された「働き方改革実行計画」で65歳までの定年年齢の引き上げについて集中的に支援するとされていること、公務員の定年延長の動きも出てきていることから、定年延長に向けた動きが増えてくるとの見通しを示す

【「ホワイトカラー高齢社員の活躍をめぐる現状・課題と取組み」（2016年5月発表）】
- ホワイトカラー高齢社員の活躍推進企業における取り組みを、支援の対象となる社員の年齢階層に応じ、①継続雇用に向けた準備段階である接続期（55～59歳）、②自律的なキャリア形成意識の確立に向けた若年期（主に30～40代）に大別。役職定年や再雇用など、定年前後のイベントに伴う役割の変化・縮小は避け難いため、「定年前の早い段階からキャリア意識の改革に向けた支援を行い、将来の変化に対応できる心構えを身に付けてもらうことが重要」とする

【19年版報告】

- 「高齢社員の経験を活かし能力を十分に引き出すためには、モチベーションの維持・向上が重要となる」とし、高齢社員のモチベーションの維持・向上策として人事評価制度を取り入れる企業が最も多い（56.4％）とする調査結果（経団連「2018年人事・労務に関するトップ・マネジメント調査」）を踏まえて、「高齢社員の働きぶりを評価し、結果を本人にフィードバックするとともに、処遇へ適切に反映させることが、高齢社員に働きがい・やりがいを持って仕事に従事してもらうためには欠かせない」と指摘
- 政府の未来投資会議等で継続雇用年齢の65歳超への引き上げ、希望者の70歳までの就業機会確保が検討されていること、就労ニーズの多様性や個人差が拡大する特性を踏まえながら、健康で能力と意欲のある高齢社員が年齢にかかわらず活躍できる環境を整える企業が増えていることを踏まえて、65歳超の就業機会の確保に当たっては、「65歳までの対応と異なり、継続雇用を認める対象者を一定の者に限る基準を設定できるようにする」「同一の企業やグループ企業以外の幅広い活躍の場を選択肢とする」ことの必要性を提示

13 定年延長・継続雇用をめぐる労働組合側の動向

　労働組合（以下、組合）にとっても、「定年」が強制的な「雇用終了」の措置となるだけに、高年齢者の雇用安定は長年の課題だった。鉄鋼や造船重機などの組合で構成する基幹労連（約27万人）の前身である鉄鋼労連は、1971年の春闘で60歳定年の要求を掲げ、1973年から本格的な労使交渉に入り、1979年の春闘で1981年度からほぼ2年ごとに1歳定年年齢を引き上げることで労使合意した。この交渉当初から「高齢労働力有効活用の必要性はいずれ増大し、また従業員福祉の観点からも、定年延長について前向きに取り組まなければならない」という労使共通の認識

があったという。この時期は春闘の賃上げ交渉において、鉄鋼労使が相場形成役となっていたように、他産業に先駆けたこの労使合意が、他産業における定年延長の動きを加速させることになった。

　また、2000年の春闘で、自動車、電機、鉄鋼・造船などの産別で構成する金属労協が「60歳以降の就労確保」を統一要求基準に設定した。老齢厚生年金の定額部分（１階部分）の支給開始年齢が2001年度から引き上げられることに先駆けた動きだった。統一要求については、「働くことを希望する者は、勤労者個人の意思により働けること」「年金満額支給開始年齢と接続すること」「60歳以降就労する者については、引き続き組織化を図ること」の３原則を設け、同原則に基づいて各加盟産別は交渉に臨んだ。この取り組みに先鞭をつけたのが、松下電器産業（現パナソニック）、日立製作所、東芝など大手電機メーカーの労使交渉だった。1999年５月に労使合意した松下電器産業を皮切りに、電機連合の大手メーカー組合17社すべてが2000年春闘のヤマ場前に、制度の大枠について経営側と基本合意した。松下電器産業では、年金支給開始年齢の繰り延べより８年早く、2005年には65歳までの就労を可能とした。電機連合の大手メーカーが合意した雇用延長の制度は、①１年契約の再雇用（松下電器産業、日立製作所、松下電工〔当時〕、パイオニア）、②65歳までの期間の定めのない再雇用（三菱電機、三洋電機）、③定年延長（富士電機）の三つに類型化できる。

　こうした、過去２回の大きなトレンドを振り返ると、初期は高齢者活用や従業員福祉という社会的な要請を背景とした動きだったが、2000年以降はやはり、年金制度の改正に合わせた、年金支給開始年齢の引き上げにより生じる年金の不支給期間と雇用確保による（従来の年金受給に代わる）収入の維持期間との接続に重点が移っていったといえる。

　ただし、現在、労使で協議が進められている背景には、こうした過去と異なる事情がある。それが人手不足および技術・技能継承への対応だ。

　流通・サービス産業を中心とした産別組織であるUAゼンセン（約

177万人）は、2017年春の闘争から、2025年に特別支給の老齢厚生年金の報酬比例部分（2階部分）の支給開始年齢が完全に65歳に引き上げられることに備え、新たに65歳への定年年齢引き上げや定年制の廃止を要求項目に加えた。流通・サービス業では人手不足が深刻化していることから、経営側との協議加速を傘下の組合に要請。同年の交渉では96組合が65歳定年制、2組合が定年制の廃止を要求。2018年春の交渉では123組合が65歳定年制を要求し、7組合が65歳定年制への移行で経営側と合意した。既に傘下組合の中では、経営側がパートタイマーを含めて65歳定年制に踏み切るケース（イオン、すかいらーく等）や、雇用年齢の上限を70〜75歳までとするスーパーも出てきている。UAゼンセンでは、制度実施を遅くとも2020年度からとしている。

　基幹労連は、技術・技能の継承を主な目的に、2018年の春闘で「65歳現役社会」の実現に向けた現行制度の改善や労使検討の場の設置などを求めた。鉄鋼メーカーなどでは現在、年金支給開始年齢の引き上げに合わせて、本人の希望によって原則、65歳まで再雇用する制度が導入されているが、多くの場合、雇用形態は1年単位の契約更新で、2021年度以降は60〜65歳が無年金期間となる。同要求はこの点を踏まえてのものである。60歳以降の就労に関しては、①再雇用制度、②選択定年制、③65歳定年制の三つのパターンを想定している。その結果、各企業から「労使による話し合いの場」を持つとの回答を得た。高技能長期蓄積型の産業だけに、高い技術を持った優秀な人材の継続的な確保は喫緊の課題といえる。

　このように、2018年春闘では65歳定年延長を視野に入れた協議も進んだが、労使合意に至ったところは極めて限られており、多くが継続協議および専門委員会の設置等となっている。労働力人口のさらなる減少に備えるためにも、高年齢者の雇用は不可欠だが、その具体的な協議は進んでいないのが実情といえる。65歳までの定年延長の確立を視野に入れると、賃金制度の再設計が避けられないことも、協議が進まない背景にありそうだ。今後はこの課題が労使に重くのしかかってくるだろう。

14 年金制度改正と高齢者就業機会の拡大は第4次安倍政権の重要課題

　2018年8月10日、人事院は国会と内閣に対し、人事院勧告に合わせて、「定年を段階的に65歳に引き上げるための国家公務員法等の改正についての意見の申出」を行った。特別支給の老齢厚生年金の報酬比例部分（2階部分）の支給開始年齢が、2013年度以降段階的に60歳から65歳に引き上げられることに伴って、現行の60歳定年制のままでは無収入となる期間が発生することから、同年の「申出」に先立ち2011年に行われた「定年を段階的に65歳に引き上げることが適当とする意見の申出」において「雇用と年金の接続が官民共通の課題」と指摘されていたところ、公務員については、2008年に成立した国家公務員制度改革基本法10条に、「雇用と年金の接続の重要性に留意して」「定年を段階的に65歳に引き上げることについて検討する」（同条3号）と規定されていることなどを踏まえた2018年「申出」ということになる。2018年6月の「経済財政運営と改革の基本方針2018」（骨太方針）でも、「公務員の定年を段階的に65歳に引き上げる方向で検討する」との文言が織り込まれていた。

　制度の具体的な検討はこれからだが、安倍政権は65歳定年の実現をまず公務員の制度として確立するという積極的な姿勢を示したことになる。

　2018年10月5日の第19回未来投資会議において安倍首相は、「65歳以上への継続雇用年齢の引上げに向けた検討を開始」するとした上で、2018年末までに中間的な報告を取りまとめ、3年間の工程表を含む実行計画を2019年夏までに閣議決定する予定を示した。しかし、現在、65歳までの継続雇用義務を70歳まで一気に延長するには、過去の改正で経過措置が盛り込まれたように、労使の協議・話し合いを前提とした段階的な導入が現実的な選択肢となる可能性が高い。他方、65歳定年については、人手不足の産業を中心にその導入が加速していく可能性もある。

　公的年金保険改正については、2018年4月から始まった社会保障審議

会年金部会で課題として、「高齢期における職業生活の多様性に応じた一人ひとりの状況を踏まえた年金受給の在り方について、高齢者雇用の動向や年金財政に与える影響等を踏まえつつ、年金受給開始年齢、就労による保険料拠出期間や在職老齢年金の在り方、その弾力的な運用の在り方を含め、次期の財政検証（2019年）に向けて、速やかに関係審議会等において検討を行い、その結果に基づき、法案提出も含めた必要な措置を講ずる」ことが示された（同部会資料「年金制度を巡るこれまでの経緯等について」経済・財政再生計画 改革工程表）。

同部会では、働く意欲の高い高齢者に年金の支え手になってもらうため、現在70歳までの受給繰り下げ可能年齢の引き上げ、現在70歳未満の厚生年金加入可能年齢の引き上げ（または年齢の撤廃）、就業を抑制するとされている在職老齢年金の廃止等が具体的な課題となる公算が高い。

安倍政権における政策の総仕上げの中で、高齢者雇用をめぐる対策と年金財政の安定化が、大きなウエートを占めることになる。

〈参考文献〉
内閣府『平成30年版高齢社会白書』
労働政策研究・研修機構（JILPT）『人口減少社会における高齢者雇用』（第3期プロジェクト研究シリーズNo.2、2017年）
神戸大学経済経営学会『国民経済雑誌』No.180（1999年8月）所収「高齢雇用対策の影響」（有利隆一）

荻野　登（おぎののぼる）
独立行政法人労働政策研究・研修機構　労働政策研究所　副所長

1982年日本労働協会（後の日本労働研究機構）入職、在米デトロイト日本国総領事館勤務（94～97年）、『週刊労働ニュース』編集長（2000～03年）などを経て、03年独立行政法人労働政策研究・研修機構発足とともに調査部主任調査員（月刊『ビジネス・レーバー・トレンド』編集長）となる。その後、調査・解析部長、主席統括調査員を経て、17年4月から現職。著作・論文として、『平成「春闘」史』（経営書院）、各年版『賃金・労働条件総覧［春闘をめぐる労働情勢分析］』（同）ほか多数。

総点検
定年後再雇用者の「均衡待遇」と制度の見直し
（法令・判例編）

1 長澤運輸事件最高裁判決が定年後再雇用に与える影響

[1] 長澤運輸事件最高裁判決の概要

2018年6月1日午後4時、最高裁第二小法廷は、定年退職後再雇用者について現行労働契約法（以下、労契法）20条に関する注目すべき判決を言い渡した。いわゆる長澤運輸事件判決である。同事件の概要は以下のとおり。

> ①原告Xらは、一般貨物自動車運送事業を行うY社を定年退職した後、引き続きY社との間で有期労働契約を締結し、嘱託乗務員として就労している
> ②Xらは、Y社と期間の定めのない労働契約を締結している定年退職前の正社員との間に、不合理な労働条件の相違があると主張した上で、当該不合理な労働条件の相違は労契法20条により無効であり、Xらには正社員に関する就業規則等が適用される労働契約上の地位にあることの確認を求めた
> ③また、当該就業規則等の規定により支給されるべき賃金と実際に支給された賃金の差額およびこれに対する遅延損害金を請求し、不法行為に基づき前記賃金の差額に相当する額の損害賠償金および遅延損害金を請求した

[2] 労契法20条の適用と考慮要素
（1）労契法20条の定めと本件への当てはめ

労契法20条は、有期契約労働者の労働条件が、無期契約労働者の労働条件と相違することを許容しつつも、その労働条件の相違が、①「労働者の業務の内容及び当該業務に伴う責任の程度」（職務の内容）、②「当該職務の内容及び配置の変更の範囲」（変更の範囲）、③「その他の事情」を考慮し、不合理と認められるものであってはならないとしている［図表2-1］。

図表2－1 労働条件の相違に関する不合理性考慮要素（労契法20条）

有期契約労働者と無期契約労働者との間の労働条件の相違は

①労働者の業務の内容及び当該業務に伴う責任の程度　＝職務の内容

②当該職務の内容及び配置の変更の範囲　＝変更の範囲

③その他の事情

を考慮して、不合理と認められるものであってはならない。

　ここで本件についてみると、Y社における定年退職後再雇用者である嘱託乗務員（有期契約労働者）と定年退職前の正社員（無期契約労働者）との間には、[**図表2－2**]の「賃金項目ごとの労働条件の相違」欄に記載した差異が存在した一方で、両者はいずれもバラセメントタンク車（バラ車）の乗務員として勤務し、その「業務の内容及び当該業務に伴う責任の程度」に違いはない。また、業務の都合により配置転換等を命じられることがある点でも違いはないから、両者は、①職務の内容と②変更の範囲において相違はなかった。

(2) 最高裁における判示

　これらを踏まえ、最高裁はまず、Y社の嘱託乗務員と正社員との「各賃金項目に係る労働条件の相違は、（中略）期間の定めの有無に関連して生じたものであるということができる」として、本件が労契法20条の適用を受けることを明らかにしている。そしてその上で、

①「定年制の下における無期契約労働者の賃金体系は、当該労働者を定年退職するまで長期間雇用することを前提に定められたものであることが少なくないと解される」こと

②これに対し、「使用者が定年退職者を有期労働契約により再雇用する場合、当該者を長期間雇用することは通常予定されて」おらず、「また、定年退職後に再雇用される有期契約労働者は、定年退職するまでの間、無期契約労働者として賃金の支給を受けてきた者であり、一定

図表2-2　Y社における正社員と嘱託乗務員の労働条件の差異

賃金項目ごとの労働条件の相違			最高裁の判断
賃金項目	正社員 （無期契約労働者）	嘱託乗務員 （有期契約労働者）	
基本給・ 基本賃金	〈基本給〉 ・在籍給：在籍1年目を8万9100円とし、在籍1年につき800円を加算。ただし、在籍41年目の12万1100円が上限 ・年齢給：20歳を0円とし、1歳につき200円を加算。ただし、50歳の6000円が上限	〈基本賃金〉 12万5000円	不合理ではない
能率給・ 歩合給 （乗務するバラ車の種類に応じた係数を月稼働額に乗じて算出）	〈能率給〉 10tバラ車：4.60％ 12tバラ車：3.70％ 15tバラ車：3.10％ バラ車トレーラー：3.15％	〈歩合給〉 12tバラ車：12％ 15tバラ車：10％ バラ車トレーラー：7％	不合理ではない
職務給	10tバラ車：7万6952円 12tバラ車：8万552円 15tバラ車：8万2952円 バラ車トレーラー： 　　　　　8万2900円	なし	不合理ではない
精勤手当	5000円	なし	不合理
住宅手当	1万円	なし	不合理ではない
家族手当	配偶者：5000円 子1人：5000円 　　　（ただし2人まで）	なし	不合理ではない
役付手当	班長：3000円 組長：1500円	なし	不合理ではない
超勤手当・ 時間外手当	超勤手当あり	時間外手当あり （ただし、精勤手当が算定基礎額に含まれない）	嘱託乗務員の時間外手当の計算の基礎に精勤手当が含まれないのは不合理
賞与	基本給の5カ月分	なし	不合理ではない

の要件を満たせば老齢厚生年金の支給を受けることも予定されている」こと
を指摘し、「このような事情は、定年退職後に再雇用される有期契約労働者の賃金体系の在り方を検討するに当たって、その基礎になるものであるということができる」から、「有期契約労働者が定年退職後に再雇用された者であること」は、労契法20条の不合理性を考慮する要素の一つである③その他の事情に当たると解するのが相当であるとした[**図表2-3**]。

さらに、「労働者の賃金が複数の賃金項目から構成されている場合、個々の賃金項目に係る賃金は、通常、賃金項目ごとに、その趣旨を異にするものであ」り、また、「有期契約労働者と無期契約労働者との賃金項目に係る労働条件の相違が不合理と認められるものであるか否かを判断するに当たっては、当該賃金項目の趣旨により、その考慮すべき事情や考慮の仕方も異なり得るというべき」であるから、「有期契約労働者と無期契約労働者との個々の賃金項目に係る労働条件の相違が不合理と認められるものであるか否かを判断するに当たっては、両者の賃金の総額を比較することのみによるのではなく、当該賃金項目の趣旨を個別に考慮すべきものと解するのが相当である」とした。

もっとも、同時に「ある賃金項目の有無及び内容が、他の賃金項目の

図表2-3 最高裁が指摘する正社員と定年退職後再雇用者の特徴

正社員（無期契約労働者）	定年退職後に再雇用される有期契約労働者
定年制の下における無期契約労働者の賃金体系は、当該労働者を定年退職するまで長期間雇用することを前提に定められたものであることが少なくない	・定年退職後に再雇用される有期契約労働者を長期間雇用することは、通常予定されていない ・定年退職後に再雇用される有期契約労働者は、定年退職するまでの間、無期契約労働者として賃金の支給を受けてきた ・一定の要件を満たせば、老齢厚生年金の支給を受けることも予定されている

有無及び内容を踏まえて決定される場合もあり得るが、そのような事情も、有期契約労働者と無期契約労働者との個々の賃金項目に係る労働条件の相違が不合理と認められるものであるか否かを判断するに当たり考慮されることになるものと解される」とも判示している。

この「労働条件の相違が不合理と認められるものであるか否かを判断するに当たっては、(中略)賃金項目の趣旨を個別に考慮すべき」という前提のもと、最高裁は、[図表2−2]の「最高裁の判断」欄に記載した判断を行った。

①相違が不合理であるとは認められない賃金項目

職務給、住宅手当、家族手当、役付手当および賞与が、いずれも正社員に支給されるのに対し、嘱託乗務員には支給されないが、その相違は不合理であるとは認められないとした。

②相違が不合理であるとされた賃金項目

他方で、精勤手当については、それが「従業員に対して休日以外は1日も欠かさずに出勤することを奨励する趣旨で支給されるものである」という趣旨を考慮し、「嘱託乗務員と正社員との職務の内容が同一である以上、両者の間で、その皆勤を奨励する必要性に相違はない」と判断した上で、これを正社員に支給しながら嘱託乗務員に支給しない取り扱いは「不合理でないということはできない」とした。

また、時間外手当についても、この精勤手当が計算の基礎に含まれないことにより不合理であると評価している。

[3] 長澤運輸事件最高裁判決が定年後再雇用に与える影響

(1) 有期契約労働者が定年退職後再雇用者であることが
　　「その他の事情」に当たるか

1審判決(東京地裁　平28.5.13判決)は、労契法20条について、無期契約労働者と有期契約労働者において、①職務の内容と②変更の範囲とが同一であるならば、特段の事情がない限り③その他の事情という考

慮要素は①②に独立して存在し得ないと解した。そして当該事件を当てはめた場合、有期契約労働者が定年退職後に再雇用された者であることは直ちに特段の事情には該当しないので、賃金の額について両者間に相違を設けることは不合理であるとした。

これに対し、最高裁は、この１審判決の考え方を明確に否定して、①職務の内容と②変更の範囲が同一の場合であっても、これらと独立の考慮要素として③その他の事情が存在し得るのであり、なおかつ、有期契約労働者が定年退職後再雇用者であることが③その他の事情に該当する旨を正面から認めた。

後述するように、この点は今後の定年退職後再雇用者の労働条件を検討する上で、もっとも大きな影響を及ぼすものと考えられる。

(2) 賃金総額を比較するのか、賃金項目ごとに比較するのか

２審判決（東京高裁　平28.11.2判決）は、定年退職後の継続雇用において、職務の内容および変更の範囲が変わらないまま相当程度賃金を引き下げることは、Y社が属する業種または規模の企業を含めて広く行われていることなどを根拠に、Xらの賃金の総額が定年退職前より２割前後減額されたことをもって直ちに不合理であるとはいえないと判断した。

これに対し最高裁は、「賃金項目の趣旨を個別に考慮」する、すなわち、賃金項目ごとに比較し、不合理性を判断するのが原則である旨を明確にした。これは、後述するように、2020年４月１日施行となる「短時間労働者及び有期雇用労働者の雇用管理の改善等に関する法律」（以下、短時間・有期雇用労働法）８条が「その雇用する短時間・有期雇用労働者の基本給、賞与その他の待遇のそれぞれについて」不合理性を判断する旨を規定していることと整合する。

もっとも、最高裁も「両者の賃金の総額を比較することのみによるのではなく」としており、賃金総額を比較する視点を完全には否定していない。また、ある賃金項目の有無および内容が、他の賃金項目の有無および内容を踏まえて決定されたという事情も考慮され得ることを示唆している。

(3) 実際にどの賃金項目におけるどのような取り扱いの相違が不合理と判断されたのか

[図表2-2]の「最高裁の判断」欄記載のとおり、最高裁は本事案において、職務給、住宅手当、家族手当、役付手当および賞与が正社員に支給されるのに対し、嘱託乗務員にはそのいずれもが支給されないという取り扱いの相違については、不合理であるとは認められないとした。

特に賞与に関しては、無期契約労働者（正社員）が基本給の5カ月分であるのに対し、定年退職後の有期契約労働者には支給なしというY社の事情を踏まえても、不合理とはいえないとした結論は、今後の定年退職後再雇用者の労働条件を検討する上で大きな影響を及ぼす可能性がある。

ただし最高裁の判断は、本件における個別事情を踏まえてのものであることを忘れてはならない。最高裁は、Y社が定年退職後再雇用者に対し、老齢厚生年金の比例報酬部分が支給開始されるまでの間、月額2万円の調整給を支給していたこと、定年退職後再雇用者の収入は定年退職前の79％程度となることが想定されていたことをも考慮して、いわゆる事例判断としてこの結論を導いたといえる。定年退職後再雇用者に対する賞与不支給についても、最高裁が一般論として不合理性を否定したものではないことには、十分に注意が必要である。

2　短時間・有期雇用労働法の概要

[1] 主要な改正点

2018年6月29日に、いわゆる「働き方改革関連法」が成立したことで、現行の労契法20条が削除されるとともに、パート労働法の名称が短時間・有期雇用労働法（以下、改正法）に変更され、短時間労働者と有期雇用労働者に対する規制を統一的に行う法律となった。主要な改正点は以下のとおり。

(1) 不合理な待遇の禁止

すべての短時間労働者・有期雇用労働者を対象に、不合理な待遇を禁止する規定として、8条がおかれた。

> ●短時間・有期雇用労働法8条
> 事業主は、その雇用する短時間・有期雇用労働者の基本給、賞与その他の待遇のそれぞれについて、当該待遇に対応する通常の労働者の待遇との間において、当該短時間・有期雇用労働者及び通常の労働者の業務の内容及び当該業務に伴う責任の程度（以下「職務の内容」という。）、当該職務の内容及び配置の変更の範囲その他の事情のうち、当該待遇の性質及び当該待遇を行う目的に照らして適当と認められるものを考慮して、不合理と認められる相違を設けてはならない。

これまで、有期雇用労働者に対する不合理な取り扱いの禁止は、現行労契法20条で規定されていたが、短時間・有期雇用労働法の施行後は、同法8条に規定されることになる。

不合理性の判断に際し、①職務の内容、②変更の範囲、③その他の事情の三要素が考慮される点は、労契法20条から変わりはない（[図表2-1] 参照）。もっとも、労契法20条において「労働条件」とされていた文言が、短時間・有期雇用労働法では広く「待遇」とされている。

さらに、改正法においては「待遇のそれぞれについて」と規定されている。長澤運輸事件最高裁判決が、賃金項目ごとの個別比較を求めた趣旨が、法文上明らかになっているといえるだろう。

また、改正法では、前記の三要素のうち「当該待遇の性質及び当該待遇を行う目的に照らして適切と認められるものを考慮して、不合理と認められる相違を設けてはならない」という文言が追加されている。①職務の内容、②変更の範囲、③その他の事情が考慮要素になり得るとしても、それらの中から、待遇の性質や目的に照らして適切と認められるものを考慮要素として取り上げるべき旨を、注意的に規定したものと解される。

(2) 通常の労働者と同視すべき短時間・有期雇用労働者の差別的取り扱いの禁止

　通常の労働者と同視すべき短時間・有期雇用労働者を対象に、差別的取り扱いを禁止する規定として、9条がおかれた。

●短時間・有期雇用労働法9条

　事業主は、職務の内容が通常の労働者と同一の短時間・有期雇用労働者（第11条第1項において「職務内容同一短時間・有期雇用労働者」という。）であって、当該事業所における慣行その他の事情からみて、当該事業主との雇用関係が終了するまでの全期間において、その職務の内容及び配置が当該通常の労働者の職務の内容及び配置の変更の範囲と同一の範囲で変更することが見込まれるもの（次条及び同項において「通常の労働者と同視すべき短時間・有期雇用労働者」という。）については、短時間・有期雇用労働者であることを理由として、基本給、賞与その他の待遇のそれぞれについて、差別的取扱いをしてはならない。

　「通常の労働者と同視すべき短時間・有期雇用労働者」とは、当該事業所における慣行その他の事情から見て、当該事業主との雇用関係が終了するまでの全期間において、①職務の内容と②配置の変更とが通常の労働者と同一の短時間・有期雇用労働者を指す。この通常の労働者と同視すべき短時間・有期雇用労働者については、短時間・有期雇用労働者であることを理由として、一切の差別的取り扱いが禁止される結果、通常の労働者と同一の待遇が求められることになる。

　ところで、長澤運輸事件の事案は、正社員と定年退職後再雇用者との間で、①職務の内容と②変更の範囲に違いがなかった。そうすると、改正法施行後は、定年退職後再雇用者に改正法9条が適用されることにより、正社員との取り扱いの違いはすべて違法と判断されるのであろうか。

答えは否であると考える。改正法9条は、通常の労働者と同視すべき短時間・有期雇用労働者について「短時間・有期雇用労働者であることを理由として」差別的取り扱いを禁じている。一方で長澤運輸事件の事案は、最高裁が指摘するような正社員と定年退職後再雇用者との特徴の差異に基づき（[**図表2－3**] 参照）、これを③その他の事情という考慮要素として捉えることにより、待遇差の不合理性の有無を判断するべきものであり、この待遇差は「短時間・有期雇用労働者であることを理由として」なされた取り扱いの違いとはいえないからである。

また、改正法9条は、単に②変更の範囲が同じ短時間・有期雇用労働者を通常の労働者と同視するのではなく、「当該事業所における慣行その他の事情からみて、当該事業主との雇用関係が終了するまでの全期間において、その職務の内容及び配置が当該通常の労働者の職務の内容及び配置の変更の範囲と同一の範囲で変更されることが見込まれるもの」を通常の労働者と同視すべき短時間・有期雇用労働者としている。これは非常に厳しい条件であり、実際上はこれに当たる短時間・有期雇用労働者はそれほど多くはないものと思われる。

(3) 労働者に対する待遇に関する説明義務の強化

改正法は、事業主に対し、短時間・有期雇用労働者を雇い入れたときに、それらの労働者に対し速やかに、昇給、退職手当、賞与の有無、相談窓口といった特定事項に関し、文書の交付等の方法により明示する義務を課すとともに（改正法6条1項）、特定事項以外の労働条件についても明示する努力義務を課し（同条2項）、さらに、不合理な待遇の禁止（8条）や差別的取り扱いの禁止（9条）等について説明する義務を課している（14条1項）。

その上で改正法は、事業主に対し、雇用する短時間・有期雇用労働者から求めがあったときには、通常の労働者との間の待遇の相違の内容や理由、考慮事項について説明する義務を課し（14条2項）、説明を求めたことを理由とする不利益な取り扱いを禁止している（同条3項）。こ

の14条2項の説明義務に関しては、改正法において特に重要な地位を占めるものと考えられるので、[2]で後述する。

(4) 「職務の内容に密接に関連する賃金」の変更

改正法は、8条の不合理な待遇の禁止、9条の通常の労働者と同視すべき短時間・有期雇用労働者の差別的取り扱いの禁止という総論規定に続けて、10条において、職務の内容に密接に関連する賃金に関する努力義務規定をおいた。

●短時間・有期雇用労働法10条
事業主は、通常の労働者との均衡を考慮しつつ、その雇用する短時間・有期雇用労働者（通常の労働者と同視すべき短時間・有期雇用労働者を除く。次条第2項及び第12条において同じ。）の職務の内容、職務の成果、意欲、能力又は経験その他の就業の実態に関する事項を勘案し、その賃金（通勤手当その他の厚生労働省令で定めるものを除く。）を決定するように努めるものとする。

短時間・有期雇用労働者については、昇給が最低賃金の改定に応じて決定されるなど、その働きや貢献とは関係のない要素により賃金が決定されることもあることから、職務の内容、職務の成果等に応じてその賃金を決定するよう努力することを事業主に義務づけ、短時間・有期雇用労働者の意欲の向上等を図る趣旨の規定である。

ここから除外されることになる、職務の内容や成果等に応じて決定することになじまない賃金として、従来、通勤手当とともに退職手当も挙げられていたが、退職手当の性質・目的はさまざまであり、職務の内容、職務の成果等に応じて決定することになじむ場合も一定程度あり得ると考えられることから、改正法においては、法律上の例示からは削除された。

改正法10条の対象とならない賃金については、「短時間労働者及び有期雇用労働者の雇用管理の改善等に関する法律の施行について」（平

31.1.30 基発0130第1、職発0130第6、雇均発0130第1、開発0130第1。以下、通達）において、「通勤手当、家族手当、住宅手当、別居手当、子女教育手当その他名称の如何を問わず支払われる賃金（いずれも職務の内容に密接に関連して支払われるものを除く。）」と定められている。

[2] 待遇の相違の内容・理由を説明する際の考え方
(1) 事業主にとっての説明義務の重要性

　改正法は、事業主に対し、雇用する短時間・有期雇用労働者から求めがあったときには、通常の労働者との間の待遇の相違の内容や理由、考慮事項について説明する義務を課している（14条2項）。

　例えば、通常の労働者と有期雇用労働者との間において、①職務の内容、②変更の範囲、③その他の事情を考慮して、事業主が待遇差を設けた際に、有期雇用労働者からその待遇差（通常の労働者に比して差異のある有期雇用労働者の待遇）を決定するに当たって考慮した事項の説明を求められた場合には、事業主はその求めに応じた説明が求められるのである。

　個々の短時間・有期雇用労働者から説明を求められる都度、説明を実施しなければならない事業主の負担は、非常に大きいものがある。

　しかし、改正法8条は、短時間・有期雇用労働者について、①職務の内容、②変更の範囲、③その他の事情を考慮して、不合理と認められる待遇を禁じている。短時間・有期雇用労働者から説明を求められた際に、事業主が改正法14条2項に従って待遇差の内容とその理由について明確に説明できないようでは、待遇差が不合理であることを短時間・有期雇用労働者に対して自白するのに等しいというべきであろう。

　したがって、通常の労働者と短時間・有期雇用労働者との間において待遇差を設ける事業主にとって、負担は大きいものの、この説明義務を適正に履行することは極めて重要なのである。

(2) 比較対象となる「通常の労働者」について

事業主は、①職務の内容、②変更の範囲等が、短時間・有期雇用労働者に最も近いと判断する通常の労働者との待遇の相違の内容および理由について説明することになると解される。

この①職務の内容、②変更の範囲等が、短時間・有期雇用労働者に最も近い通常の労働者の選定基準として、

- ①職務の内容、②変更の範囲が同一である通常の労働者
- ①職務の内容は同一であるが、②変更の範囲が同一でない通常の労働者
- ①職務の内容のうち、業務の内容または責任の程度が同一である通常の労働者
- ②変更の範囲が同一である通常の労働者
- ①職務の内容、②変更の範囲のいずれも同一でない通常の労働者

の順に「近い」と判断することを基本とする旨が、通達に規定されている［図表2-4］。

図表2-4 短時間・有期雇用労働者に最も近い通常の労働者の選定基準

短時間・有期雇用労働者との類似度	①職務の内容	②変更の範囲
近い ↑↓ 遠い	同 一	同 一
	同 一	同一でない
	業務の内容または責任の程度が同一	同一でない
	同一でない	同 一
	同一でない	同一でない

(3) 「待遇の相違の内容」および「相違の理由」に関する説明の内容について

　通達では、事業主が説明する「待遇の相違の内容」として、「通常の労働者と短時間・有期雇用労働者との間の待遇に関する基準の相違の有無を説明するほか、通常の労働者及び短時間・有期雇用労働者の待遇の個別具体的な内容又は待遇に関する基準を説明すること」と定められている。

　このうち、「待遇の個別具体的な内容」については、比較の対象となる「通常の労働者」の選び方に応じて、以下を説明することとされている。

- 比較対象として選定した通常の労働者が一人である場合には、例えば賃金であれば、その金額
- 比較対象として選定した通常の労働者が複数人である場合には、例えば、賃金などの数量的な待遇については平均額又は上限・下限、教育訓練などの数量的でない待遇については標準的な内容又は最も高い水準・最も低い水準の内容

　「待遇に関する基準」を説明する際には、「例えば賃金であれば、賃金規程や等級表等の支給基準の説明をすること。ただし、説明を求めた短時間・有期雇用労働者が、比較の対象となる通常の労働者の待遇の水準を把握できるものである必要がある」とした上で、「『賃金は、各人の能力、経験等を考慮して総合的に決定する』等の説明では十分ではない」と注意を促している。

　また、待遇の相違の理由については、具体的には以下の内容を説明すべきとされている。

- 通常の労働者と短時間・有期雇用労働者との間で待遇に関する基準が同一である場合には、同一の基準のもとで違いが生じている理由（成果、能力、経験の違いなど）

> ● 通常の労働者と短時間・有期雇用労働者との間で待遇に関する基準が異なる場合には、待遇の性質・目的を踏まえ、待遇に関する基準に違いを設けている理由（職務の内容、職務の内容及び配置の変更の範囲の違い、労使交渉の経緯など）、及びそれぞれの基準を通常の労働者及び短時間・有期雇用労働者にどのように適用しているか

（4）説明の方法について

説明の方法については、通達に以下の内容が盛り込まれている。

> 短時間・有期雇用労働者が、事業主が講ずる雇用管理の改善等の措置の内容を理解することができるよう、資料を活用し、口頭により行うことが基本であること。ただし、説明すべき事項を全て記載した短時間・有期雇用労働者が容易に理解できる内容の資料を用いる場合には、当該資料を交付する等の方法でも差し支えない。

3 「短時間・有期雇用労働者及び派遣労働者に対する不合理な待遇の禁止等に関する指針」の内容

2016年12月20日、同一労働同一賃金ガイドライン案（以下、ガイドライン案）が発表された。ガイドライン案においては「今後、この政府のガイドライン案をもとに、法改正の立案作業を進め、本ガイドライン案については、関係者の意見や改正法案についての国会審議を踏まえて、最終的に確定する」とされていた。

改正法案の国会審議、改正法の内容等を踏まえて、2018年12月28日に「短時間・有期雇用労働者及び派遣労働者に対する不合理な待遇の禁止等に関する指針」（厚労告430。以下、指針）が提示された。以下では、指針のうち「短時間・有期雇用労働者に関する部分」の内容を紹介する。

[1] ガイドライン案から引き続き示されている点
(1) 目的・基本的な考え方について

　指針においては、「我が国が目指す同一労働同一賃金は、同一の事業主に雇用される通常の労働者と短時間・有期雇用労働者との間の不合理と認められる待遇の相違及び差別的取扱いの解消（中略）を目指すものである」として、いわゆる日本版同一労働同一賃金の定義づけが明確にされるとともに、「この指針は、通常の労働者と短時間・有期雇用労働者及び派遣労働者との間に待遇の相違が存在する場合に、いかなる待遇の相違が不合理と認められるものであり、いかなる待遇の相違が不合理と認められるものでないか等の原則となる考え方及び具体例を示した」とされている。

(2) 基本給について

　指針においては、まず、本文において、基本給の支給決定基準について、通常の労働者と短時間・有期雇用労働者との両者間で共通部分がある場合の具体例を定めている。すなわち、

①基本給であって、通常の労働者と短時間・有期雇用労働者ともにその能力または経験に応じて支給するもの

②基本給であって、通常の労働者と短時間・有期雇用労働者ともにその業績または成果に応じて支給するもの

③基本給であって、通常の労働者と短時間・有期雇用労働者ともにその勤続年数に応じて支給するもの

④昇給であって、通常の労働者と短時間・有期雇用労働者ともにその勤続による能力の向上に応じて行うもの

の四つに分け、問題となる例、問題とならない例を定めている。

　他方で、両者間に共通部分がない場合、換言すれば、通常の労働者と短時間・有期雇用労働者との間の賃金に相違がある場合において、その要因として両者間の賃金の決定基準・ルールの相違がある場合には、注書きで「賃金の決定基準・ルールの相違は、通常の労働者と短時間・有

期雇用労働者の職務の内容、当該職務の内容及び配置の変更の範囲その他の事情のうち、当該待遇の性質及び当該待遇を行う目的に照らして適切と認められるものの客観的及び具体的な実態に照らして、不合理と認められるものであってはならない」と記載されている。

(3) 賞与・手当について

　賞与・手当も、指針においては、まず、通常の労働者と短時間・有期雇用労働者との両者間で共通部分がある場合の具体例を定めている。例えば、①賞与であって、通常の労働者と短時間・有期雇用労働者ともに会社の業績等への貢献に応じて支給するもの、②役職手当であって、通常の労働者と短時間・有期雇用労働者ともにその役職の内容に対して支給するもの、③業務の危険度または作業環境に応じて支給される特殊作業手当、④交替制勤務等の勤務形態に応じて支給される特殊作業手当について、問題となる例、問題とならない例を記載している。

　他方で、⑤精皆勤手当については、通常の労働者と業務の内容が同一の短時間・有期雇用労働者には、同一の精皆勤手当を支給しなければならないこと、⑥時間外労働・深夜労働・休日労働に対して支給される手当については、短時間・有期雇用労働者に対して通常の労働者と同一の割増率等により支給すべき旨が規定されている。

(4) 福利厚生施設、その他について

　福利厚生施設に関して、同一の事業所で働く短時間・有期雇用労働者には、通常の労働者と同一の施設の利用を求めている。教育訓練については、通常の労働者と職務の内容が同一である短時間・有期雇用労働者には同一の訓練の実施を、職務の内容に一定の相違がある場合においてはその相違に応じた実施を求めている。また、安全管理に関しては、通常の労働者と同一の労働環境に置かれている短時間・有期雇用労働者には、通常の労働者と同一の措置および給付を求めている。

[2] ガイドライン案から修正・加筆された点

　前記のとおり、指針においては、特に通常の労働者と短時間・有期雇用労働者との待遇の相違に関しては、ガイドライン案から内容が大きく修正された点は見当たらない。

　唯一の大きな修正点としては、長澤運輸事件最高裁判決を受けて加筆された、定年退職後再雇用者に関する部分である。

　指針は、注書きにおいて、最高裁判決を踏まえ「有期雇用労働者が定年に達した後に継続雇用された者であることは、通常の労働者と当該有期雇用労働者との間の待遇の相違が不合理と認められるか否かを判断するに当たり、短時間・有期雇用労働法第8条のその他の事情として考慮される事情に当たりうる」とした。

　ただし指針は、「定年に達した後に有期雇用労働者として継続雇用される場合の待遇について、様々な事情が総合的に考慮されて、通常の労働者と当該有期雇用労働者との間の待遇の相違が不合理であるか否かが判断されるものと考えられる。したがって、当該有期雇用労働者が定年に達した後に継続雇用された者であることのみをもって、直ちに通常の労働者と当該有期雇用労働者との間の待遇の相違が不合理ではないと認められるものではない」と、この部分を結んでいる。つまり、定年退職後再雇用者である有期雇用労働者と通常の労働者を比べて、どの程度の待遇の相違であれば不合理と判断されないかについては、指針においても具体的な基準を示すには至っていないといえる。

　しかし、最高裁判決を踏まえると、これはやむを得ないだろう。長澤運輸事件最高裁判決は、当該事案における個別事情を踏まえて結論を導いた一つの事例判断にすぎないからである。結局のところ企業としては、公表されている情報の中で最善を尽くしながら、判例の蓄積によって具体的な基準が浮かび上がるのを待つほかないだろう。

五三 智仁（いつみともひと）
五三・町田法律事務所　弁護士

慶應義塾大学法学部法律学科卒。2017・18年度第二東京弁護士会労働問題検討委員会委員長。経営法曹会議会員として、使用者側の労働法務を手掛ける。主な著作『Q&A労働者派遣の実務（第2版）』（民事法研究会）、『就業規則の変更をめぐる判例考察』（三協法規出版）、『企業法務のための労働組合法25講』（商事法務）など。

総点検
定年後再雇用者の「均衡待遇」と制度の見直し
(制度設計編)

1 | はじめに

　2018年6月29日に働き方改革関連法案が可決され、同年7月4日に公布された。同法により、関連する複数の労働法が改正され、大企業は2019年4月1日から、中小企業は2020年4月1日から、段階的に当該法改正への対応が求められることとなった。この法改正の内容の一部として、正社員と非正規社員との間で、①職務内容（業務の内容＋責任）、②職務内容・配置の変更の範囲が同じであると考えられる場合、同等の待遇が求められ（均等待遇、ただし、上記以外にも、③その他の事情を考慮した待遇差を設けることは許容されている）、および①職務内容（業務の内容＋責任）または②職務内容・配置の変更の範囲が違う場合でも、その違いおよびその他の事情に鑑みて不合理な待遇の相違を設けることを禁止する（均衡待遇）という、いわゆる同一労働同一賃金についての規制が強化されている。

　詳細は「同一労働同一賃金ガイドライン（短時間・有期雇用労働者及び派遣労働者に対する不合理な待遇の禁止等に関する指針）」（平30.12.28　厚労告430）に示されているが、定年に達した後に継続雇用された有期雇用労働者（いわゆる定年後再雇用者）についても、このガイドラインに沿った処遇が必要となってくる。

　ガイドラインに示されている内容を要約すると、定年後再雇用者であっても、他の短時間・有期雇用労働者等と同じく、職務の内容や配置の変更の範囲その他の事情の相違があれば賃金の相違は許容されるし、相違がなければ同一の扱いとしなければならない、という点は原則として同じである。しかしながら、定年後再雇用者の場合は、それに加えて"定年に達した後に継続雇用された者であること"が、処遇の差異を設ける上で「短時間・有期雇用労働法第8条のその他の事情として考慮される」とされている点が、他の短時間・有期雇用労働者とは異なっている。

第3章 総点検—定年後再雇用者の「均衡待遇」と制度の見直し(制度設計編)

では、"定年に達した後に継続雇用された者であること"によって考慮されるその他の事情とは、具体的に何を指すのかという点については、過去の判例を参考にすると、いくつかの要素が想定される。すなわち、60歳までに支給されていた給与水準や、退職金・年金の支給有無・水準なども踏まえて、通常の労働者と定年後再雇用者の待遇の相違が不合理であるかどうかが判断されると考えられる。本章では、上記を踏まえた上で、今後定年後再雇用者の待遇の在り方について、具体的にどのような検討を行っていくべきかを解説する。

対応の方法としては、いわゆる短時間・有期雇用労働者との同一労働同一賃金の検討と同じく、同一労働同一賃金にそぐわないと考えられる報酬項目を特定し、その項目について見直しを行うのが、現実的な対応として考えやすく、会社としても大きな労力をかけずに対応できる可能性が高い[1]。このため、まずは報酬項目単位で見直しを行う場合の考え方について述べる。

なお、報酬項目単位での見直しは、法令対応という観点からは十分であるといえるが、今後ますます深刻になると予測される少子高齢化に対応するためにも、60歳以上の人材の活用をどう考えるかは、企業にとっては大きな命題であり、場合によっては、定年延長等の制度見直しも含めた今後の在り方の検討も必要になると考えられる。

そして最終的には、年齢や雇用形態に関係なく、労働者にとって魅力的な職場を形成するとともに、働きに見合った待遇が受けられることによる労働者のモチベーション向上などを目的として、本来的な同一労働同一賃金の思想を実現しようとする企業もあると思われる。その場合、そもそも業務に紐づかない報酬項目をすべて廃止するなど、現状にとらわれることなく「誰に対して」「何を根拠として」「どのように」報酬を

---

[1] ただし、同一労働同一賃金にそぐわないと考えられるポイントが制度全体に及ぶ場合には、後述する制度全体の見直しに着手しなければならない場合もあり得る。

支給するのかを、あらためて検討することが必要である。

加えて、昨今の働き方のバリエーションの広がりに対して、それらに対応できるだけの仕組みが十分に整備しきれているとは言い難い会社も多くあるため、このタイミングで、ある程度将来を見越したこれからの人事制度（処遇）の在り方を抜本的に検討し直すことも選択肢の一つだろう。本章の後段では、こうした抜本的な改定を行う場合の考え方についても紹介する。

2 報酬項目別の見直し——同一労働同一賃金の考え方

まずは、働き方改革関連法、同一労働同一賃金ガイドライン、およびハマキョウレックス事件・長澤運輸事件（ともに最高裁二小　平30.6.1判決）の最高裁判決を踏まえて、制度見直しの大きな方向性（支給有無や水準の差異が許容されないものはどのようなものか）を明らかにしたい。

法律、ガイドライン、および判例を踏まえると、見直しに際して考慮すべきポイントは、以下の2点である。
①何を根拠に／何に対して支給されている賃金であるか
②雇用形態（正規／非正規、無期／有期）以外に、社員間にどのような差異があるのか

そして、大前提として踏まえておくべき点は、「何を根拠に／何に対して支給されている賃金（報酬項目）であっても、その要素について同一内容・同一レベルと判断できる場合には、雇用形態の違いにかかわらず同一水準での支給を行うべきというのが同一労働同一賃金の考え方である」ということである。

しかしながら、そもそも将来に対する期待が異なっており（正社員は管理職への昇進を期待するが、定年後再雇用者には期待しないなど）、その期待の違いが、各社員に義務づけられた研修の有無や異動・再配置

の可能性の有無等、担当している職務以外の面で明確に認識できる場合には、特定の報酬項目について支給水準や支給有無に差を設けても、合理的と認められやすい。問題となるのは、「その差異を合理的に説明できるか否か」という点である。

加えて、定年後再雇用者の場合、

- 定年後の報酬水準は、定年までの長期間の雇用の間に（新卒採用時からの長期にわたる昇給を加味した）賃金を得てきたことを前提として定められたものであることが少なくないこと
- 賃金以外に、退職金や年金の支給がある（予定されている）こと
- さらに、定年後の労働条件そのものが、団体交渉等による労使間での交渉を経て決定されているものであること（一般に労働条件については、基本的には団体交渉等の労使自治に委ねられるべき部分が大きいとされている）

等の事情を踏まえ、処遇に差を設けることについて、一概に不合理であるとはいえない、と判断されている。

上記ポイントを踏まえて、報酬構成を大きく①基本給、②賞与、③手当・その他報酬の三つに区分して、同一労働同一賃金の考え方に基づく見直しの方向性について整理する。

①基本給

基本給には、能力給・職能給・役割給・職務給のように、何に対して／何を根拠に支給しているかによって、さまざまな種類が存在するが、どのような種類であるにせよ、前述のとおり、根拠となる要素（例えば、能力給であれば業務遂行に係る能力の高さ）が同一であれば雇用形態にかかわらず同一水準が支給されるべき、というのが原則である。

しかしながら、たとえ同じ能力の高さを有しており、同じ業務を担当していたとしても、業務遂行に際して負っている責任範囲が異なっている（＝職務内容の違い）場合、契約形態の違いに応じて会社都合での異動や配置転換があり得る（＝職務内容・配置の変更の範囲の違い）場

合、さらに、将来に対する期待（管理職への成長を期待する／しない等）に差異がある場合には、それを根拠として水準に差を設けることが許容されると判断できる。

②賞与

賞与を、成果に対する功労と明確に位置づけている場合には、雇用形態の違いによらず、同一の成果を上げた社員に対して同水準の賞与を支給することが、同一労働同一賃金の原則である。しかしながら、実際は賞与には多様な意味合い（労務対価の後払いや生活費の補助、労働者の意欲向上など）が含まれていることが多くあり、そうした場合には、雇用形態の違い（＝会社からの当該社員に対する期待の違い）などを根拠として、支給水準に差を設けることが許容されることもあると考えられる。

加えて、ガイドラインによれば、正社員は成果を"上げられなかった"場合（例えば、生産効率に対する目標値を達成しなかった場合）にマイナス査定があり、賞与額が減額される（待遇上の不利益を課される）などのルールが設定されているのに対し、非正規社員は成果に対する責任を負っていない場合（例えば、そもそも生産効率に対する目標値を課されていない場合）には、当該賞与の適用範囲を正社員に限るといった形で、支給の有無に差を設けたり、賞与額の変動幅に違いを設けたりすることは可能であると解釈できる。

前記のとおり、①基本給や②賞与は、これらが現に担当している業務・職務のみを根拠として支給されるものであることが明確であれば差異を設けることは難しいが、一般に、現に担当している業務・職務以外の要素（雇用形態に紐づく責任範囲や将来期待等の違い）も踏まえて支給されていることが多いと考えられ、その場合には、これらを根拠として、差異を設ける余地があると考えられる。

さらに定年後再雇用者の場合、①と②に加えて、「他の賃金項目（年金や調整給等）を含めた年収水準でみたときに、退職前の水準の何パーセント程度であるか」も判断基準の一つとして示されている。一概に何

パーセントまでの下げ幅であれば認められるかは明確には示されてはいないが、定年前までの制度の特性（年功的である等）や会社の財務状況（コストの抑制が必要等）など、さまざまな要素を勘案し、かつ、労使間での交渉・合意を通じて定められた水準であれば、一定の水準引き下げは不合理と認められるものには当たらない、と判断される可能性が高い。この点では、通常の短時間・有期雇用労働者とは異なる特殊性があるといえるだろう。

③手当・その他報酬

　手当は、①基本給や②賞与とは異なり、定年後再雇用者であることによる特殊性は存在せず、通常の短時間・有期雇用労働者に対するものと同様の処遇が求められる。すなわち、その特性上、何に対して支給されているものなのか、という対象・根拠が明確であり、手当のうち、明らかに「業務・職務」に関連して支給されているものについては、雇用形態によらず、同一の水準が支給されるべきであると判断できる。

　また、前述したとおり、①基本給や②賞与は、担っている責任範囲や将来期待といった、「業務・職務」そのもの以外の要素に基づき差異が許容されるが、業務に紐づく手当については、当該業務を実施したかどうか／役割を担ったかどうか／ある基準を達成したかどうかなど、基準が明確であるため、責任範囲や将来期待等にかかわらず、同一の水準が支給されるべきと判断できる。

【補足】

　同じ「役割（例：リーダー）」を担ったとしても、正社員がリーダーを担う場合と定年後再雇用者がリーダーを担う場合で、負うべき責任の範囲が異なれば、「リーダー手当」の水準が異なっても問題はないと考えられる。ただし、その場合は、そもそも「リーダー手当」を2種類設定するなど、責任範囲の違いを名称や水準によって明確に示すべきと考えられる。

③手当・その他報酬については、[図表3-1]に示すとおり、支給根拠／対象をいくつかの観点に基づき類型化できるが、生活保障や福利厚生を目的として支給されるもの（③-5）以外については、雇用形態によらず同一水準を支給すべきであると判断できる。

また、住宅手当（[図表3-1]の③-4に分類）については、本来的には生活保障・福利厚生的な位置づけで支給している企業が多いと考えられるが、これまでの裁判例において、転居を伴う異動が発生しないという条件が同じであった場合、正社員は支給対象・非正規社員は支給対象外という差異は不合理であると判断されたことを踏まえると、位置づけを「3-④　業務遂行（＝転居を伴う異動）に際して必要となる費用」として分類し、その考え方に基づき支給基準を検討することが望ましいと想定される。

3 | 法令対応に向けた具体的な見直し方法

では、この考え方を踏まえた場合、具体的にどのような検討を行い、同一労働同一賃金を実現すればよいのだろうか。

実は、同一労働同一賃金の実現に向けては、**[1]** の報酬制度を見直すだけでは十分ではなく、併せて、**[2]** のように業務分担・役割分担を見直すことも必要となってくる場合がある。そこで本項では、制度見直しの考え方と業務分担・役割分担の見直しの考え方について解説する。

[1] 報酬制度の見直し

「同一労働同一賃金への対応」と聞いて、まず思い浮かぶのは、報酬制度の見直しだろう。特に、[図表3-1]の③-1～③-4の各種手当項目については、報酬制度の見直しによる対応が必要不可欠になる。

制度の見直し方法については、以下の二つの方向性が考えられる［図

図表3－1 報酬区分ごとの基本的な考え方

報酬区分		基本的な考え方	報酬項目（例）
①基本給		・根拠となる要素（能力、役割等）が同じであれば、雇用形態によらず同一水準であるべき ・ただし、職務内容や、職務内容・配置の変更の範囲、将来に対する期待等に違いがある場合には、異なる水準であっても許容される ※定年後再雇用者の報酬水準については、再雇用されるまでの経緯等を勘案し、一概に業務内容だけを根拠として同一水準とすべきとは言い切れない	能力給 職能給 役割給 職務給等
②賞与		・成果に対する功労という意味合いの強い報酬ではあるが、実際にはその意味合いは複合的である（成果に対する功労、労務対価の後払い等の意味合いを含む）場合も多く、将来に対する期待の違い等を根拠として水準に差を設けることが許容されると考えられる ・加えて、仕組み上ボラティリティ（変動）の幅に違いがある場合などは、水準そのものに差を設けることが可能	成果給 賞与
③手当・その他報酬	③－1 業務を実施したことに対して支給するもの	・雇用形態によらず、同じ業務を実施した場合には、同一水準を支給すべき	作業手当
	③－2 特定の役割を担うことに対して支給するもの	・雇用形態によらず、同一の役割を担う場合には、同一水準を支給すべき	役職手当
	③－3 業務の達成を支給根拠とするもの	・雇用形態によらず、同じ達成を実現した場合には、同一水準を支給すべき	精勤手当 皆勤手当 無事故手当
	③－4 業務遂行に際して必要となる費用	・雇用形態によらず、同一の業務を実施している場合には同一水準を支給すべき ※住宅手当については、配置の変更の可能性（転居を伴う異動の有無）に違いがある場合には、それを根拠に差異を設けることが許容されると考えられるが、転居を伴う異動がない正社員に支給されている場合、非正規社員にも支給すべき（非正規社員に一律不支給とすることは許されない）と判断される可能性がある	時間外手当 深夜・休日手当 通勤手当 旅費 食事手当 ※住宅手当
	③－5 生活保障、福利厚生	・差異を設けることを否定されていない	家族手当 退職金

表3−2]。
① 正社員（無期社員）に支給している報酬項目を廃止する／水準を引き下げる
② 定年後再雇用者に支給すべき報酬項目を支給する／水準を引き上げる

(1) 報酬項目の廃止／水準の引き下げ

　正社員に支給している報酬項目を廃止する、もしくは水準を定年後再雇用者への支給水準と同水準まで引き下げることで、雇用形態による差異を解消するという方法は、論理的には可能であり、かつ会社としては人件費が増加することなく（逆に減少し）、同一労働同一賃金を実現できる。しかし、報酬項目の廃止・水準の引き下げは、労働条件の不利益変更に当たり、原則として労働者の個別同意が必要であり、労働者の個別同意を得ない場合には合理性が求められるところ、ガイドラインでは、「基本的に、労使で合意することなく通常の労働者の待遇を引き下げることは、望ましい対応とはいえないことに留意すべき」と明記されている。加えて、労働組合や従業員からの大きな反発が予想されるた

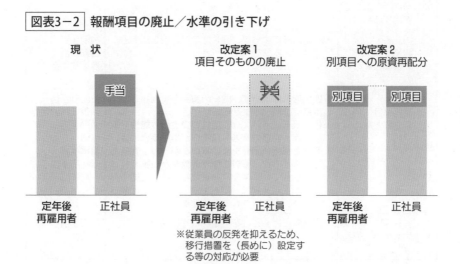

図表3−2　報酬項目の廃止／水準の引き下げ

め、実現に向けてはハードルが高い方法であるともいえる。

ただし、絶対に不可能というわけではなく、例えば、ある手当が正社員のみに支給されていたとして、その手当自体は廃止するが、今すぐに支給をやめるのではなく、移行期間を設けて段階的に支給額を減らしていくことで、労働組合や労働者本人の同意を得るという方法が考えられるだろう。

それ以外にも、当該項目は廃止するが、その原資を別の報酬項目（業務実施に応じて支給される手当等、雇用形態の違いによらず支給対象となる報酬項目が望ましい）に使うことで、会社が従業員に支給する報酬原資自体は減少させないとする方法も考えられる。

実際、2018年4月に日本郵政が（転居を伴う異動の発生しない）正社員に支給していた住居手当を廃止したが、この際にも、以下のような対応を併せて実施している。

- 移行措置を10年間と長期に設定
- 非正規社員に支給されていなかった年始勤務手当を支給、非正規社員への病気休暇の付与日数増加、時給社員の年間賞与の引き上げ等の非正規社員の待遇改善

特に、業務に紐づかない属人的・生活給的な報酬項目（**[図表3−1]** の③−5）については、その支給根拠が曖昧であったり、差異を説明しきれないものであったりするものもあるだろう。そのような場合には、思い切って手当を廃止し、より根拠が明確で公平に支給される項目へとその原資を使うということは、同一労働同一賃金の思想に則（のっと）った対応であるといえるだろう。

(2) 支給対象の拡大／水準の引き上げ

一方で、(1)とは反対に、これまで支給対象としてこなかった定年後再雇用者に対して、正社員と同じ給与項目を支給する／同じ水準で支給するという方法も考えられる。特に、業務に紐づく手当項目（**[図表3−1]** の③−1〜③−4）については、おそらくこの方法を取らざる

を得ない可能性が高いと考えられる[2]。

この方法を用いる場合、どうしても人件費が増加してしまうため、支給対象とすべき項目を見極めること、また、導入に際しては、支給対象となる人数・水準をきちんとシミュレーションし、どの程度人件費にインパクトがあるのかを詳細に見極めた上で対応することが必要不可欠である。

> 【補足】
> 報酬項目の支給対象の拡大／水準の引き上げにより総額人件費が増加する場合、そのインパクトの大きさによっては、必要人員数の見積もりや生産性目標値の見直し（1人当たりの平均人件費が上がる分、現状よりも少ない人数で業務が回るようにすることで、総額人件費を今までと同じ枠内に収める）、本取り組みによる人件費増分を吸収するための（人件費以外での）コスト削減を検討することが必要になる可能性があると考えられる。

[2] 業務分担・役割分担の見直し

同一労働同一賃金への対応に際しては、報酬制度の見直しを行わなくてもよい場合もあり得る。水準の違いや手当支給の有無などの制度上の違いに応じて、業務分担・役割分担を見直すという方法である。

定年後再雇用者に対しては、定年前までのスキルや経験を活かした活躍を期待するため、定年前と同様の業務を担当する、という場合も多いであろう。しかしながら、例えば、担当する業務以外の組織運営等に関わる役割や責任は負わないこととする場合や、業務内容は変わらなくて

---

[2] 手当を廃止するという方法も論理的には考えられるが、業務に紐づき支給していた項目を廃止することは、明らかな不利益変更となり、労働組合や労働者本人の同意を得られない可能性が高いと考えられるため、廃止ではなく、支給対象の拡大／水準の引き上げという選択肢を取らざるを得ない。

も、業務範囲や量・目標値等に変更がある場合には、その差異を明確にすることが、同一労働同一賃金への対応になり得るだろう。また、定年後はフロント業務ではなく、後進の育成の役割を期待するなど、定年前とは異なる業務・役割を期待する場合でも、期待する業務・役割に応じた報酬項目・水準への見直しが可能となる（ただし、業務・役割の見直しを実施する場合、本人の合意・選択なしに再雇用の趣旨に反するような職種変更を強制することは違法と判断されることもあるため、注意が必要である）。

具体的には、以下のステップに沿って、業務分担・役割分担の在り方の見直しを実施することになる。

①検討対象となる組織に、どのような業務／役割／責任が存在しているのかを明らかにする

②正社員・非正規社員はそれぞれどの業務／役割／責任を負うのか（正社員と非正規社員では業務／役割／責任にどのような違いがあるのか）を明確にする

※雇用形態以外に職種等の種類が存在する場合には、職種別にも業務／役割／責任の範囲を明確にすることが必要

③支給対象となっている報酬項目／報酬水準の差異と、担うべき業務／役割／責任の違いが整合しているかを確認し、整理する

しかしながら、実際問題として、現場で人員が不足すれば、本来は正社員が担うべき業務を定年後再雇用者が担わなければならないといった場面も出てくるであろう。そうした場合には、本来的な役割分担としては、定年後再雇用者はその業務／役割／責任は担わないものと整理した上で、当該業務を定年後再雇用者が実施した場合には、その実施有無に応じて当該業務分に相当する手当を支給する（業務の手当化）といった対応を行うことが考えられる。それによって、人件費の増加を最小限に抑えながら、同一労働同一賃金を実現することができる [**図表3－3**]。

また、業務の手当化を検討する際には、手当支給の根拠とするため

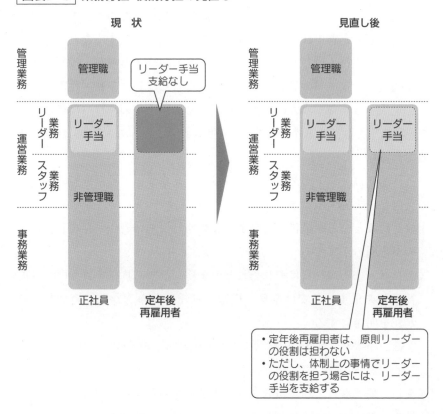

図表3-3　業務分担・役割分担の見直し

に、当該業務を実際に担ったか否かを判断するための情報をきちんと取得できる仕組み・体制を構築することも必要不可欠である。新たに手当を新設する場合には、これまで識別する必要のなかった観点から業務分担・業務実施の状況を把握しなければならなくなるため、実際にその判別が可能かどうかという点も、手当化の判断材料となることも考えられる［図表3-4］。

第3章 総点検―定年後再雇用者の「均衡待遇」と制度の見直し(制度設計編)

図表3－4　対応方法のまとめ

対応方法			工夫のポイント	考慮点
[1]制度見直し	(1)報酬項目の廃止	対象となる項目のみを廃止する（総原資も減少する）	移行措置を（長めに）設ける	運用が煩雑になる
		廃止した報酬項目分の原資を、他の給与項目に振り向ける（総原資は維持する）	業務に紐づくものとして、雇用形態の違いによらない報酬項目を新設する／水準を引き上げる	総原資は維持されるが、個人の観点から見れば報酬が減額になる人と増額になる人の両方が発生するため、合意形成が難しい可能性がある
	(2)報酬項目の非正規社員への支給	これまで支給していなかった対象に対して、当該報酬項目を支給する	業務に紐づく項目のみを見極め、支給対象とする	・総額人件費が増加する ・対象となる業務を担当したかどうかを明確に判断できる基準・仕組みを整備する必要がある
[2]業務分担・役割分担の見直し		報酬水準／支給有無の実情に合わせて、正社員と非正規社員の業務・役割・責任範囲を整理する	あるべき姿としては正社員が担当すべき業務・役割・責任を非正規社員が担当しなければならない局面が発生する場合には、当該業務に関する手当を新設する	・現場の事情や運用の中で、業務・役割・責任範囲が曖昧にならないように運用を徹底する必要がある ・対象となる業務を担当したかどうかを明確に判断できる基準・仕組みを整備する必要がある

4 同一労働同一賃金を踏まえたこれからの人事制度の在り方

　さて、ここまでは、今ある人事制度を対象に、それを部分的に改修する方法について述べてきた。しかしながら、同一労働同一賃金とは「正社員」と「非正規社員」「定年後再雇用者」、もしくは「無期雇用」と「有期雇用」という限定的な差異について述べているのではなく、究極的には、どのような雇用形態・働き方であっても、担っている職務・役割・責任・成果に応じて、同じ基準で処遇をすべきというのが根本の思想である。

一方で、近年の働き方改革による働き方の変化や労働人口の減少に伴うシニア人材活用の必要性、若年層のキャリア志向の変化、そして、クラウドワーカー等の新しい労働力の登場などにより、会社の中で働く"労働力"に、これまでにない多様性が生まれてきており、企業は、それらの多様な"労働力"をどう処遇していくかを考えていかなければならない局面に差し掛かっているといえる。

　これらの事情を踏まえると、今回の同一労働同一賃金の対応を考えるに当たって、特定の手当のみを見直すなどの局地的な対応だけでなく、抜本的にこれからの人事制度の在り方そのものを見直すという対応を取ることも考えられるだろう。そこで以下では、抜本的な見直しを行う際の考え方について述べたい。

　基本的には、これまでに記載してきた内容と同じく、「何を根拠に／何に対して支給されている賃金であるか」という点を整理することになるのだが、将来を見据えた検討を行う場合、その支給対象となる社員にどのようなパターンがあり得るのか／会社として許容するのか、すなわち、将来の会社の業務分担体制・人材ポートフォリオをどのように想定するかを検討することが必要となる。

　具体的には、以下のようなステップで検討を進めることになるだろう。

Step 1：会社として許容する社員タイプの見極め

1. 会社として、どのような働き方（＝主に、時間と勤務形態）の種類を許容するのか
   （a）フルタイム正社員（無期雇用）
   （b）時短社員（時短社員にも複数パターンが存在する場合も考えられる）
   （c）フルタイム非正規社員（有期雇用）
   （d）パート、アルバイト
   （e）クラウドワーカー

※定年後再雇用者は、雇用契約の内容により、（a）以外のいずれの働き方にも当てはまり得るし、定年延長を選択する場合、60歳以降の人材であっても、（a）に当てはまることもあり得る。

2. それぞれの社員タイプ（働き方の種類）について、どのようなキャリア（＝将来の役割）を期待するか
   - （a）期待する勤続期間
       - ①長期的な勤続を期待する
       - ②期間限定での勤務を期待する（季節労働者、特定ミッション遂行／プロジェクト実施を役割とした契約形態等）
   - （b）期待する成長の在り方[3]
       - ①自社内で、管理職を目指すことを前提とする
       - ②管理職にならなくても、それぞれの得意分野での能力成長・発揮を期待する
       - ③自社での成長は期待せず、既に保有している能力・スキルを最大限に発揮し成果を出すことを期待する
       - ④定められた時間分、定められた業務を担当することを期待する（成長や大きな成果は期待しない）

Step 2：業務・責任範囲の見極め

各タイプ（＋等級段階）の社員は、どの業務・役割・責任を担うか（現場における業務分担体制の在り方の検討）
   - （a）社員タイプ・等級段階ごとの業務範囲の設定[4]
   - （b）役割・責任範囲の設定

---

3) （b）の検討は、いわゆる等級制度・キャリアパスの検討と同義。
4) 同一業務を担当する場合でも、役割・責任が異なることはあり得るため、業務範囲の検討と、役割・責任範囲は別々に検討することを推奨する。

Step 3：報酬制度の設計

1. どのような報酬構成とするか
    (a) 基本給は何に対して支給するか（複数項目の組み合わせも考えられる）
    (b) 賞与はどのような位置づけとするか
        ①成果・結果に対する褒賞としてのみの位置づけとする
        ②給与の後払い的な性格を持たせる（安定的に支給される賞与があり、その金額まで含めた年収設計とする）
    (c) 何に対して手当を支給するか
        　限定的なタイミングでしか発生しない業務、もしくは当該役割を担う社員が限定されておらず、誰もが担う可能性がある（担わない社員も多く発生する）業務であれば、手当化したほうが人件費を抑制できると考えられる。
        　また、今後は、業務に紐づかない、属人的な生活給としての手当は、特段の目的がない限りは少なくする／明確に支給の有無の違いを説明できるもののみに絞り込むことが必要と考えられる。
2. 水準と支給基準、払い方の検討
    　以下の項目は、順番にではなく、三つの観点をすべて踏まえながら検討を進めることが必要となる。
    (a) 各項目をどの程度の水準で支給するか
    (b) 社員タイプにより支給水準に差を設ける場合、その差は何を基準として設定するか
        ①勤務時間数
        ②担うべき業務範囲・責任範囲の差
        ③将来期待
    (c) どのタイプの社員に対して、どの程度のボラティリティ（変動）の幅を持たせるか
    これらのステップを整理したものが［**図表3－5**］である。

第3章 総点検―定年後再雇用者の「均衡待遇」と制度の見直し(制度設計編)

図表3－5 支給対象と働き方の種類と差異を設けられるかどうかの整理

支給対象 \ 働き方の種類を規定する要素		時間・回数	勤務形態（異動・転勤可否等）	将来期待
業務	その業務を実施することに対して払う	○ 実施した時間数や回数により増減することはあり得る	× 勤務形態の違いによる差異は設けられない	説明の仕方によっては差異を設けることが可能
役割・責任	特定の役割・責任を担うことに対して払う	△ 役割や責任の内容による （店長であれば時間によらないし、時間帯リーダーであれば時間による）	× 勤務形態の違いによる差異は設けられない	
業務遂行に必要な要素	その要素の保有／発揮に対して支払う	△ 保有に対して支払う場合は時間によらないが、発揮に対する支払いであれば、発揮している時間・回数による	× 勤務形態の違いによる差異は設けられない	
成果	成果、結果に対して支払う	× 時間や回数ではなく、成果そのものの水準による	× 勤務形態の違いによる差異は設けられない	× 将来期待の違いがあっても、同じ成果を上げたのであれば、同水準を支給することが必要
		ただし、仕組みとしてボラティリティ（変動）の幅に違いがある場合には、その限りではない		
業務遂行に必要な費用	業務遂行に必要なコストを補填する	× 1回当たり・一定時間当たりに必要となる水準に差を設けることは不可 （当該コストが必要となる回数が異なれば、それにより異なる）	× 働き方の違いにより差異は設けられない （ただし、勤務形態の違いにより、支給対象となり得ないため、そもそもの対象から外すことはあり得る）	× 将来期待の違いがあっても、同じ業務を実施し、その業務に必要なコストがあれば、同水準を支給することが必要

> **【補足】**
> 　将来期待の違いは、雇用形態の違いに近い概念といえる。将来を期待しない（定型的な業務をずっとやってほしい／特定の期間だけ価値発揮を期待する）のであれば有期雇用になるし、そうでないのであれば無期雇用になるからである。
> 　また、勤務形態の違いというのは、例えば、異動・転勤を許容するかどうかという観点である。それ以外に考えられるのは、テレワークを基本として働きたい、働く時間帯を固定したい（16時以降は働かない）等のパターンが考えられる。

　また、**Step 1**・**Step 2**の内容について、より将来を見越した検討を行う場合には、今は存在しない、あるいはごく一部でしか存在していない社員の在り方（社員タイプ）として、どのようなものがあるのか、そして、今後どの程度発生することを見越すのかを、このタイミングで予測し、将来に備えることが検討のポイントとなるだろう。

5 ｜ おわりに

　今回は、主に同一労働同一賃金の実現という観点から、定年後再雇用者の制度をどのように見直すべきかについて論じた。しかしながら、少子高齢化による労働人口の減少、また、平均寿命の延びによる労働寿命の延びは、既に企業の要員構成に影響を与えており、今後その傾向はより強くなっていくことは自明である。こうした社会の動きを踏まえると、60歳で定年を迎え、その後再雇用として働く仕組み自体が時代にそぐわないものとなり、働ける人は働きたい年齢まで働く、そして企業は、活用できる人材は可能な限り活用する、という考え方にシフトしていくと考えられる。

　このような環境で必要となってくるのは、定年後再雇用者の制度の見

直しではなく、これからの人材ポートフォリオの考え方と、それに即した仕組み（定年後再雇用／定年延長／定年廃止、等）の検討となるだろう。

さらに、近年では前記 4 で述べたとおり、そもそも人材を雇用形態によって単純に区分することが難しくなってきている。その流れは今後さらに加速し、さまざまな雇用形態・働き方・価値発揮の仕方をする従業員が入り交じって働くことが当たり前の世界が、間違いなくやってくると考えられる。

今回の同一労働同一賃金への対応の検討に際して、現実的には、原理原則に立ち返った検討を行える企業は少ないかもしれない。しかし、いずれにせよ何らかの対応を行うのであれば、可能な範囲でこれからの人事制度の在り方を見越した検討を行い、来るべき将来に備えておくこともまた、必要な対応といえるのである。

山本　奈々（やまもとなな）
デロイト トーマツ コンサルティング合同会社　シニアマネジャー

要員・人件費計画策定・最適化マネジメント、グループ要員・人件費管理体系構築、要員・人件費のリストラクチャリング、合併に伴う要員再配置・人事統合、組織・人事戦略策定、業務設計・組織設計、人事諸制度設計、人材開発計画策定等、組織・人事・業務・経営管理領域に関わるコンサルティングに幅広く従事している。共著書に『要員・人件費の戦略的マネジメント ～7つのストーリーから読み解く』（労務行政、2013年）。

第4章

65歳定年制への移行実務

1 高齢社員戦力化の方向性

[1] 戦力化を図るなら65歳以上定年

　2012年に高年齢者雇用安定法が改正され、企業は、希望者全員を対象に65歳までの雇用機会を確保する措置（雇用確保措置）を講ずることが義務づけられた。これにより、60歳以上の雇用は大いに進んだ。厚生労働省「平成30年 高年齢者の雇用状況」によると、この措置を講じている企業の割合は、99.8％とほぼ100％である。しかしながら、定年年齢を見ると、60歳定年76.6％、61～64歳定年2.7％、65歳定年16.1％、66歳以上定年2.0％、定年廃止2.6％である[1]。約8割の企業は、定年後、継続雇用[2]で雇用機会を確保している。

　少子高齢化が急速に進む中で、国は高齢者が力を発揮することを期待している。政府の「未来投資会議」でも、65歳以上の就業機会の確保に向けた検討がなされている。一方、当事者である60歳以上の高齢者も7割近くは65歳を超えても働きたいと答えている[3]。また年金の支給開始年齢が引き上げられたことによって、働く必要性も高まっている。実際に働く高齢者は増えており、労働力調査によると、2018年の60～64歳層の就業率は68.8％（男性81.1％、女性56.8％）、65歳以上の就業率は24.3％（男性33.2％、女性17.4％）となっており、60歳以降も働くのは当たり前、65歳を超えてから働くこともごく普通のこととなっている。

　企業も高齢者の雇用を評価している。高齢・障害・求職者雇用支援機構（以下、機構）が2017年に行った「60歳以降の社員に関する人事管理

---

1) 厚生労働省「平成30年 高年齢者の雇用状況」データを再集計した。
2) 継続雇用制度には、定年年齢に到達した者をいったん退職させた後、再び雇用する「再雇用制度」のほか、定年年齢を設定したまま、定年年齢に到達した者を退職させることなく引き続き雇用する「勤務延長制度」がある。「平成29年 就労条件総合調査」（厚生労働省）によると、両制度を併用している企業を含め、継続雇用制度を有する企業の90.4％が再雇用制度を有している。
3) 内閣府「平成25年度 高齢者の地域社会への参加に関する意識調査」（2013年）による。

に関するアンケート調査」によると、60歳代前半の社員の活用が「うまくいっている」「ある程度、うまくいっている」と回答した企業は、65歳以上定年企業、65歳まで継続雇用企業とも9割以上と高い。その一方で、「満足している」割合には差があり、65歳以上定年企業が49.0％なのに対して、65歳まで継続雇用企業では28.5％である。いずれも満足しているが、度合いは異なっている［図表4－1］。

活用できている一方で、課題もある。課題として、「本人の健康」「本人のモチベーションの維持・向上」を挙げる企業が多いが、これも、定年年齢によって、状況はかなり異なる［図表4－2］。「65歳まで継続雇用企業」では「本人のモチベーションの維持・向上」が最大の課題である。これに対し、「65歳以上定年企業」では、「本人のモチベーションの維持・向上」はそこまで大きな課題ではなく、「本人の健康」が課題である。「担当する仕事の確保」なども定年年齢による差が大きい。60歳定年でその後継続雇用の場合は、モチベーションの維持・向上を図ることが難しく、どんな仕事をしてもらえばよいか困っている様子がうかがえる。これに対し、65歳以上定年企業では、健康でしっかり働いてもらいたいということであろう。

このように、定年年齢によって戦力化の度合いは異なる。未来投資会

図表4－1 60歳代前半層社員の活用評価

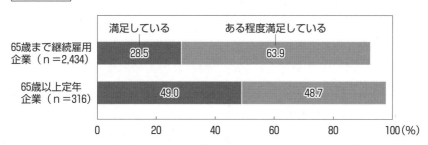

資料出所：高齢・障害・求職者雇用支援機構「継続雇用制度の現状と制度進化－『60歳以降の社員に関する人事管理に関するアンケート調査』結果より」（2018年）（以下、［図表4－2］も同じ）

図表4-2 60歳代前半層社員の活用課題

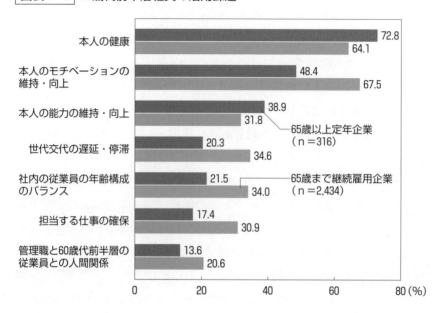

議では65歳以降も働くことについて議論されているが、65歳以降も働いてもらうとなると、その土台となるのは60歳代前半である。土台がしっかりしていなければ、65歳以上の社員の戦力化を図ることは難しい。定年延長は、中堅社員などへのインパクトも大きい。戦力化のための強力な手段であるといえよう。

[2] 継続雇用制度も「進化」している

　機構が2007年および2017年に行った調査結果を比べると、この間に、60歳以上社員の人事制度と、59歳以前社員の人事制度との類似性は高まっている。特に、職務手当や事業所内での異動、所定外労働時間、目標管理など、戦力化と関連する項目で、その傾向が強い。また、「65歳まで継続雇用企業」についての調査結果からは、人事管理制度を59歳以下の正社員の制度に近づけると、活用満足度が高まることが分かっている。

企業と情報交換を行う中でも、継続雇用制度の「進化」を感じることがある。65歳まで再雇用という企業であっても、「以前に比べ処遇を改善した」「これまで再雇用者は評価していなかったが、評価をするようになった」「期待する役割や能力、業績によって複数のコースを設けることとした」というところが増えてきている。中には、継続雇用制度の工夫をかなり進めており、定年延長に向けた準備はできているといってよいレベルの企業も見られる。

2 定年延長vs再雇用

[1] 定年延長と再雇用、比べてみると……

企業は、年齢にかかわらず、雇用するからには戦力化することを考えているはずである。

ひとくちに再雇用制度といっても企業によって違いがあり、「進化」もする。後ほど紹介するように、定年制もいろいろある。一概には比べられないが、イメージを持ってもらうために、[図表4－3]で典型的な例について整理した。この[図表4－3]どおりでない制度も多いが、参考としていただきたい。

[2] 65歳定年のタイプ

65歳定年というと、現在60歳の定年年齢がそのまま65歳に延びる、というイメージを持つ方もいるかもしれない。もちろん、そのような企業もあるが、60歳を境に、仕事、役割、役職や働き方（労働時間、配置転換など）が変わるという企業もある。定年延長というと、そんなに賃金を払えないといった話が出ることも多いが、そもそも賃金は、役割や働き方などを踏まえて決まるものである。

定年延長を考えるに当たって、いろいろな制度があることを知っておくことは必要である。各企業ともさまざまな工夫をしているし、仕事、

図表4−3 再雇用と定年延長（ヒアリング等を踏まえたあくまでも典型的な例）

再雇用制度		定年延長
60歳	定年年齢	65歳
嘱託社員など	雇用区分	正社員
1年更新	契約期間	期間の定めなし（65歳まで）
役割は異なる	役割	企業により異なる（同じ場合、変わる場合、両方がある）
フルタイムが多いが、短時間、短日数もある	労働時間	フルタイム、残業あり
月給または日給月給、時給	賃金形態	月給または日給月給
公的給付支給を前提としている場合も多い	賃金額	企業により（役割により）異なる
ない場合もある	賞与	ある
評価しない場合がある	評価	59歳以前と同じ
・組織若返りの問題は生じにくい ・人件費はそれほどかさまない ・再雇用制度部分のみ検討すればよい	メリット	・モチベーションが高い ・人材確保に有利 ・雇用管理がしやすい
・モチベーションが低下する ・雇用管理が煩雑（労働時間、身分）	デメリット	・組織若返りが遅れる ・人件費がかさむ ・場合によっては人事制度全体を見直す必要が出てくるため、手間がかかる可能性がある

［注］　高齢・障害・求職者雇用支援機構では、2016年4月から2018年12月にかけて、65歳定年企業等149社を対象に、ヒアリング調査を行った。

役割などが連続する度合いにもバリエーションがあるが、ここではイメージしやすいよう、大きく2タイプに整理した［図表4−4］。

［3］定年延長の効果

　定年延長の移行実務の話に入る前に、定年延長した企業は満足しているのか、定年延長にはどんな効果があるのかについて押さえておきたい。

図表4-4 65歳定年企業のタイプ

連続タイプ	仕事、役割（責任、役職など）、働き方（労働時間、配置転換など）、賃金などが59歳以前と60歳以降で変わらない	・大企業にもあるが、中小企業に多い ・中高年齢層において職務給の要素が大きな賃金制度であることが必要 ・昇進・昇格などに関し、メリハリのある人事運用を行っている場合も多い ・人材不足企業、強い平等ポリシーを有する企業など
非連続タイプ	仕事、役割（責任、役職など）、働き方（労働時間、配置転換など）、賃金などが59歳以前と60歳以降で変わる	・一定以上規模の企業に多い ・組織若返りを課題だと捉えている ・モチベーションの維持・向上への配慮が必要 ・役割の変更に当たっては、ルール化、丁寧な説明などが必要 ・新たな役割に見合った評価が必要

図表4-5 定年延長の満足度（単一回答）

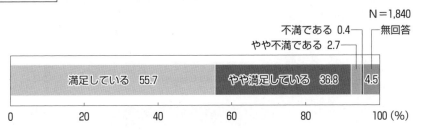

資料出所：高齢・障害・求職者雇用支援機構「定年延長、本当のところ」（2018年）（以下、[図表4-6～4-7]も同じ）
［注］ 2010年以降に65歳以上に定年を延長したすべての企業を対象にアンケートを実施した。

　機構が行った「定年延長実施企業調査」によると、定年延長した企業の92.5％が、「満足している」または「やや満足している」[図表4-5]。
　効果については、「人手の確保」「優秀な社員に働いてもらえた」「遠慮せずに戦力として働いてもらえることができるようになった」ほか、多くの項目に対して、「大いに効果があった」「ある程度効果があった」と答えている[図表4-6]。また、狙っていた効果以外の効果もあったことが分かっている。

さらに、調査では、「仕事内容が同じ企業」「定年延長についてよく考えた企業」において、定年延長の効果が高かったことも分かっている。一方、役割、役職などの責任が同じであることは、定年延長の効果に有意な影響を与えていなかった。定年延長の効果を上げるためには、仕事

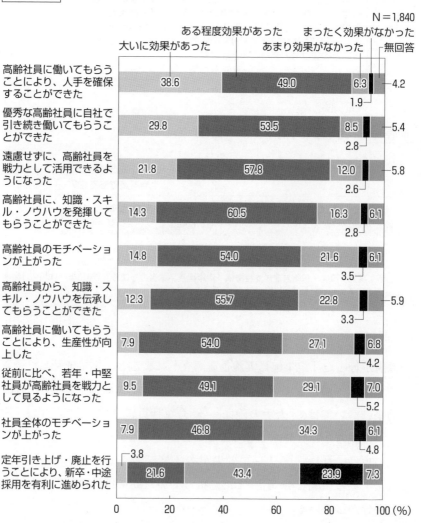

図表4-6 定年延長の効果

内容を変えないことが重要であること、また、役割、役職については、変えると効果が下がるとまでは言えないことが分かった。このほか、規模の大きな企業のほうが高い効果を得られる傾向もうかがえた。

[4] **定年延長に当たっての課題**

定年延長を実施した企業に、延長に当たって何が課題だったか振り返ってもらったところ（複数回答）、「高齢社員の賃金の設定」30.9％、「組織の若返り」28.5％、「社員の健康管理支援」24.7％、「高齢社員に長く働く気持ちになってもらうこと」23.0％、「退職金」17.3％、「労働災害の防止や作業環境の整備」16.8％の順であった[**図表4－7**]。規模や

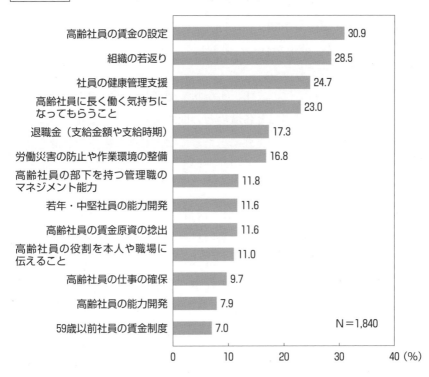

図表4－7 定年延長に当たっての課題（複数回答）

項目	％
高齢社員の賃金の設定	30.9
組織の若返り	28.5
社員の健康管理支援	24.7
高齢社員に長く働く気持ちになってもらうこと	23.0
退職金（支給金額や支給時期）	17.3
労働災害の防止や作業環境の整備	16.8
高齢社員の部下を持つ管理職のマネジメント能力	11.8
若年・中堅社員の能力開発	11.6
高齢社員の賃金原資の捻出	11.6
高齢社員の役割を本人や職場に伝えること	11.0
高齢社員の仕事の確保	9.7
高齢社員の能力開発	7.9
59歳以前社員の賃金制度	7.0

N＝1,840

業種によって多少異なるが、賃金、組織若返り、健康管理支援、モチベーションなどが共通の課題であった。なお、定年延長企業調査と併せて機構が行った調査によると、定年延長を検討中の企業は課題を広く捉えているのに対し、定年延長を実施した企業ではそうではない。定年延長の実施において検討中の企業が課題としていることは、考えているほど課題でなかったことが考えられる。

3 65歳定年制に向けた定年延長の手順

　定年延長に当たっては、これらの課題に対処しつつ、企業に合った形で進めていくことが必要である。具体的な手順を示した上で、事例を交えつつ、各ステップにおいて留意すべきことを述べていきたい。

[1] 定年延長を進める手順

　[図表4－8]は、機構が行った調査結果を基に、定年延長を進める手順をまとめたものである。

　定年延長に当たっては、まず、①現状を把握し、基本的な方針を決める。その上で、②人事部門と各職場との間で情報をやりとりしつつ、制度検討・設計を進める。③実施に当たっては、必要な施策を展開していく。さらに、④定年延長後も、現状把握を行い、必要な修正を行っていくことが必要である。

　特に重要なのは、「2　制度検討・設計、具体的検討・決定」段階の「制度、施策を設計」「各職場で仕事内容を具体的に決定」と「3　実施」段階の「高齢社員への役割の明示」「高齢社員の評価・面談」である。

　とりわけ、60歳などを境に社員の仕事、役割が変わる場合は、役割の明示や評価・面談に加え、各種施策を丁寧に行うことが必要不可欠である。

図表4-8　定年延長を進める手順（詳細は該当ページを参照）

1　現状把握〜基本方針の決定… 94〜98ページ

- (1)情報収集
- (2)現状把握
- (3)トップ・経営層の理解と関与
- (4)推進体制の整備
- (5)基本的な方針の決定

情報収集、現状把握を行った上で、経営層の関与を得、体制にも配慮しつつ、方針を決定する。

2　制度検討・設計、具体的検討・決定… 98〜114ページ

- 制度、施策を設計（大まかな仕事内容、役割、役職、評価方法、賃金その他の労働条件など）
- 各職場で仕事内容を具体的に決定

人事部門など ⇔ 各職場など

まずは、人事部門などで定年の引き上げ方（時期、対象者など）や担ってもらう役割などについて検討する。人事部門などから制度の概要が示されたら、各職場で、高齢社員に担ってもらう職務などについて具体的に検討する。

3　実施… 114〜120ページ

- 高齢社員への役割の明示
- 高齢社員の評価・面談
- 職域拡大、職務設計
- 高齢社員に対する意識啓発（キャリア研修などを含む）・教育訓練
- マネジメント層に対する研修
- 社員全体に対する意識啓発
- 健康管理支援
- 職場環境の整備など（作業環境、労働時間への配慮）
- シンボルシニアへの支援

実施に当たっては、高齢社員に戦力となってもらえるよう、さまざまな施策を展開していくことが必要。高齢社員に役割を明示するだけでなく、その役割に沿って能力が発揮できるよう、意識啓発、教育訓練や健康管理支援を行うことなどが望まれる。

4　見直し・修正… 120ページ

- 引き続き情報収集・現状把握を行うとともに、制度・施策の見直しを実施

実施後も定期的に現状把握を行うとともに、運用状況を把握した上で、修正を行うことが必要。

[2] 現状把握～基本方針の決定段階

まず現状を把握し、その上で、トップも巻き込みながら、基本的な方針を決定していく。

(1) 情報収集

検討開始に当たっては、まず、以下の内容を把握する。
- 高齢者の雇用に関する法律や制度
- 国などによる支援施策
- 65歳定年を導入している企業などの事例

厚生労働省や機構のホームページに以下のような情報が掲載されているので、参照いただきたい。

> ①国の高年齢者雇用対策について
> https://www.mhlw.go.jp/stf/seisakunitsuite/bunya/koyou_roudou/koyou/koureisha/index.html
> ②定年延長企業など先進企業の取組事例(「65歳超雇用推進事例集」など)
> http://www.jeed.or.jp/elderly/data/manual.html
> ③定年延長企業などのアンケート調査結果(「定年延長、本当のところ」など)
> http://www.jeed.or.jp/elderly/data/index.html
> ④65歳超雇用推進プランナー、高年齢者雇用アドバイザーについて
> http://www.jeed.or.jp/elderly/employer/advisary_services.html
> ⑤65歳超雇用推進助成金など助成金について
> http://www.jeed.or.jp/elderly/subsidy/index.html

(2) 現状把握

次に、自社の現状を把握する。把握すべきことは、次の三つである。

■把握すべきこと

①制度面
- 自社の現在の定年制度はどのようなものか（定年年齢、運用状況、役職定年など）
- 自社の現在の継続雇用制度はどのようなものか（対象者、上限年齢、要件、職務内容、賃金、勤務日数、勤務時間、評価のしかた、運用状況など）

②ソフト面
- 高齢者を戦力化しようという風土があるか
- 高齢者が働きやすい職場となっているか
- 高齢者が力を発揮しやすい職場となっているか
- 高齢者が戦力として力を発揮できる仕組みがあるか
- 高齢者に必要な働きかけを行っているか

③検討のベースとなる実態
- 業況（経営状況や景気の動向など）
- 人材の需給バランスはどうか（人手不足かどうかなど）
- 現在の人事制度・賃金制度はどのようなものか
- 社員の年齢構成はどうなっているか（現在、5年後、10年後。正社員、定年後再雇用社員とも）
- 高齢社員の人数および配置の実態はどうか

「①制度面」については、制度の内容だけでなく、運用の仕方やその状況、社員がどう受け止めているかについても把握する。

「②ソフト面」の把握には、実際に職場に出向いたり、社員から話を聞いたりすることが必要であるが、かなりの手間暇がかかる。機構が、定年延長を念頭に作成した簡易ツール（「65歳超戦力化 雇用力評価チェックリスト（簡易版）」）をホームページ上で公開しているので、これを参考とする方法もある（http://www.jeed.or.jp/elderly/data.html）。

ソフト面を把握することによって、高齢者雇用の課題が浮かび上がってくる。これにより、自社が取り組むべきことが把握しやすくなり、定年延長について具体的に考えやすくなる。

「③検討のベースとなる実態」は、定年延長の難しさを左右する事項である。自社のことなので、把握は難しくないはずだが、できれば、年齢構成や高齢社員の人数・配置をグラフなどで「見える化」することをお勧めする。また、人事制度・賃金制度については、制度だけでなく、運用状況についても押さえておく必要がある。

(3) トップ・経営層の理解と関与

高齢者雇用に関する課題が見えてきたら、次は、経営トップに課題を理解してもらい、課題解決の取り組み（この場合は定年延長）に自ら関与してもらう。

経営トップが本気かどうかによって、高齢社員をどこまで戦力化できるかが決まってくる。定年延長は戦力化に有効だが、費用など負担も伴う。延長するのであれば、効果は最大にしたい。そのためには、経営トップの理解と関与の下、自社にとってあるべき姿を明確にすることが必要不可欠である。

機構の調査によると、定年延長を提案した者は社長など経営トップが多い。以下は、定年延長した企業の経営トップのコメントである。

- 自分は60歳を過ぎたが、まだまだ元気で働けるし、働きたい。ほかの社員だってもっと働けるはずだ（1000～4999人、製造業）
- 1年契約の継続雇用では中途半端であり、戦力として、十分力を発揮してもらえない（1000～4999人、金融・保険業）
- 60歳を迎えた社員の中に、まだ子供が学校に通っている社員がいる。社員が安心して働けるようにすべきだ（1000～4999人、卸売・小売）
- 技術開発と若手社員の技術指導を担っている熟練技術者・技能者を定年で失いたくない（300～999人、製造業）
- 「公正」が経営理念。年齢・性別・学歴等にとらわれない真に公正な

人事制度を目指す（5000人～、製造業）

　他社に先んじて実施した企業だけあって、トップは積極的だ。「それに比べてわが社は……」と言いたくなる気持ちも分からなくはないが、トップが言い出すのを待っている必要はない。定年延長企業調査によると、301人以上の企業では、提案者（複数回答）は、経営トップ56.1％、人事部門45.5％と、人事部門も健闘している。労働組合が定年延長を申し入れたケースもいくつもある（5000人～、製造業など）。

(4) 推進体制の整備

　各職場の管理職や若手・中堅社員の理解も必要である。高齢社員だけでなく、社員全体に高齢社員を「戦力」として期待していることを伝えることが必要である。

　企業に合った形で高齢社員の戦力化を進めていくためには、経営トップ、人事部門と各職場が、なぜ定年延長するのかを共有し、検討していくことが必要である。各職場の社員が、どう受け止め、何を心配しているかを把握する。さらに、延長することになったら、何のためにどう変えるのか社員全体に理解してもらえるよう、推進体制を整備することが求められる。

　問題意識の共有、意見の吸い上げ、周知などに工夫をしている企業の例を紹介しよう。

- 女性の活躍促進など人事制度全体を見直す中で定年延長に取り組んだ。プロジェクトのオーナーは社長、リーダーは人事部長が務め、各部署、各職種から選んだメンバー約60人が参加し、意見交換、制度設計を進めた（5000人～、製造業）
- 定年延長とともに、役割の明確化、発揮能力重視、組織のフラット化など人事・賃金制度改定を行った。何度も労使協議を行ったほか、人事部門は職制、労働組合は組合組織を通じて周知を行った（1000～4999人、運輸業）

(5) 基本的な方針の決定

 情報収集、現状把握、トップの理解、体制の整備と、準備がある程度できたところで、定年延長するのか、するとしたらいつごろか、企業としてどのような姿を目指すのかなど基本的な方向性が決まってくる。基本的な方針の決定と並行して、具体的な制度設計を行う場合もある。

[3] 制度検討・設計、具体的検討・決定段階

 基本的な方針が決まれば、具体的な検討である。順に見ていこう。

(1) 定年制度や延長のしかたについての検討・設計

 前記［図表4-4］で65歳定年を大きく2タイプに分けたが、実際には、仕事、役割、働き方、賃金などが連続する度合いにはさまざまなバリエーションがある。延長のしかたや賃金制度、退職金制度なども多様である。

 定年延長するとなると、これらについて具体的に検討し、決めていく必要がある。［図表4-9］は、検討すべき事項のうち主なものである。

①定年年齢

 機構の調査では、60歳定年を65歳とした企業が大多数であった。65歳が一つの節目となっていることは間違いないだろう。中には、採用面で優位に立てるよう、あえて定年を66歳とし、65歳定年の企業よりもさらに1歳高く設定した企業（300～999人、製造業）や、人手不足対応だけでなく世の中に先んじることも意図して70歳定年とした企業（300～999人、製造業など）もあった。

②一度に引き上げるか

 ヒアリング調査によると、一度に引き上げた企業が大半であったが、段階的に定年年齢を引き上げた企業もいくつかあった。制度の運用という点では、段階的引き上げはかなり煩雑である。検討過程では段階的に引き上げる案も出たが、トップが「制度はシンプルなほうがよい」と判断し、一度に65歳に引き上げることとした企業もあった（300～999人、

金融・保険業)。

　定年延長の際に気になることの一つに、1歳の違いで大きな差がつくのはどうかということがある。新たな定年退職者が出るまでの間、毎年、60歳以上の社員にふさわしい仕事を用意し続けられるかについても気になるだろう。

　1歳の違いで差がつくことについては、「仕方がない」という対応が多かったが、中には、定年延長前に継続雇用となった65歳までの社員に差額を補填している企業（300〜999人、製造業）や、引き上げ前に定年を迎え、嘱託として継続雇用している社員を正社員に戻した企業（5000人〜、建設業など）もある。

　無理なく業務を確保していくことなどを目的に、3年に1歳ずつ段階的に定年を引き上げることとした企業（5000人〜、製造業）もある。

図表4−9　定年延長に当たって検討すべき事項（主なもの）

①定年年齢	何歳まで引き上げるか
②一度に引き上げるか	一度に引き上げるのか、段階的に引き上げるのか
③選択定年とするか	定年年齢を選択できるようにするのか
④対象者	正社員全体を対象とするのか、職種、役職の有無で分けるのか
⑤仕事	60歳以降の社員にどのような仕事を担当してもらうか
⑥役割	60歳以降の社員にどのような役割を期待するか
⑦役職	60歳以降の社員の役職はどうするのか
⑧労働時間	60歳以降の社員の労働時間はどうするのか
⑨配置・異動	60歳以降の社員の配置・異動はどうするのか
⑩評価	60歳以降の社員の人事評価、業績評価はどうするのか
⑪賃金	60歳以降の賃金はどうするのか、60歳以前の賃金も見直すのか
⑫退職金	退職金はどうするか。いつまで積み立て、いつから支払うのか
⑬定年後の雇用	定年後の継続雇用をどのように考えるのか
⑭その他	見直しの範囲、実施時期、制度改定に要する期間など

③選択定年とするか

　定年年齢を選択できるようにするか、一律とするかについては、ヒアリング調査では、一律とする企業のほうが多かった。

　企業の中には、65歳まで正社員として働きたくない社員もいることを懸念する向きもある。確かに、定年延長当初は、60歳を目指して働いてきた社員が多く、ゴールが遠のくことに戸惑う社員もいるだろう。これに対しては、選択定年とするという手がある。いくつか例を見てみよう。

- 55歳時に意向確認し、59歳時に何歳まで働くかを決定。60歳以降も年1回変更を申し出る機会を設け、1年以上前なら変更可（5000人〜、製造業）
- 55歳時に意向確認し、59歳時に何歳まで働くかを決定。定年を選択せずに退職して再雇用を選ぶことを認めている（1000〜4999人、卸売・小売）
- 59歳時に60〜65歳の間で定年年齢を選択する。変更は不可。定年延長を希望しない場合、再雇用を選ぶことはできない（5000人〜、製造業）
- 59歳時に確認し、以後65歳となるまで、毎年面談時に確認をする（5000人〜、製造業）
- 60歳となる半年前に、60歳定年、65歳定年のいずれかを選択する。再雇用を選ぶこともできる（1000〜4999人、金融・保険業）

　59歳時に確認するところが多かったが、定年年齢を細かく選べるか、変更ができるか、65歳前の定年を選択した場合に再雇用を選べるかなど、企業によって異なる。

　選択定年の運用状況を見ると、いずれの企業でも、ほとんどの社員が65歳定年を選択している。選択定年とすることによって、要員管理、人事管理が複雑になることは確かである。一律定年とし、60〜64歳で退職した者にも65歳で退職する場合と同額の退職金を支給するという対応をしている企業も多い（5000人〜、金融・保険業など多数）。

④対象者、⑤仕事、⑥役割、⑦役職

　対象者については、全社員とする企業がほとんどだが、営業系など一部の職種に限って65歳定年としている企業（5000人〜、金融・保険業）、非管理職のみを対象としている企業（5000人〜、製造業など）も見られる。

　対象者をどうするかは、「⑤仕事、⑥役割、⑦役職」など、戦力化の根幹部分とも関係する。この点は後掲「(2) 仕事、役割、役職の検討・決定」で詳述する。

⑧労働時間

　ごく一部の企業を除き、フルタイムまたは原則フルタイムである。定年延長では、社員区分は正社員である。フルタイムが当然ということであろう。

- 現場から交替制に組み込みたい、必要なときは時間外労働もしてほしいという声があった（5000人〜、製造業）
- 深夜業や泊まり勤務もしてもらっている（1000〜4999人、運輸業）
- フルタイムのみ。家族の介護などで短時間勤務を希望する者には、全社員を対象とする短時間勤務制度で対応している（5000人〜、製造業）

⑨配置・異動

　配置・異動については、60歳以降、ある場合とない場合がある。仕事内容が59歳以前と同じ場合は、配置・異動の扱いも同じことが多い。小さな企業などで本社しかないような場合、転居を伴う異動自体がないという企業も多い。いくつか事例を紹介しよう。

- 自宅から15キロ圏内の店舗でのみ勤務してもらう（1000〜4999人、協同組合）
- 転居を伴う異動はなくなる（1000〜4999人、製造業）
- 全国転勤のある社員区分の正社員であれば、転勤もある（1000〜4999人、製造業など）

- 必要な場合は、海外を含めて転勤の対象となる（5000人〜、製造業）
- 異動も出向もある（5000人〜、製造業）

⑩評価

再雇用制度では、人事評価をしていない、簡易な評価しかしていない、賃金にほとんど反映していないといったことも多い。これに対し、定年延長の場合は、ヒアリングした範囲では、評価を行い、基本給、賞与などに反映していた。

ほとんどの場合、評価の回数などやり方は59歳以下の社員と変わらないが、「⑤仕事、⑥役割、⑦役職」が同じかどうかによって評価項目や重点の置き方、評価の厳しさなどは異なる。評価は、賃金など報酬面から見ても重要なポイントである。この点は後掲「(3) 評価方法の検討・設計」で詳しく検討する。

⑪賃金、⑫退職金

賃金や退職金をどうするかは、最も気になるところである。後掲「(4) 適切な賃金水準の確保」でじっくり検討したい。

⑬定年後の雇用

65歳以降の雇用については、継続雇用制度がある企業も、ない企業もある。制度としてはないが、個別に対応し、必要な者を雇用しているという企業もある。

〈定年後の継続雇用制度なし〉

- 65歳を超える継続雇用制度はない（5000人〜、製造業など多くの大企業）
- 65歳を超える継続雇用制度はない。特に必要な者については個別に対応（300〜999人、製造業など）

〈定年後の継続雇用制度あり〉

- 働く意思があり、職場が必要とする場合は、1年更新で上限なく再雇用する制度がある（1000〜4999人、製造業）
- 70歳までの再雇用制度あり。「一定の基準に該当する者」としている

が、実際には希望者全員を再雇用している（1000～4999人、卸売・小売など）
- 70歳まで希望者全員を再雇用する制度がある（300～999人、金融・保険業など）
- 健康で、人事考課がB以上であれば、70歳まで継続雇用する（5000人、金融・保険業など）

⑭その他（見直しの範囲、実施時期、制度改定に要する期間など）
〈人事管理制度全体を見直すか〉

　人事管理制度全体を見直す必要があるかどうかは、現在の定年制、継続雇用制度や、連続タイプ、非連続タイプ、どちらのタイプを考えているかによってかなり異なる。

　例えば、既に中高年社員の賃金を職務や役割で決めている企業や、昇給・昇格だけでなく降格もあるような企業で、60歳以降も仕事、役割、働き方を変えない場合は、全体を見直す必要性は高くないだろう。また、現在の継続雇用制度の役割、働き方、賃金などが比較的正社員に近い場合も、全体をそれほど大きく見直す必要はなさそうだ。逆に、60歳を境に、仕事、役割、働き方が非常に大きく変わる場合も、60歳以降の部分だけを考えればよいかもしれない。

　これに対し、仕事はほとんど変わらないが、責任の範囲や程度、役職が変わる場合や、この機会に賃金制度、退職金制度を見直したい場合などは、全体を見直す必要性が高い。どこまで見直すかは、何のために定年を延長するかにも関わってくることでもある。

　機構の調査によると、定年延長実施企業の約3割が社員全体の人事・賃金制度の見直しを行っていた。

〈定年延長実施時期〉

　定年を延長する時期について、定年延長を実施した企業がどう判断したか紹介しよう。
- 定年到達者が少ないうちに65歳定年にしたほうが混乱が少ない。課題

が生じたときも見直す余裕がある（300〜999人、製造業）
- 同業他社が60歳定年制としている中、他社に先駆けて65歳定年を導入し、人材確保面で有利になることを狙った（100〜299人、医療福祉）
- 他社がやらないことをいち早くやろう（1000〜4999人、製造業）
- 60歳到達者がそれほど多くないうちに、戦力化の仕組みを整備した（1000〜4999人、金融・保険業）

「わが社はまだ定年到達者が少ないから……（まだ定年延長は考えられない）」という話をよく聞く。切羽詰まった問題ではないし、なるべくフリーハンドでいたいという企業側の気持ちも分かるが、早く導入することによるメリットもある。

40歳代後半から50歳代前半のいわゆるバブル世代の人数が多く、その後の年齢層がいないという企業の中には、彼らが定年を迎える前に実施するという企業もあれば、逆に、彼らが定年を迎えた後に実施するという企業もある。定年延長前後の処遇差を避けるために、人数が少ないところで実施するという企業もあった。

再雇用制度の中に正社員に近い働き方のコースを設け、うまくいくことを確認した上で、定年延長した企業もあった（5000人〜、金融・保険業）。

〈制度改定に要する期間など〉

検討開始後定年を引き上げるまでの期間は、ヒアリング調査では1年程度という企業が多かった。アンケート調査でも8割弱の企業が1年以内に運用を開始していた。運用開始までに要する期間は、定年延長のきっかけが、トップの鶴の一声なのか、人事部門などの発案なのか、労働組合からの要求なのかなどによって異なる。規模によっては時間をかける必要もあるだろう。いくつか例を見てみよう。
- 社員にしっかり説明するために時間をかけた（5000人〜、製造業）
- 社員全体の人事・賃金制度の見直しを行ったために時間を要した（1000〜4999人、運輸業など）

- 社員にもある程度費用負担を求めたために時間を要した（1000〜4999人、製造業）

(2) 仕事、役割、役職の検討・決定
①仕事、役割、役職の変化との関係

　定年延長企業調査によると、60歳以上社員の仕事内容は、「59歳以前とまったく同じ」が53.8％、「59歳以前とまったく同じではないが、大体同じ」が42.5％である。また、責任は、「59歳以前とまったく同じ」が47.6％、「59歳以前とまったく同じではないが、大体同じ」が40.6％である。一方、60歳以上の社員に期待する役割（複数回答）は、「知識・スキル・ノウハウの伝承」61.9％、「後輩の指導」59.8％、「担当者として成果を出すこと」46.2％が多く、「周囲の相談相手」27.5％、「管理職のサポート」16.7％、「担当者のサポート」16.4％と続く。

　高齢社員の役割は、連続タイプ、非連続タイプ、どちらのタイプかによっても異なるし、職場や業務の性格、社員の人数や年齢構成などによっても異なってくる。例を見てみよう。

〈どちらかと言えば、役割は変わらない〉
- 仕事、責任のほか、評価、賃金などを含め、すべてが59歳以前と変わらない（5000人〜、卸売・小売）
- 仕事、責任、役職とも、59歳時と同じ（5000人〜、飲食業など）
- 徐々に若手に引き継いでいく部分はあるが、仕事の内容は59歳以前と変わらない（300〜999人、製造業など）

〈どちらかと言えば、役割は変わる〉
- ごく少数の役職を続ける者を除き、担当者として成果を出すことを期待される「生涯現役コース」、後輩の指導に当たる「シニアメンターコース」のいずれかとなる（5000人〜、建設業）
- 役職から降り、「アドバイザー」として週1〜2回夜間の工場責任者を務めるなど管理職をサポートする役割を担う（1000〜4999人、製造業）
- 60歳時の等級に基づき、「サポート」「メンバー」「エキスパート」の

いずれかに移行する（5000人〜、製造業）
- 60歳以降、①簡単な業務、②1プレーヤーとしての業務、③より高度な業務のいずれかを担当する。求められる成果のレベルは緩やかになる（1000〜4999人、製造業）

②**役職定年との関係**

　定年延長企業調査によると、定年延長を行った企業の13.1％が、新たに役職定年を導入している。企業の事例を見てみよう。
- 役職定年はもともとない。定年延長後もある年齢を境に役職を離れることはない（300〜999人、卸売・小売など）
- 役職定年はないが、役職に就いた後、降りてもらうこともある（5000人〜、製造業）
- 役職定年はもともとなく、定年延長後も導入しなかったが、現在導入を検討中である（5000人〜、卸売・小売）
- 定年延長に伴い、役職定年年齢を引き上げた（300〜999人、1000〜4999人、製造業など）
- 定年延長後も、役職定年年齢はそれまでと変えていない（5000人〜、製造業など多数）
- 定年延長に伴って役職定年を導入した（5000人〜、製造業など）
- 定年延長をきっかけに、役職定年を廃止した（5000人〜、金融・保険業など）

　役職定年は、役職経験者に強制的にキャリア・シフト・チェンジを促し得る制度であるが、機構が2017年に行った調査[4]によると、6割弱の者が「仕事に対する意欲が下がった」と答えている。また、6割強の者が「今後のキャリアを考える上で役に立たなかった」と答えており、課題も指摘されている。こうした現状を反映してか、各企業とも悩んでいる様子がうかがえる。

---

[4]「50歳代のキャリア管理に関する調査」（2017年実施）

(3) 評価方法の検討・設計

　役割に対して力を発揮してもらいたいのであれば、能力、働きぶりを把握し、その結果を処遇に反映させること、すなわち、評価をすることが必要である。評価に当たっては、何をどのように評価するのかを示すことが求められる。

　期待する役割によって評価すべき項目は異なる。知識・技能の継承を期待しているのであれば、それを評価項目として示したり、比重を高めたりする、60歳以降の社員を昇給・昇格の対象外とするのであれば、能力については評価せず、専ら業績を評価するなどが考えられる。

〈連続タイプ〉

　連続タイプでは、59歳以前と同じ方法、同じ項目で評価を行う場合がほとんどである。

- 従前から、成果に基づいて昇進・昇格、降職・降格させるなどメリハリのある人事運用を行っていたが、これをさらに徹底させる（5000人〜、製造業など）
- 定年延長に伴い、60歳以降の社員も人事評価の対象となった。59歳以前の社員と同様、期首に業績、態度、能力に関する目標を設定し、年末に上長と面談し、昇給・昇格に反映させる（300〜999人、金融・保険業）
- 人事評価の結果に応じ、昇給・役職への登用もできるようにした（100〜299人、製造業などかなりの数の中小企業）
- 59歳以前の社員と同じように人事評価を実施するが、昇給幅は抑える（300〜999人、製造業）
- 60歳以前と同じだが、業績評価部分の比重を増した（300〜999人、製造業）

〈非連続タイプ〉

　非連続タイプでは、59歳以前の社員と同じという企業も多かったが、役割によって重点を置く項目や項目数に違いがある企業、昇給・昇格が

なくなるために業績評価のみとし、能力評価は行わないという企業も見られた。

- 評価項目、方法とも59歳以前と変わらない（1000〜4999人、製造業など多数）
- 業績評価と行動評価を行っているが、60歳以上では行動評価の比重を高めている。また、行動評価のうち後進の育成の比重を高めている（5000人〜、製造業）
- 60歳以降は業績評価のみ。相対評価は59歳以前の社員とは別に実施（5000人〜、製造業）
- 再雇用時は３段階評価で賞与のみに反映していたが、定年延長後は59歳以前の社員と同じく６段階で評価し、賞与、賃金、等級に反映（5000人〜、製造業）
- 評価方法・評価項目は変わらないが、60歳以上の社員では、賞与部分で成果主義をより強く打ち出すようにした（1000〜4999人、製造業）
- 職種別に、役割や行うべき職務行動を記述したガイドラインを作成し、これに基づき、業務遂行度、業績貢献度を評価（1000〜4999人、運輸業）

(4) 適切な賃金水準の確保

賃金は、企業、社員双方にとって大きな関心事である。企業から見れば、賃金を払う以上、それに見合った働きをしてもらうことが必要であり、従業員側から見れば、モチベーションを持って働くためには、働きに見合ったレベルの賃金が必要である。

正社員の賃金の大きな部分を占める基本給については、仕事をする能力によって決める（職能給）、仕事の内容で決める（職務給）、役割によって決める（役割給）、成果・業績によって決める（業績給）といった考え方のほか、生活にお金がかかる年代に配慮するといった考え方もある。高齢者の賃金決定に当たっては、公的給付を含めた手取り金額で考えることが広く行われてきたが、年金の支給開始年齢は引き上げられ

ており、2025年にはその年齢が65歳となる。また、60歳以降の社員の「戦力化」も進んできている。

　賃金を検討するに当たっては、連続性も考慮する必要がある。60歳定年で65歳まで再雇用という企業には、既に60歳までの賃金制度があり、60歳以降の賃金制度も別にある。こうした企業が定年延長する場合、現行の賃金制度との関係を考える必要がある。例えば、現行の賃金制度において職務給的な要素が大きく、定年後再雇用の賃金がそれほど大きく下がらないような場合は、定年延長後の賃金負担額の増をそこまで大きく捉えなくともよいだろう。一方、逆の場合は、賃金負担額のことを考慮しつつ、役割について考える必要がある。

　人事管理の目線で言えば、賃金は、人材の活用方針に合わせて支払うものである。60歳以降の社員の賃金がどうなるかは、高齢社員の役割、働き方がどのようなものであるかによって決まる。

　企業によって、業況、職務の内容、人材の活用方針、人材の需給バランスなどは異なる。(現在の)定年制度や、高齢者活用の風土、59歳以前の賃金制度のほか、高齢社員に期待する仕事、役割、役職や、働き方(労働時間、配置転換など)なども異なる。一概に論じることは困難だが、事例を挙げつつ、考えてみたい。

　賃金には、毎月決まって支給する給与(基本給、諸手当のほか所定外給与)、賞与・期末手当、退職金などがある。制度を設計する場合は、その全体について考えることになるが、ここでは、まず、賃金原資について検討した上で、基本給、退職金を中心に紹介したい。

①**賃金原資についての考え方**
　59歳までの賃金制度が職能給的か、職務給的かによって異なる部分もあるが、以下のような考え方がある。括弧内には特に関係する賃金制度の略称を記した。
- モチベーションを上げ、生産性を向上させることによって、賃金負担が増える分を取り戻す(職能・職務)

- 50代の賃金水準を見直し、60歳以降の賃金水準上昇分に充てる（主に職能）
- 中堅以降、役割給、職務給の要素を強め、貢献に見合った賃金とする（主に職能）
- 中堅以前も含め、人事制度を見直し、能力・貢献に見合った賃金とする（主に職能）
- 会社が（一部）負担する（職能・職務）
- 退職金水準を見直し、60歳以降の賃金水準上昇に充てる（職能・職務）

企業の考え方について、具体的に見てみよう。

- 向こう5年間についてシミュレーションし、増加分が賃金原資全体の1％であったことを確認した上で、定年延長に踏み切った（300～999人、製造業）
- コストが増える面はあるが、将来の人材不足に備えての布石である（300～999人、製造業）

このほか、中小企業の中には、50代の賃金自体高くないので、そこまで大きな問題ではないという企業も見られた。

②基本給など

基本給の決め方については、企業によってかなりバリエーションがある。多くの場合、職能給、職務給、役割給、業績給などを組み合わせており、役割給・職務給と称していても、年功的な運用がなされているようなケースもある。

60歳をまたいだ連続性という点でも、役割のうち一部が変わる、管理職のみ変わる、会社が必要と認めた者は変わらないなどといったケースがある。一概に、連続タイプ、非連続タイプと分けにくいところもあるが、ここでは理解しやすいよう、適用状態なども踏まえ、連続タイプと非連続タイプに分けて事例を紹介する。

〈連続タイプ〉

- かなり前から役割給としており、定年延長に伴う賃金カーブの変更は

ない。昇格・降格の運用を通じ、役割・成果に基づく評価・処遇を徹底していく（5000人〜、製造業）
- 40歳までは役職者を除き職能資格制度、40歳以降は職務等級制度。実力主義の人員配置、処遇を行っており、降格・敗者復活ともある（300〜999人、卸売・小売）
- 仕事が同じであれば、60歳以降も同じ（100〜299人、医療福祉）
- 60歳以降、年功部分がなくなり、その分減額する（1000〜4999人、卸売・小売）
- 以前から年功的でない形で職能資格制度を運用していたが、定年延長に先立ち、職務等級制度を導入（5000人〜、飲食業）
- 定年延長に併せ、発揮能力重視の賃金体系に。非管理職の賃金は年齢給と役割給から成るが、年齢給は40代半ばで昇給停止、56歳以降は減額。役割給は59歳以降も昇給（1000〜4999人、製造業）
- 60歳到達時の賃金とし、60歳で昇給停止（主に中小企業）
- 賃金のうち年齢給部分を61歳時、62歳時に1万円ずつ減額（1000〜4999人、協同組合）
- 定年延長に伴い、35歳までの昇給ピッチの減額、55歳以降の基礎給減額などを実施（5000人〜、運輸業）

〈非連続タイプ〉

- 定年延長に伴い、50歳以降昇給を抑制。60歳時に役割に応じて賃金を見直し、仕事内容、責任に見合った賃金とする（1000〜4999人、製造業）
- 定年延長と併せて家族手当など手当の見直しを実施（5000人以上、製造業）
- 職務サイズが小さくなるため、それに見合った額となる（1000〜4999人、金融・保険業）
- 役職手当減額により、2割程度低下する（300〜999人、製造業）
- 59歳までは職能と職務、60歳以降は職務により賃金を決めている。職

務内容は同じだが、異動範囲が小さくなるため、これを勘案し減額する（1000〜4999人、協同組合）
- 過去3年の人事評価に基づき、60歳以降の役割・賃金水準を決める。評価結果によっては2％を上限に昇給もある（300〜999人、製造業）
- 役職から降りるため、役職手当分を減額。昇給幅は小さくなるが、65歳まで昇給あり（300〜999人、製造業）
- 定年延長に併せ、職種別賃金を導入。一部50代社員で基本給が減額となったため、10年間の移行措置を設けた（1000〜4999人、運輸業）

賃金制度の設計には、専門的な知識が必要である。65歳以上への定年延長に伴う制度等の見直しのために、コンサルティング費用を支払った場合は、一定の要件を満たせば、65歳超雇用推進助成金の対象となる。また、機構の65歳超雇用推進プランナー、高年齢者雇用アドバイザーは、専門的な相談・援助、企業事例提供を行うほか、具体的な改善案も提案する。

③退職金

厚生労働省による「平成30年 就労条件総合調査」によると、約8割の企業が退職金制度を有しており、300人以上企業では9割を超える。ある程度まとまった金額で退職所得控除も受けられることから、社員にとって大きな関心事であるが、企業にとっても関心の高い事項である。

かつては、退職一時金として支払われ、勤続25年を過ぎたあたりから金額が大きく増加していく仕組みであったが、最近は変化してきている。退職一時金と退職年金の併用が一般的となり、計算方法も、賃金連動方式（最終給与連動方式、全期間平均給与方式など）、一部賃金連動方式（別テーブル［第二基本給］方式など）のほか、賃金ではなく在職中の勤務内容に応じてポイントを与えるポイント制方式が一般的となってきている。さらに、前もって給与などに上乗せ支給する退職金前払い制度なども取り入れられるようになった。退職年金についても、給付額を企業が約束する「確定給付年金」のほか、拠出金の運用を個人責任と

する「確定拠出年金」や、両制度の特徴を併せ持つ「キャッシュ・バランス・プラン型年金」なども導入されるようになってきた。

定年延長との関係では、いつまで積み立てるか、いつ支払うかについて考える必要がある。退職時に支給する企業が多いが、60歳時に支給する企業もある。60歳以降は積み増さない企業も多いようだ。確定給付年金であれば運用責任を持つべき期間が長くなる。さらに、確定済みの金額については支払わなければいけない。定年延長に伴い、退職金制度を見直している企業もかなりある。事例を紹介しよう。

〈60歳時に支給〉

- 60歳時に退職一時金を支給。定年延長に伴い、確定給付年金から確定拠出年金とした（1000〜4999人、製造業）
- 60歳年度末に支給。ポイント制。一時金および確定拠出年金（5000人〜、建設業）
- 70歳定年だが、60歳時に支給。ポイント制（1000〜4999人、協同組合）

〈退職時（以降）に支給〉

- 60歳以降退職金の積み増しなし。ポイント制（5000人〜、製造業など多数）
- 60歳以降確定給付部分の積み増しなし。確定拠出部分は65歳まで拠出（5000人〜、卸売・小売）
- 確定給付年金および確定拠出年金。60歳以降も積み立て（1000〜4999人、製造業）
- 60歳時点で金額を確定した上で、加算額を積み上げ（5000人〜、運輸業など）
- 確定拠出年金のみ。65歳で退職した場合は、40％を60歳から、60％を65歳から支給。60歳以降も積み立て（1000〜4999人、卸売・小売）
- 退職一時金と確定給付年金（終身）。定年延長に伴い支給開始年齢を引き上げ、保証期間終了後の支給金額を減額（1000〜4999人、製造業）
- 定年延長に伴い、退職金カーブの頂点を60歳から65歳へ。また、確定

拠出年金、ポイント制を導入。延長後も支給額は変わらない（5000人～、製造業）
- 定年延長に伴い、確定拠出年金を導入。60歳時にポイント確定（300～999人、製造業）
- 全額を一時金で支給（1000～4999人、協同組合）
- 定年延長に伴い、ポイント制、確定拠出年金を導入。また、退職給付会計を導入（5000人～、製造業）

〈その他前払い退職金制度など〉
- 前払い退職金制度を導入。確定拠出年金も利用可（1000～4999人、製造業）
- 定年延長前から退職金制度を廃止している（1000～4999人、卸売・小売など）
- 35歳、45歳、55歳、定年退職時に分けて支給。3回目までは退職所得控除を受けられないため、その分を加算。引当金負担は軽減される（300～999人、製造業）

国税庁の通達によると、定年延長した場合、一定の要件を満たせば、旧定年時に支払われても所得税法でいう「退職所得」に当たるとされている。詳しくは、国税庁のホームページをご覧いただきたい。

(5) 詳細検討＆詳細決定

人事部門と各職場が定年延長について共通の認識を持っていること、人事部門が現場の意見をしっかり吸い上げていることが必要である。また、各職場の管理職に60歳以上の社員の具体的な仕事と役割について考えてもらい、それと離齬(そご)のない制度とすることが望ましい。

[4] 実施段階

制度を設計し、実施時期を決めたら、それを実行に移すことになる。実施に当たっては、次に述べるようなさまざまな施策を展開していくことが必要である。

(1) 高齢社員への役割の明示

　まず重要なことは、高齢社員に役割をしっかり伝えることである。

　仕事、役割、働き方が変わる場合は、特に注意が必要である。

　高齢社員が相手だと、これだけ長く会社に在籍していたのだから言わなくても分かるだろうなどと考えがちだが、面談の場などを設けて、新たな役割について具体的に示すことが必要である。役割の提示と併せて、その役割をどのレベルまで果たすことを期待しているのかについても伝えることが求められる。

　管理職であった社員に対しても同様である。管理職だったのだから何でも心得ているだろうなどと期待してしまいがちだが、管理職のほうが変化の度合いは大きい。役割がはっきりしていないと、周囲も余計に気を使ってしまう。60歳前に役職定年を迎えるような場合も同様である。

　役割を明示するためには、高齢社員の上司となる管理職に、定年延長の狙いや期待する役割についてしっかり理解してもらうことが必要である。その上で、部下である高齢社員にどのような役割を期待し、どのような仕事を担当してもらうか検討し、決定してもらう。さらに、それを高齢社員に分かりやすく伝えてもらわなければいけない。

　さらに、高齢社員が、職場で「居場所」を確保し、周りの社員と円滑に仕事をしていけるよう、新たな役割について、高齢社員の近くで働く若手・中堅社員にも伝えることが望ましい。高齢社員が有する知識・技能などに応じた称号を与えたり、役割にふさわしい呼称で呼んだりするといった方法もある。いくつか例を示そう。

- 一部の高齢社員を、TOO（隣の・おせっかい・おじさん&おばさん）として人事発令し、若手から相談を受けてもらうほか、若手に気づきを与える役割を果たしてもらっている（5000人〜、製造業）
- 役職は降りるが、課長以上だった者は「マネージャー」、係長以上課長未満だった者は「リーダー」として、限られた範囲で社員の指導・取りまとめをしてもらう（300〜999人、製造業）

- 技能マイスター制度を設け、60歳以降の技能系社員を中心に、高い技能を有する者に「匠」の称号を付与し、周りにも技能継承の役割を期待していることを示す（5000人〜、製造業）

　役割、働き方が変わらない場合は、これまでどおり活躍することを期待している旨を伝えればよいが、具体的に期待していることを伝えるなど、本気で期待していることが伝わるよう心掛ける必要がある。

(2) **高齢社員の評価・面談**

　期待する役割を伝えても、伝えっ放しではうまくいかない。期待した役割を果たしているか、日ごろから注意を払い、評価することが必要である。熱心に業務に取り組んでいても、そうでなくても、評価や賃金が変わらないようでは、モチベーションを維持してもらうことは難しい。ここでは、運用面の工夫を紹介する。評価制度については前記「3 [3] (1) ⑩評価」をご覧いただきたい。

- 年3回、所属長と面談する機会があるが、年上の部下から本音を聞き出せるよう、所属長向けに面談のためのマニュアルを整備している（5000人〜、製造業）
- 永年勤続者表彰に、「勤続40年」区分を設け、社章の材質もグレードアップするほか、社長など経営トップとじかに懇談する機会を設ける（5000人〜、製造業）

(3) **職域拡大、職務設計**

　ビジネス環境が変わる中で、高齢社員が活躍できるよう、新たな職種の新設や新事業進出に取り組む企業もある。

- ビジネスモデルの変化により、コンサルティング営業を行える人材が必要となる中で、新たに、これを行う専門職を新設した（5000人〜、金融・保険業）
- 親などの介護の問題を抱える世代である高齢社員の発案で、介護業界向けの事業に進出した（1000〜4999人、製造業）
- 高齢ドライバーに、大型の路線バスからコミュニティバスに回っても

らっている。車体が小型で拘束時間も短く、60歳以降も無理なく働ける（100〜299人、運輸業）
- シニアマーケットに力を入れる中で、顧客宅を訪問してサポートするなど新たな活躍の場を設けた（5000人〜、金融・保険業）
- 介護業務には、入浴介護や利用者対応など身体的・精神的負担の多い業務がある。負担の多い業務と清掃・洗濯・リネン交換など負担の少ない業務を分け、高齢職員に負担の少ない業務を担当してもらうことにより仕事を効率化し、職員全体の戦力アップを図った（100〜299人、医療福祉）

(4) 高齢社員に対する意識啓発・教育訓練

60歳まで働こうと思っていた高齢社員に、60歳以降も現場で戦力となってもらうためには、高齢社員の側にも変わってもらうことが必要である。

60歳以降のマネープランや働き方について説明する、いわゆるライフプランセミナーを行う企業は多いが、それだけでは働き続けるための準備として十分ではない。戦力として働き続けてもらうためには、キャリア研修など、あらためて自らのキャリアを考える機会を提供することが有効である。

これまでと同じ役割を期待する場合は、遠くなったゴールまで余力で走るのではなく、その間、何ができるか、何をしたいか、あらためて考えてもらう。異なる役割を期待する場合は、異なる立場で仕事をする中で、どうすれば自分らしく働けるのかを考え、気持ちを切り替え、新たな環境に適応していく準備をしてもらうことが必要である。これまでと役割が異なるのであれば、これまでと違う立場で若年・中堅社員とともに仕事をしていく力が必要となる。部下なしでも1人で仕事をこなす能力や、情報機器を少なくとも人並みレベルで使う能力、自分で段取りし、自ら動く能力、周囲に頼らず仕事を処理する能力など、しばらく必要でなかった力をあらためて身に付けてもらうことが必要となる。

いくつか例を挙げてみよう。

- 入社時から節目ごとに、キャリア面談、キャリア研修を実施。定年延長を受け、53歳の後、58歳にもキャリア研修を実施することとした（5000人〜、製造業）
- 28歳、38歳のほか、50歳時にキャリア研修を実施。50歳時は定年までの15年間について意欲を持って働くための「仕切り直し」をする（300〜999人、卸売・小売）
- 定年延長に伴い、50歳以上のフルタイム社員全員にキャリア研修を実施。働き続けるために必要な能力や高めるべき力について考えてもらう（1000〜4999人、協同組合）
- 役割の変化に備え、マンツーマンのPC研修や、最新の金融商品についての講義など、1人で仕事をするための研修を実施（1000〜4999人、金融・保険業）
- 昇進して運転の現場から離れていた社員も60歳以降再び運転業務に就く。これに備え、車両の運転のための研修を実施（1000〜4999人、運輸業）
- 資質向上、意欲向上のために社内検定を設けた。合格すれば報酬を上げることとしたところ、60歳以降の社員も資格取得に挑戦するようになった（100〜299人、医療福祉）

(5) マネジメント層に対する研修

高齢社員に力を発揮してもらうためには、上司である管理職に対して研修することも有効である。

- 定年延長時に、全課長を集めて行った管理職研修の中で、60歳以上の社員との接し方について、ロールプレイを含めた研修を実施した（5000人〜、製造業）

(6) 社員全体に対する意識啓発

社員全体に対する意識啓発も必要である。

高齢社員が職場で力を発揮すること自体、社員全体に対する意識啓発

となる。また、高齢社員に期待する役割を周りの社員にも分かりやすく示すことや高齢者が力を発揮しやすいよう呼称などを工夫すること、高齢者の活躍ぶりをきちんと評価することなども、若手・中堅社員が高齢社員を戦力としてみることにつながる。定年延長の狙いについて、トップ・経営層が説明することも社員の意識啓発となる。前記（4）で紹介したように早い段階からキャリア研修を実施し、自らのライフキャリアについて考えさせることも、社員の意識を変えることにつながる。

(7) 健康管理支援

年齢を重ねると、若年・中年期に比べ、どうしても健康上の問題が生じやすくなる。60歳以降も戦力となってもらうためには、健康に対する意識を高めることが必要である。

企業には、法令に定められた定期健診に加え、がん検診やインフルエンザ予防接種に対する支援など、健康管理支援の充実が望まれる。また社員には、若いころから健康の維持・向上に努めるよう、意識してもらうことが望まれる。

- 部門ごと、支店ごとに社員の健康状況を把握・分析し、提供している。健康保険組合では、個人のホームページを作成し、自分の健康状態を把握できるようにしている（5000人〜、建設業）
- 定年延長・継続雇用延長に伴い、健康管理支援を強化し、人間ドックのほか脳ドック、負荷心電図検査を実施することとした（1000〜4999人、運輸業）

(8) 職場環境の整備等（作業環境、労働時間への配慮など）

職種によっては、職場環境への配慮もあるとよい。労働時間については、ほとんどの企業は60歳代前半層に対し、配慮していない。転居を伴う異動や交替制勤務、泊まり勤務のある企業もある。

その一方で、働き方への関心が高まる中、多くの企業が社員全体を対象に、介護を抱える社員向けの短時間勤務制度や、治療と仕事の両立のための柔軟な勤務制度を設けるなど、職場環境の整備に取り組み始めて

いる。
- 中腰姿勢の維持や重量物の持ち上げによる身体負担を軽減し、腰痛を予防するため、スマートスーツを導入した（300～999人、医療福祉）
- 育児の場合のみ認めていた「短時間勤務制度」を見直し、理由を問わず、一定の要件を満たせば、短時間正社員として働けるようにした（1000～4999人、運輸業）
- 治療と仕事の両立のために短時間勤務や週3日勤務などができる制度を設けるとともに、本人・主治医・産業医・会社間でフォロー体制を整えた（1000～4999人、製造業）
- 親などの介護に備え、家族が要介護認定を受けた際に介護支援一時金を支給するほか、外部機関と連携し、介護支援サービスを受けられるようにした（1000～4999人、製造業）

[5] 見直し・修正段階

　定年延長直後は、モチベーションも上がり、高齢社員はもちろん、若手・中堅社員からも歓迎される。しかし、時間がたち、65歳定年が当たり前となって、導入時の歓迎ムードがなくなってしまうと、課題も出始める。企業によっては、過去の採用人数との関係で高齢社員の人数が急増する時期を迎えたり、経済環境によって業況が変わったりすることもある。

　定年延長後も、不断に制度の見直し・修正を行っている企業は多い。いくつか見てみよう。
- 定期的に人事制度などについての社内意識調査を実施し、常に制度見直しを行っている（5000人～、建設業など）
- 65歳選択定年としたものの、選択時期が50代半ばと早かったために利用が少なく、数年後に見直しを行った（5000人～、製造業）
- 定年延長後、優秀な社員に力を発揮してもらうために高い処遇のコースを追加した（1000～4999人、製造業）

4 高齢者戦力化のための七つのポイント

　定年延長するかどうかとはかかわりなく、高齢社員の戦力化は待ったなしである。高齢社員に戦力となってもらうためのポイントを以下にまとめた。

(1) 「戦力」とするなら、これまでの経験を活かせる職務が一番

　高齢社員に期待することというと「伝承」という返事がよく返ってくる。しかし、高齢社員がこれだけ増え、60歳を超えても大半が働くとなると、伝承ばかりというわけにはいかない。機構による定年延長企業調査によると、定年延長企業が60歳以上の社員に期待する役割（複数回答）は、「知識・スキル・ノウハウを伝承すること」61.9％、「後輩を指導すること」59.8％、「担当者として成果を出すこと」46.2％の順である[5]。伝承も必要だが、プレーヤーとして業務貢献することを求められるケースが増えてきている。前記調査では「仕事内容が同じかどうか」が、定年延長の効果に大きな影響を与えていることがわかっている[6]。まずは、これまでの経験を活かせる職務を担当してもらうことが重要である。

(2) 高齢社員の処遇水準・評価についても考える

　高年齢者雇用確保措置が導入された直後は、60歳以降も働かせてもらえるだけでありがたいと言ってもらえた。しかし、60歳を過ぎても働くことが当たり前となり、戦力化が進む中で、それは通用しない。連続タイプであれ、非連続タイプであれ、高齢社員に納得して働いてもらうことが必要である。高齢社員の賃金における正社員との賃金格差については、最高裁判決なども出され、注目されているところだが、違法かどうかの前に、高齢社員が働こうという気持ちになる水準かという視点が重

---

[5] 301人以上の企業では、「知識・スキル・ノウハウを伝承すること」(59.1％)、「後輩を指導すること」(53.0％)、「担当者として成果を出すこと」(53.0％) である。
[6] 定年延長した理由数、責任の同一性、人手不足状況、経営状況、正社員規模などとともに、強制投入法を用いて重回帰分析を行ったところ、1％水準で有意であった。

要である。働きぶりをきちんと評価して、処遇への反映やフィードバックを行うことが必要である。

(3) **仕事、役割を変えない場合は、引き続き、公正な評価・処遇を行う。変える場合は、それをしっかり伝え、納得してもらう**

　連続タイプの場合は、引き続き公正な評価・処遇を行うということに尽きる。さらに、長くモチベーションを持って働いてもらうためには、公正な評価・処遇を行っていることを高齢社員にしっかり伝えることが必要である。

　非連続タイプの場合は、仕事、役割などが変わるため、「伝えること」がとりわけ重要である。具体的にどのようなことを期待しているのか、役割は何か、職務に求める質・量はどのくらいかなどについて、本人だけでなく周りの社員にも伝えることが必要である。

(4) **あらためてキャリアについて考える機会を提供する**

　今や65歳まで働くのは当たり前、さらにその先も働くことが期待されているが、60歳がゴールだと考えている人が多いのが現状である。特に非連続タイプでは、どうすれば異なる立場で自分らしく働けるのかを考え、気持ちを切り替え、新たな環境に適応することが必要である。そのためには準備が不可欠となる。連続タイプの場合であっても、60歳以降余力で走るのでなく、自分に何ができるか、何をしたいかについて考える機会は必要だ。あらためてキャリアについて考える機会を提供することをお勧めしたい。

(5) **力を発揮することのできる「居場所」を確保する**

　「居場所」を確保するためには、明確な役割を与え、それを示すことが必要である。役割を示した場合でも、仕事、役割が変わる場合、それまで当たり前だった会議などから外れたり、たくさん来ていたメールが来なくなったりする。上司との面談、定例の会議、職場の懇親会、似た立場の者の集まりなど、コミュニケーションをとるために何らかの仕組みをつくることも必要である。

(6) ホワイトカラー管理職にも支援が必要

　ホワイトカラー管理職は、肩書の下、部下に指示をしつつ、仕事をする。このため、役職を降りた後、それまでどおりの力を発揮するというわけにはいきづらい。しかし、もともと能力が高い人たちであり、大いに力を発揮してもらいたい。そのためには気持ちの切り替えに加え、1人のプレーヤーとして仕事をするために、PCスキルや最新の商品知識など「お一人さま」で仕事をする能力をあらためて身に付けてもらうことも必要である。

(7) 企業によってどのような制度がよいかは異なる。また、人事制度は「生き物」

　制度改定に当たっては、職場の意見を吸い上げ、企業に合った制度とすることが大事である。また、制度は常に見直すことが求められる。制度をつくったことに安心せず、社員はどう受け止めているか、年齢構成の変化などに対応できているか、狙いどおり運用できているかなど常に見直すことが必要である。

5 まとめ

　60歳以上の社員に、定年後再雇用社員として働いてもらうか、それとも、定年延長して引き続き正社員として働いてもらうかは、高齢社員の人材活用の核心部分そのものである。

　未来投資会議などで議論されているように、高齢者をより長く活用する方向にある中、65歳までしっかり働いてもらうことは、その先まで働いてもらうための土台である。土台がしっかりしていない状態で、さらにその先の雇用を進めていくことには無理があるだろう。定年延長は、その土台をしっかりさせるために有効な方策である。

　定年延長というと、継続雇用とまったく違う次元の話だという感じがするかもしれないが、継続雇用企業でも定年延長と遜色ないと思われる

企業もある。また、前記「1 [2]」で述べたように継続雇用制度も進化してきている。

　人事制度は、その会社に合ったものであることが必要である。定年延長企業調査では、事前よく検討した企業で効果が高かったことが分かっている。早い段階から、どのような方針で臨み、どんな手を打つか、本気でよく考えることが求められる。

※本稿の見解のうち意見に関する部分は筆者の個人的な意見であり、筆者の所属する組織の見解としてオーソライズされているものではありません。

〈参考文献〉
高齢・障害・求職者雇用支援機構「60歳以降の人事管理と人材活用－2013年アンケート調査結果から－」(2013年)
高齢・障害・求職者雇用支援機構「高齢者の人事管理と人材活用の現状と課題－70歳雇用時代における一貫した人事管理の在り方研究委員会報告書－」(2015年)
高齢・障害・求職者雇用支援機構「65歳超雇用推進マニュアル（全体版）」(2017年)
高齢・障害・求職者雇用支援機構「65歳定年時代における組織と個人のキャリアの調整と社会的支援－高齢社員の人事管理と現役社員の人材育成の調査研究委員会報告書－」(2018年)
高齢・障害・求職者雇用支援機構「継続雇用制度の現状と制度進化－『60歳以降の社員に関する人事管理に関するアンケート調査』結果より－」(2018年)
高齢・障害・求職者雇用支援機構「定年延長、本当のところ」(2018年)
高齢・障害・求職者雇用支援機構「継続雇用、本当のところ」(2018年)
厚生労働省「平成30年　就労条件総合調査」(2018年)
厚生労働省「平成30年　高年齢者の雇用状況」(2018年)
総務省「平成30年　労働力調査」(2019年)

浅野　浩美（あさのひろみ）
高齢・障害・求職者雇用支援機構　雇用促進・研究部長

1983年一橋大学社会学部卒、労働省（現、厚生労働省）入省。大阪レディス・ハローワーク所長、職業能力開発局キャリア形成支援室長、職業安定局首席職業指導官などを経て、2016年より現職。筑波大博士（システムズ・マネジメント）

シニア・プレシニア世代の活用戦略

バブル入社組の高年齢化を見据えた
本格的な制度改定論

第❶節 55〜60歳超社員を取り巻く環境と企業の取り組み

1 現状の課題認識

　新聞紙上で企業の定年延長に関する取り組みについて目にする機会が増えてきた。しかし、企業での取り組みは実際にはそれほど進んでいない。自社におけるシニア世代（60歳以降の従業員）の活用、プレシニア世代（おおむね55〜60歳までの従業員）のさらなる活躍を考えた場合、定年延長が最適なのか判断に迷っている企業も多いのではないだろうか。また、実際に定年延長に取り組むとしても、何から取り掛かり、どのように準備を進めればよいか分からないという企業もあるだろう。

　本稿では、まず、シニア・プレシニア世代の雇用を取り巻く環境や企業の取り組みの実態について取り上げる。次に、定年延長を進める場合の考え方や具体的な進め方について解説する。ぜひ、自社におけるシニア・プレシニア世代の活用について検討する際の参考にしていただきたい。

2 シニア・プレシニア世代の処遇を取り巻く経営環境

　国内の生産年齢人口は、2015年時点では約7700万人だが、2020年には約7400万人、2025年には約7100万人と減少し、2015年比で見ると2020年では300万人減、2025年には550万人減になると予測され、今後10年で働き手の供給は大きく減少することになる［図表5-1］。

　働き手が減少する中で、政府や厚生労働省の動向を見ると、シニア世代の雇用を後押しする政策が随所に見て取れる。

　政府による「日本再興戦略2016」では、「働く意欲のある高年齢者が年齢に関わりなく、その能力や経験をいかして生涯現役で活躍できる社会の実現を目指し、65歳以降の継続雇用延長や65歳までの定年延長を行

う企業等への支援を充実する」としている。また、「ニッポン一億総活躍プラン」(2016年6月2日)では、「将来的に継続雇用年齢や定年年齢の引上げを進めていくためには、そのための環境を整えていく必要がある。企業の自発的な動きが広がるよう、65歳以降の継続雇用延長や65歳までの定年延長を行う企業等に対する支援を実施し、企業への働きかけを行う」としている。いずれもシニア世代の活用を企業に対して促すメッセージを発信している。

厚生労働省による審議を見ても、政府の動きと呼応する形の議論が進んでいる。

労働政策審議会職業安定分科会による「今後の高年齢者雇用対策について」(2015年12月25日)によれば、「働く意欲のある高年齢者が、長年培ってきた知識や経験を活かし、年齢にかかわりなく活躍し続けること

図表5−1 総人口と生産年齢人口の推移

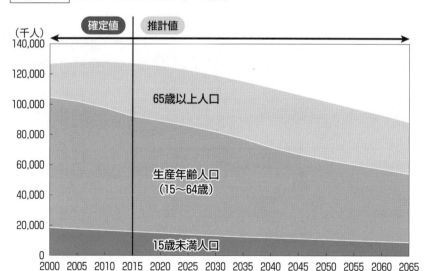

資料出所：総務省統計局「年齢、男女別人口」
　　　　　国立社会保障・人口問題研究所「総数、年齢3区分別総人口及び年齢構造係数：出生中位（死亡中位）推計」

ができる『生涯現役社会』を実現することがますます重要」になると述べ、その実現のための提言を行っている。また、職業安定分科会雇用保険部会による報告書（2016年12月13日）によると、「高年齢雇用継続給付については、今後の高齢者雇用の動向や社会経済情勢等を勘案しつつ、引き続き中長期的な観点から議論していくべきである」とし、急激な削減や廃止については慎重な姿勢を示す報告内容である。

このように、政府や厚生労働省の動向を見ると、生産年齢人口が減少する環境下において、働き手の就労期間を長くする方向の政策や審議がなされているようだ。この背景には、厚生年金保険の報酬比例部分が、男性は2025年まで、女性は2030年までにかけて段階的に65歳まで引き上がることも影響している［図表5－2］。

労働力を確保する観点では、女性や高年齢者、障害者の就労促進だけでなく、外国人労働者やAI（Artificial Intelligence。人工知能）の活用

図表5－2　厚生年金保険の支給開始年齢の引き上げスケジュール

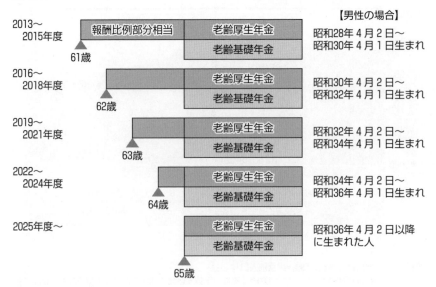

資料出所：厚生労働省ホームページより

が今後ますます進むだろう。

　外国人労働者については、2013〜2017年の5年間で約56万人増加している。その数は2017年現在、約130万人弱あり、国内の生産年齢人口に対する割合で見ると非常に小さい。今後も外国人労働者は増えると思われるが、一方、世界的な人材獲得競争の様相も呈しており、日本における働く環境、つまり労働時間や給与水準、生活インフラの利便性などが相対的に他国に比べて魅力的でなければ、爆発的な外国人労働者の増加は望めないとする見通しもある［図表5−3］。

　また、テクノロジーの進歩は目覚ましく、特にAIは、Google傘下の企業が開発した「AlphaGo」（アルファ・ゴ）が囲碁の試合で著名棋士に勝利し、注目を集めた。AIが注目される理由は、人間がモデルを入力して指示を出す従来のコンピュータシステムとは異なり、コンピュータ自身が自ら学習して成長する「機械学習」にある。これまでは代替が困難であった判断業務へのコンピュータの利用が進むと予測されている。

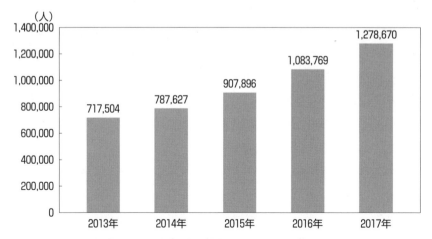

図表5−3　外国人労働者数の推移

資料出所：厚生労働省「外国人雇用事業所数及び外国人労働者数の過去の推移」

このようなテクノロジーの発展を受けて、2015年12月には野村総合研究所とイギリスのオックスフォード大学マイケル・A・オズボーン准教授およびカール・ベネディクト・フレイ博士との共同研究において、人工知能やロボット等で代替される確率を601の職業に関する定量分析データを用いて試算し、その結果を公表した。その結果、日本の労働人口の約49％が技術的にはAIやロボット等により代替できるようになる可能性が高いと推計された。その時期は明確には設定されていないが、15～20年以内の技術的進歩を前提にしているとされる。AIやロボット等と人間との代替が現実に進むかどうかまでは分析していないとされるが、テクノロジーによる仕事の効率化や代替が相当に進む可能性があるという認識は持っておいてもよいだろう。
　このように国内の生産年齢人口は減少基調にあるが、外国人労働者の活用やAI等のテクノロジーによる労働代替などが進み、労働市場の需給を和らげる可能性がある一方、政府は労働力の持続的な確保を図るために高年齢期の就労を促進する政策展開を推し進めている。

3 企業における人員構成の実態と推移予測

　生産年齢人口の推計値を5歳年齢階級別に2015年から10年刻みで見ると、2015年は40歳代前半層が多く、次いで40歳代後半層が多い。これらの年代層が2025年にはそのまま推移し、50歳代前半層、次に50歳代後半層が多くなる。そして2035年には、60歳代前半層が最も多く、50歳代後半層がその次に多くなり、50歳代後半層以降の働き手の存在感がさらに高まることが予想される［図表5-4］。
　このような生産年齢人口のボリュームゾーンの推移は、企業における人員構成にも少なからず影響を与える。経団連の「中高齢従業員の活躍推進に関するアンケート調査結果」（2015年9月）によれば、自社のホワイトカラーの人員構成に近いパターンとして「ひょうたん型（30歳代

前半と40・50歳代にボリュームゾーンがある人員構成)」と「ひし型(40・50歳代にボリュームゾーンがあり、第2のボリュームゾーンがない人員構成)」とする回答が多く、40歳代、50歳代にコブを有する企業が多いことが分かる。これは、1988～1992年の採用世代、いわゆる"バブル入社組"がボリュームゾーンになっている企業が多いということだろう。また、最も多い「ひょうたん型」の人員構成は、30歳代後半に人員構成のへこみがあり、バブル崩壊後に採用を抑制した企業が多かったために人員構成がゆがんだものと推察できる［**図表5-5**］。

今後、5年前後でバブル入社組が50歳代後半のプレシニア世代に差し掛かる。さらに10年程度が経過すると、60歳以上のシニア世代に到達する。バブル入社組という企業における人員構成のボリュームゾーンが55歳、60歳に到達したとき、どのように活用、活性化し、戦力として働い

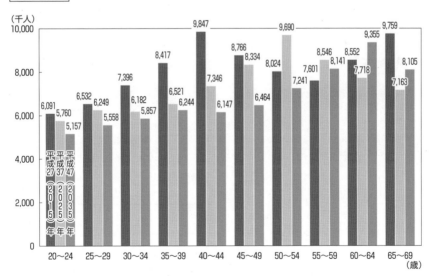

図表5-4 生産年齢人口の推移（推計）

資料出所：国立社会保障・人口問題研究所「男女年齢5歳階級別人口、年齢構造係数および性比（総人口）：出生中位（死亡中位）推計」

てもらうのか頭を悩ませている企業も多いのではないだろうか。構造的な人手不足の環境下、若年層は今後間違いなく減少していくため、バブル入社組を戦力として本格活用することは不可避であり、そのための人事処遇制度の改革が進むと考えられる。

図表5-5 ホワイトカラーの人員構成イメージ

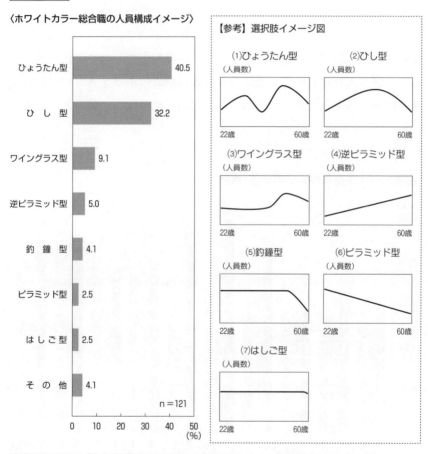

資料出所：経団連「中高齢従業員の活躍推進に関するアンケート調査結果」（2015年9月）
［注］ 7種類のイメージ図（右図を参照）を提示し、自社の人員構成に最も近い一つを選択してもらった。

4 企業における定年前後の処遇制度の実態

　2013（平成25）年の改正高年齢者雇用安定法の施行後、65歳までの雇用確保措置は定着し、厚生労働省による「高齢者の雇用状況」の直近2017（平成29）年の集計結果によれば、企業規模計で99.7％の企業が何らかの措置を実施している。その内訳を見ると、企業規模計で「継続雇用制度の導入」80.3％、「定年の引き上げ（定年延長）」17.1％、「定年制の廃止」2.6％となっており、継続雇用制度の導入割合が8割と最も高い。時系列で見ると継続雇用制度が微減し、定年延長が微増しているが、大きな変化は見て取れない［**図表5－6～7**］。

[1] 継続雇用制度の導入

　多くの企業が導入している継続雇用制度には、定年年齢が設定されたまま、その定年年齢に到達した者を退職させることなく引き続き雇用する「勤務延長制度」と、定年年齢に到達した者をいったん退職させた後、再び雇用する「再雇用制度」がある。多くの企業では、定年退職後、1年単位の契約を更新して65歳まで雇用する再雇用制度が主流になっている。給与は定年時の一定割合にダウンするケースが一般的であり、在職老齢年金や高年齢雇用継続給付の受給を前提として給与水準を設定している企業も一定割合ある。

　継続雇用制度は、60歳時点でそれまでの年功処遇をリセットし、60歳以降に担う役割や職務あるいは本人の意向等に応じて柔軟かつ個別性を持って労働条件を再設定できるため、企業にとっては経験やノウハウを持つベテラン従業員を比較的低い給与で雇用できるメリットがある。一方、再雇用者にとっては、自身のキャリア展望に応じて退職タイミングや勤務条件等を選択できるメリットがある。しかし、定年前後の処遇の連続性に乏しく、また、正社員から再雇用に身分が変わるため、モチベーションや帰属意識の低下、労務リスクも懸念されるため注意が必要だ。

経団連の「中高齢従業員の活躍推進に関するアンケート調査結果」（2015年9月）によれば、自社の高齢社員に現在生じている問題として、「再雇用後の処遇の低下・役割の変化等により、モチベーションが低下」が53.4％で過半数を超えている。再雇用への切り替えを境として処遇水準が低下すること、定年あるいは定年前の時点で役割や職務が変わることが、やりがいや満足度の低下につながっているのではないかと推察できる。

図表5-6　高年齢者雇用確保措置の実施状況

資料出所：厚生労働省「高齢者の雇用状況集計結果」（平成29年）

第5章　シニア・プレシニア世代の活用戦略

図表5-7　高年齢者雇用確保措置の比較

雇用確保手段	メリット	デメリット	
継続雇用制度の導入 (定年退職後、有期の嘱託社員等で一定年齢まで雇用)	■ 活用の狙いに応じ、各種の条件（雇用形態・就業条件・処遇条件等）を柔軟に、かつ個別に設定可能となる ■ ノウハウや知的資産を有する60歳を超える人材を定年前より低い賃金で雇用することができる（高年齢雇用継続給付金を活用する前提）	■ 処遇面で折り合いがつかず、退職や競合企業へ転職するリスクを抱える ■ 通常、定年退職前よりも処遇の引き下げが行われるため、特に能力が高いと考えている社員のモチベーションが下がりやすい ■ 労働契約法20条を踏まえた合理性のある処遇水準を設定していない場合、労務リスクが発生する可能性がある	
定年の引き上げ (定年延長) ※60歳から65歳に引き上げた場合	■ 全社員に対して「65歳（年金受給年齢）まで安定した雇用の保障」という安心感を提供することができる ■ 一定期間、60歳を超える人材が保有する知的資産を維持することができる	■ 若手・中堅社員が「昇進・昇格年齢が遅くなる」「自分たちの賃金原資の一部が高年齢者の賃金増加分として扱われる」といった疑念を持ち、モチベーションが下がる可能性がある ■ 退職金・年金制度の抜本的な改革や取り扱いの変更等が必要となる ■ 処遇に見合った職務を課し、遂行してもらうことが難しい	■ 60歳までの働きぶりに基づいた柔軟かつ個別の条件設定が難しい ■ 給与と働きぶりが見合っていない社員を雇用することで若年・中堅層のモチベーションが低下することがある
定年制の廃止	■ 60歳を超える人材の意欲を引き出し、また優秀な60歳を超える人材の雇用を促進することができる ■ ノウハウや知的資産を有する社員を雇用し続けることができる		■ 社員の退職時期が不定となるため、要員計画が立てにくい ■ 60歳を超える人材が持つノウハウや知的資産を伝承するインセンティブが働きづらい ■ 契約終了時のルール等で緻密な検討が求められる

資料出所：三菱UFJリサーチ＆コンサルティング作成（以下、［図表5-30］まで同じ）

政府は、一億総活躍社会の実現のための最大のチャレンジとして、働き方改革の推進に取り組んでいるが、2018年6月29日、参議院本会議で「働き方改革関連法案」が成立、可決となった。正規・非正規の非合理な待遇格差の是正が柱の一つになっており、これは2020年4月から大企業に先行して適用され、施行となる。

　また、有期契約労働者と無期契約労働者との間で不合理に労働条件を相違させることを禁止した労働契約法20条を争点としたハマキョウレックス事件（大阪高裁　平28.7.26判決）、メトロコマース事件（東京地裁　平29.3.23判決）、日本郵便事件（東京地裁　平29.9.14判決）では、原告の訴えを一部認め、正社員に支給されている手当や割増率が期間の定めのある従業員に適用されないことは不合理であり、違法とする判決が出ている。

　定年後再雇用による嘱託社員と正社員との間の処遇格差を不合理として訴えた長澤運輸事件（最高裁二小　平30.6.1判決）では、1審においては、この差異を不合理とし、2審では不合理な差異ではないとして、異なる判決が下されていたが、最高裁においては被上告人は嘱託社員らに対して、それぞれ精勤手当相当額を支払う義務があると判決しつつ、基本給やその他の手当（住宅手当、家族手当など）、賞与についての訴えは棄却した。本判決では、有期契約労働者と無期契約労働者との労働条件の違いが不合理と認められるか否かを判断する際は、労働者の職務内容および変更範囲ならびにこれらに関する事情に限定せず、「その他の事情」も考慮して判断すべきとする労働契約法20条を確認し、定年退職後の再雇用であることが「その他の事情」に該当するものとして明示した。また、労働条件の違いが不合理か否かの判断は、両者の賃金総額を比較するのみによるのではなく、賃金項目の趣旨を個別に考慮すべきとした。

　継続雇用制度を運用するのであれば、継続雇用する再雇用社員と正社員との処遇格差を合理的に説明できるだけの考え方や材料を用意することが今後一層求められるだろう。

[2] 定年の引き上げ

　最近では、企業における定年延長の動きが新聞をはじめとする各種メディアで取り上げられるため、目に触れる機会も多い。定年延長する場合、定年年齢は65歳とする企業が多く、日本ガイシや本田技研工業、東急コミュニティや大和ハウス工業、太陽生命保険や明治安田生命および日本生命、すかいらーく、朝日新聞など知名度のある企業が立て続けに定年延長を行っている。製造業、不動産、保険、飲食、メディアなど、ベテラン従業員のリテンションを通じた知的資産や技術・技能の蓄積が課題であったり、人手不足から人材需給が逼迫している業界では定年延長の取り組みが先行していると捉えることができる。

　また、公務員も定年延長に向けた議論が進んでいる。65歳まで定年を3年に1歳ずつ段階的に延長し、2033年度に65歳とする方向で検討が進められている。また、60歳で管理職から外れる役職定年も導入が検討されている。人件費の膨張を抑制するために59歳以前の給与水準を抑制する案も併せて検討されており、公務員の人事処遇制度全般にわたる大きな改革になりそうだ。公務員の定年延長の動きは、民間企業における65歳までの雇用確保措置が継続雇用に偏っている現状を鑑み、国が率先して定年延長に取り組むことで定年延長の動きが民間企業に波及する効果を狙っている側面もある。

　定年延長は、正社員としての身分と正社員に近い処遇を65歳まで提供することで、会社にとっては60歳以上の経験豊富な従業員を一定期間確保し続け、知的資産や技術・技能を継続雇用制度よりも長く享受できるメリットがある。従業員にとっては、60歳前と変わらない身分のまま、それまでと近い水準の処遇を受けることができるため、安心感と会社や職場との一体感を継続して得ることができる。政府の政策や社会保障制度との接続、生産年齢人口や企業における人員構成のひずみなどを鑑みれば、定年延長はシニア世代処遇の一つの解として定まっていくと予測できる。

しかし、企業にとっては、定年延長を行うためには60歳前の世代も含む人事処遇制度全体の改革が不可欠であり、また企業年金を有する企業であれば、その見直しも不可避であるため、制度変更にかかるコストが大きい。また、制度設計次第だが、定年延長に伴い人件費の増加を招く可能性もある。一方、従業員にとっては、ベテラン従業員が65歳まで現役で働くことになれば、若手・中堅層にとっては「上がつかえている」としてモチベーションの低下を招く懸念がある。さらに、シニア世代の意識の多様性を鑑みると、一律に定年を65歳に延長することは、一部のシニア・プレシニア社員にとっては自らのキャリアの道筋を狭めることになるため、必ずしも好意的には受け止められない可能性もある。

[3] 定年廃止

定年廃止は、まだまだ浸透していないが、「生涯現役」という政府の政策理念とも整合しており、年齢にかかわらず働き続けたいという従業員にとっては魅力のある措置だろう。

しかし、定年の定めがなくなると、従業員の退職時期が不定になるため、要員計画が立てにくく、技術や技能の伝承をシニア世代に促すインセンティブも働きにくくなる。したがって、企業においては一足飛びに定年廃止を取り入れることはやや難しいのではないかと筆者は考える。

第❷節　自社における要員調達ニーズの予測を踏まえた制度コンセプトの設計

1　検討の枠組みとコンセプトを定める

本節では、自社におけるシニア・プレシニア世代の処遇について検討するための枠組みを提示した上で、これらの世代に対して適用する65歳までの雇用確保措置として何を検討して、どのような考え方に基づき選

択するのか、そして、これら世代の処遇制度のコンセプトをどのような視点から考えるべきかを解説する。

2 │ シニア・プレシニア世代の処遇制度を考えるための枠組み

　企業人事の方から、「ボリュームゾーンである50代社員の活用が今後は不可欠になるが、現状の再雇用制度では処遇しきれない」「再雇用による賃金水準が低く、シニア世代のモチベーションが上がらない」「同業他社が定年延長に踏み切った」などの背景からシニア・プレシニア世代の処遇制度の見直しを検討しようとしたが、「何から手を付けてよいか分からない」「現状の再雇用制度を維持するか定年延長するか決めきれない」「人事のルーティン業務に時間が取られ、なかなか見直しに手を付けられない」などの理由からなかなか改革が進まないという話を聞くことが多い。

　65歳までの雇用確保の改善策には、継続雇用制度を拡充する、定年延長する、選択型定年制にするなど制度としての選択肢は限られており、一見すると、その再構築は容易に見える。しかし、制度ばかりを比較検討していても改革の糸口は見えてこない。

　シニア・プレシニア世代の処遇制度を再構築するためには、どの制度を選択し、どう変えるのかという制度論だけではなく、外部環境や経営戦略、テクノロジーの進化などを考慮した自社におけるシニア・プレシニア世代の雇用、活用の必要性についての検討が不可欠である。

　通常、われわれがシニア・プレシニア世代の処遇制度の改革を進める際に用いる枠組みは［**図表5－8**］のとおりで、全体ではステップ1～4の4段階に分かれる。こうしたステップを踏んで検討することで論点が明確になり、制度再構築のスケジュールも立てやすくなる。本節では、ステップ1～2を取り上げて解説する（ステップ3～4は第3節以降に取り上げる）。

図表5-8 シニア・プレシニア世代の処遇制度を再構築するための検討ステップ

ステップ		内容
【ステップ1】現状の把握と今後の事業戦略等を基にした要員構成の予測	a. 60歳を超える人材の雇用確保手段についての理解	**雇用確保措置にはどのようなものがあるか** 定年延長以外に高年齢者を継続して雇用するための手段(人事制度)にはどのようなものがあり、それぞれどのようなメリット・デメリットがあるかを正確に理解する
	b. 自社の要員構成の実情と今後についての把握	**将来的な人材需要と比較してギャップがあるか** 自社の10~20年後の要員数の推移と必要な要員数について、AIやRPAなどのテクノロジーによる代替可能性も踏まえ需給ギャップを把握する
【ステップ2】問題抽出とあるべき仕組み・取り組みの構想	c. 問題抽出と取るべき選択肢の検討	**自社にとって最適な選択肢(手段)は何か** 高年齢者の雇用確保の仕組みとして、現状の制度の枠組みを踏襲(例:継続雇用制度の微修正)するのか、新しい制度(例:定年延長)を設計して切り替えるのかについて、それぞれ選択した場合のリスクなども踏まえて比較検討する
【ステップ3】仕組み・取り組みの詳細設計	d. 各種制度・施策の設計	**どのような制度を設計するか** ステップ2の選択に基づく新しい制度の詳細設計をする
【ステップ4】経過措置、移行施策、コミュニケーションプランの策定	e. 円滑な移行を実現するための関連策、各種プランを策定	**どのような制度を設計し、どのように導入するか** ステップ3で設計した制度の導入に向けた移行手続きなどを策定し、移行プロセスを実行する

3 ステップ 1：現状の把握と今後の事業戦略等を基にした要員構成の予測

　ステップ1では、60歳を超える人材の雇用確保措置について正しく理解した上で、自社の要員数・構成について実態と今後の要員数・構成の変化を中長期的に見通し、一方、現状と比較して今後の要員需要がどのように変化するのか予想することで、シニア・プレシニア世代の要員ニーズについて見込みを立てる。以降で検討の進め方を概説する。

[1] 60歳を超える人材の雇用確保措置についての理解

　改正高年齢者雇用安定法で定める65歳までの雇用確保措置には、①継続雇用制度の導入、②定年の引き上げ、③定年廃止の3制度がある。定年廃止は、多くの企業が継続雇用制度を運用している現状を鑑みると、急進的な制度変更であり、選択肢としての優先順位は下がるだろう。したがって、継続雇用制度の導入と定年の引き上げについての理解を深めることが大切になる。

　各制度については第1節で比較解説しているので参照いただきたい。

[2] 自社の要員構成の実情と今後の変化についての把握
(1) 要員構成の実態を把握する

　続いて自社の要員構成について現状と将来の変化について整理する。
　まず前提として、要員ニーズをきめ細かく把握するために、職種区分を設定する。職種区分とは、例えば製造業であれば、企画職、事務職、営業職、研究職、開発職、生産職、システム職、保全職など職務特性が類似した職務同士をグループとしてまとめたものである。IT系の企業における職種であれば、企画、事務、営業、システムエンジニア、プログラマーなどがある。職種の区分は、自社の実情を踏まえつつ、今後の要員構成の変化に対する仮説をもって設定してほしい。

その上で、自社の要員構成の実態を人事システムからエキスポートした従業員属性データ等を活用して加工、集計する。例えば、年齢を縦軸に、職群、管理監督職区分、職種などの区分を横軸にして集計し、実情を把握する［図表5－9］。

　将来的に要員構成の高年齢化や人員の増加が想定される場合には、人件費についても捕捉しておくべきだろう。年代別の平均年収と年代別の

図表5－9　現状の要員構成整理表（例）

年齢(歳)	ナショナル社員（全国転勤可能）								要員計(人)	要員計(%)
	管理職	非　管　理　職								
		企画職	事務職	営業職	研究職	開発職	生産職	…		
18										
19										
20										
21										
22										
23										
24										
50										
51										
52										
53										
54										
55										
56										
57										
58										
59										
60										
61										
62										
63										
64										
合　計										100%
構成比	%	%	%	%	%	%	%	%		

人員数を乗じて人件費総額を算出する簡便な方法から、各年齢別に平均年収を求め、その年齢の人数に乗じて算出する方法など、どの程度の精緻さが求められるのか検証しながら試算する。

現状の要員構成から、年齢別の要員分布の形状、階層や職種別の過不足など、今後の組織運営に影響を及ぼすであろう懸念点を確認する。

(2) 将来の要員構成を成り行きで予想する

次に、将来の要員構成の変化を推計する。

まず、将来推計のための前提条件や変数を設定する。前提条件は、例えば、職種間の配置転換は考慮しない、M&Aなどの組織再編は発生しないものとするなど変数を少なくし、できるだけシンプルな試算が行えるように設定する。また、将来推計のための変数を自社の実態等を踏まえて設定する［図表5-10］。

設定した前提条件と変数を基に、要員構成の実態確認で使用したフォーマット（［図表5-9］参照）を使用して5年後、10年後、15年後、20年後の人員構成を試算する。

図表5-10　要員構成の将来推計を行うための変数の例

変　　数	設　定　の　考　え　方　(例)
採用人数	■直近数年の新卒・中途採用の実績、労働市場の需給見通し等を踏まえて設定する ■職種区分への配分は、現状の職種別の構成比を考慮して実施
管理職への昇進年次と人数	■直近数年の昇進実績を踏まえて、管理職への昇進年代および人数を設定する ■管理職へ昇進した人数は、非管理職の同年次の人数から差し引く
退職率	■直近数年の退職実績を踏まえて、年代別・職種別の退職率を設定する
再雇用率	■直近数年の再雇用の実績を踏まえて設定する
年代別の平均年収	■直近数年の年代別の年収実績を踏まえて設定する

特に採用人数の設定については、生産年齢人口は今後減少傾向にあり、構造的な人手不足が続く可能性が高いため、その前提で人数を見込むことが大切だろう。一部の人気企業を除き、新卒採用、中途採用に苦戦する状況を念頭に置いて採用人数を保守的に見積もるほうが妥当だろう。

　ここまでで、要員構成の現状および将来の成り行きによる推計が固まる［図表5－11］。さらに、次のような視点から要員構成の推移についてチェックし、組織運営に影響を与えそうな現象を確認する。

- 全体として要員数は減少するのか、大きく変わらないのか、増加するのか
- 59歳までの現役世代の要員数は減少するか、減少する場合その減少率はどの程度か
- 年代別、階層別、職種別に見て極端に不足する、あるいは過剰な層はないか

図表5－11　要員構成の現状と将来予測（イメージ）

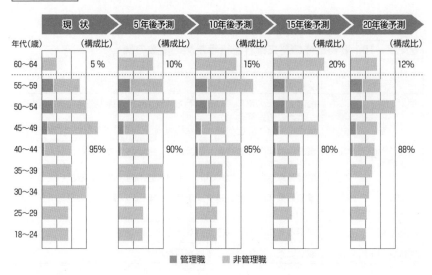

(3) 将来の要員需要について予想する

　続いて、自社における将来の要員需要を予想する。ただし、不確実性が高い経営環境下では中長期の予測に精緻さを追求しても、ざっくりとした試算と結論に大差はないということになりかねない。そこで、要員需要の予測は、現状の要員数・要員構成を起点として、将来どのように変化するか、つまり、要員需要が現状よりもこの先は、増えるのか、減るのか、大きく変わらないのかを検討する。検討の視点としては、「市場の動向」「自社の経営戦略」「技術革新や設備投資等による生産性向上」などが考えられる。

　市場動向の予測は、マーケティング調査会社による調査データが利用できる。また、簡便な方法としては、自社の事業ごとのライフサイクルが、導入期、成長期、成熟期、衰退期のいずれに位置するのかによって将来の市場動向に見通しを立てることができる。例えば、介護事業やIT関連事業、観光事業などは今後市場が拡大する可能性があるだろう。一方、デジタル技術によって代替され得る業界では市場が縮小していく可能性があるだろう。市場の動向次第で今後の要員需要が増加、減少など変わってくる。

　自社の経営戦略が市場開拓、商品開発、多角化など成長戦略を採るのであれば、今後の要員需要は新しい領域や既存領域の一部において増加していくと考えるのが自然だろう。一方、既存事業の構造改革や特定事業や特定地域からの撤退も辞さないスクラップアンドビルドの戦略であれば、要員需要としては大きく変化しないか、あるいは減少していくだろうとして要員需要を見込むことになるだろう。

　そして、AI（Artificial Intelligence。人工知能）やRPA（Robotic Process Automation。ロボットによる業務自動化の取り組み）などのテクノロジーによる既存業務の代替が、どの程度進むかについてもリサーチし、需要予測に織り込む必要がある。

　2015年12月に行われた野村総合研究所とイギリスのオックスフォード

大学マイケル・A・オズボーン准教授およびカール・ベネディクト・フレイ博士との共同研究では、「人工知能やロボット等による代替可能性が高い100種の職業」「人工知能やロボット等による代替可能性が低い100種の職業」をそれぞれ報告している。今後代替が進むとされる職業を見ると、設備等を操作するオペレーターの職業、組み立てなど自らの技能を駆使してものづくりを行う職業、やや複雑な事務処理を行う職業、人またはモノを輸送する職業、接客など、これまでは人でしか担えない（とみなされがちであった）と認識されてきた仕事が目立つ。対人業務や判断を要する業務であってもAIによる代替が進む可能性があるとまずは認識すべきだろう。

　RPAについては、銀行や証券会社、生命保険会社など金融業では導入が進んでおり、これまで人の手に頼ってきた反復性の高い定型業務をRPAで自動化し、削減する動きが新聞等でも報道されている。事務業務とRPAの親和性が高いことが分かる。自社内にある反復性の高い定型業務は、RPAによる自動化が進む可能性が高いと捉えて要員需要を見込んだほうが妥当だろう。ただし、AIやRPAの導入・運用は、それらを管理する要員が必要になる点について押さえておきたい［図表5－12］。

　設備投資による生産性の向上についても折り込む必要がある。例えば、製造業であれば、既存の生産ラインの設備更新や、新設備の導入、事業所の拡張など、生産性を高める効果のある設備投資の可能性について中期経営計画における設備投資計画や経営からの日ごろの情報発信等をインプットとして、その可能性や時期について推測して要員需要の推計に織り込みたい。設備投資によって、例えば、これまで半自動化されていた設備を自動化すれば、運転監視や手動装置の操作等にかかる時間が削減される。また、製品の完成までのリードタイムも手動操作によるライン停止がなくなるため短縮され、労働生産性が相当に高まり、要員需要を低下させる効果が期待できる。

図表5-12　AIとは何か／RPAでできること

〈AIとは〉

■AIとは：Artificial Intelligence（人工知能）の略

さまざまなデータから「学習」することで、人間が行っていた洞察（判断・予測）を自ら行うことを可能にする仕組み。たくさんの学習をさせれば、高精度な洞察ができ、さまざまな分野でビジネスに大きな変革をもたらすことができる。

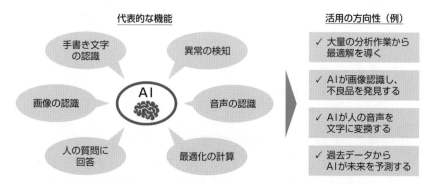

業務にどう活用できるか、さまざまな視点から活用の方向性を検討することが必要。

〈RPAとは〉

■RPAとは：Robotic Process Automationの略

データ入力や登録情報のチェックなど、これまで人が手作業で行ってきた業務を、作業手順を覚えさせたロボット（システム内のプログラム）に代行させることにより、効率化を実現するための取り組み。

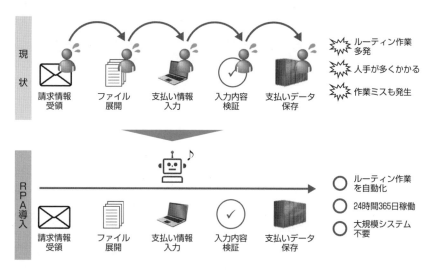

市場動向や自社の経営戦略、新しい技術の導入や設備投資による生産性向上の可能性について検討することで、将来の要員需要を予想する。要員全体として、特定の年齢、階層、職種について、要員需要は今後、増えるのか、変わらないのか、減るのか。例えば、経営戦略における事業多角化の一環として新規事業の強化を打ち出しているため事業開発やコンサルティング営業の要員が必要になり、企画や営業職種への要員需要が増加する一方、RPAを導入することで、支店や営業所の営業事務や総務業務の一部の定型業務が代替されるため、現状よりも要員需要が低下するなど、おおよそ予測が立てばよい。

(4) 将来の要員調達ニーズを検討する

　自社における要員構成の成り行き予測と要員需要の予測の両面を踏まえて、要員調達の必要性について検討する。要員調達の必要性が高いほど、要員を確保するために複合的な施策展開が求められる。

　まず、将来の要員構成の成り行き予測において、現状と比較して59歳までの現役世代の要員数が経年で見たとき、どのように推移するのかがポイントになる。第1節で、企業の要員構成は「30歳代前半と40・50歳代にボリュームゾーンがある人員構成（ひょうたん型）」「40・50歳代にボリュームゾーンがあり、第2のボリュームゾーンがない人員構成（ひし型）」が大半であるという経団連の調査を引用した。これらいずれの要員構成であっても、5年後、10年後、15年後には59歳までの現役世代の要員数は減少に転じ、60～64歳までの層が増加する。ただし、企業によっては、若年層が多いピラミッド型の要員構成、世代による要員数のバラつきが小さい要員構成もあるだろう。これらの場合、59歳までの現役世代の要員数は、増加、または、大きく変わらないという試算結果になるだろう。

　詳細を見ると、特定の職種については現役世代の要員数が増加し、その他の職種は減少または変わらずに推移するなど、職種ごとに将来予測

第5章　シニア・プレシニア世代の活用戦略

される推移の傾向が異なる場合もあるだろう。

このような要員構成の成り行き予測と、市場の動向、自社の経営戦略、技術革新や設備投資等による生産性向上といった視点から検討した今後の要員需要の予測結果の両面を踏まえて、要員調達のニーズがどの程度あるのか推測する［**図表5-13**］。

図表5-13　要員構成の予測を踏まえた要員調達ニーズの必要性と要員調達手段の検討（例）

区分		【要員の需要面】必要な要員数は現状からどのように変化するか		
		減少する	大きく変わらない	増加する
【要員の供給面】将来の要員数・構成は現状から成り行きでどのように変化するか	「50歳前後と30歳前半」または「40・50歳代」にボリュームゾーンがある要員構成 →今後、現役世代の要員数が減少する	要員調達の必要性：－ ✓継続雇用制度	要員調達の必要性：高 ✓**定年延長** ［注1］ ✓採用の強化	要員調達の必要性：高 ✓**定年延長** ［注1］ ✓採用の強化、女性や外国人の活用 アウトソーシング、外部提携など
	年代別の極端な凸凹はない平坦な要員構成 →今後の現役世代の要員数の変化は小さい	要員調達の必要性：低 ✓継続雇用制度 ✓代謝を促す施策	要員調達の必要性：－ ✓継続雇用制度	要員調達の必要性：高 ✓**定年延長** ✓採用の強化
	若年層が多く、中高齢が少ないピラミッド型の要員構成 →今後、現役世代の要員数が増加する	要員調達の必要性：低 ✓継続雇用制度 ✓採用の抑制	要員調達の必要性：低 ✓継続雇用制度 ✓採用の抑制	要員調達の必要性：－ ✓継続雇用制度

［注］1.　「定年延長」は、シニア層が担うことができる職務や職場環境があることが前提になる。
　　　2.　現役世代とは、59歳までの無期雇用の正社員をいう。

今後の要員供給と需要のバランスはおおむね取れるだろうと認識する場合、つまり、要員構成の成り行き予測と今後の要員需要の見込みがいずれも減少、横ばい、あるいは増加するといった同じ方向で変化すると考えられる場合は、シニア世代を積極的に活用するニーズは乏しいと考えられる。

　今後、要員が過剰になるだろうと懸念される場合、つまり、要員構成の成り行き予測はそれほど変化がないと推察されるにもかかわらず、今後の要員需要は大きく低下する場合には、シニア世代に対する活用ニーズは一層低いだろう。

　一方、今後の要員構成の減少が見込まれるにもかかわらず、要員需要はそれほど変わらないといった要員不足になると予測される場合は、シニア世代に対する積極的な活用ニーズが生まれる。

　このように、シニア世代に対して、どの程度の要員ニーズがあるのか検討した上で、次にシニア世代を処遇するための制度選択を行う。

4 ステップ 2：問題抽出とあるべき仕組み・取り組みの構想

　ステップ1で行った今後の要員調達ニーズの検討を踏まえて、65歳までの雇用確保措置の制度選択を行う。その上で、現状のシニア・プレシニア世代の処遇制度の問題点を整理し、あるべきシニア・プレシニア世代の処遇制度のコンセプトについて検討、整理する。

[1] 65歳までの雇用確保措置としての制度を選択する

　今後、要員調達ニーズが高まると認識している場合、要員確保の手段として採用や要員の多様性を確保する（女性や外国人労働者の活用）などの手段もあるが、それでは充足できないと想定される場合は、シニア世代の積極活用が不可欠であり、定年延長が有力な選択肢になる。

　ただし、定年延長をする場合、60歳以降の従業員も59歳までの現役世

代と同様に第一線で担う職務があるかどうか、職務開発できるかどうか、併せて確認、検討しておく必要がある。

　また、特定の職種では要員調達ニーズは高いが、逆に、ある職種では要員調達ニーズの大幅な減少が見込まれるといったケースでは、職種別に異なる定年制を適用することも理論上は可能だ。しかし、公平性の観点から労働組合や従業員からの反発を招き、協議が不調に終わる懸念も高く、また、職種別の月例給や賞与、退職金制度を整備して運用するという維持管理コストの負担も求められるため、慎重な検討が必要だろう。

　一方、今後の要員調達ニーズは低い、あるいは、それほど高くないと認識している場合は、継続雇用制度を維持し、59歳までの現役世代による職務遂行を中心とした組織運営を従来同様に継続するという選択が自然だろう。

　ただし、人材の質的側面として、事業の継続上不可欠な資格や免許を有する人材、非常に高い技能や技術を有する人材がプレシニア世代に偏っており、60歳定年を機に転職するリスクがある、マネジメントを担える人材が手薄で兼務者が多数存在しており早期登用だけでは間に合わないといった場合は、全体としての要員調達ニーズは高くはないが、継続雇用制度を選択せず、定年延長を選択する可能性もあると考える。

　定年延長、継続雇用制度ともにメリットだけでなくデメリットもあるため、制度選択においてはあらためて65歳までの雇用確保措置それぞれの特徴について確認したい。

　また、企業によっては、定年延長を選択するべきだが、企業年金制度を含む退職給付制度の変更が必要になるため、その選択を躊躇するケースも散見される。定年を65歳に延長すると、退職金の支給時期、定年時の退職水準、退職給付のカーブなどの変更が必要になり、制度改定の範囲は広い。しかし、定年延長に伴い、シニア世代の賃金水準の改善原資が必要な場合、企業年金として終身年金を有しているのであれば、その

原資を活用するという選択肢を検討できる。また、60歳からのつなぎ年金として確定拠出年金を利用するケースもある。定年延長を選択する場合には賃金制度と退職給付制度を一体として見直すことで、コンセプトに即した制度設計の実現可能性が高まるケースもあるので、一体改革を前提としてスケジュール設定や事務局の体制整備を進めることを推奨する。

[2] 現状のシニア・プレシニア世代の処遇制度の実態把握と問題点の抽出

シニア・プレシニア世代を処遇する自社の現状の仕組み、運用について網羅的に整理し、問題点を抽出する。

その際、「内部公平性」「賃金競争力」「役割や職務と賃金水準のバランス」「モチベーション」「多様性の尊重」などの視点から、資格制度、人事評価制度、報酬制度、退職金制度、基礎的労働条件（勤務形態、労働時間、休日など）について実態や問題点を抽出すると、次のコンセプト設計に取り組みやすくなる ［図表5-14］。

[3] シニア・プレシニア世代の処遇コンセプトの設計

65歳までの雇用確保措置として選択した処遇制度、自社の現状のシニア・プレシニア世代を処遇するため仕組みの問題点を踏まえて、処遇におけるコンセプトを検討する。

定年延長を選択する場合、60歳以降も59歳までの現役世代と同様の意識で働き続ける、つまり「戦力」としての活躍を期待するので、シニア世代の処遇については、現役世代と同じ資格制度を適用し、プレシニア世代と同じ役割を担っているのであれば原則として同水準の賃金を支給し、生み出した成果や担う役割・職務の大きさによって月例賃金や賞与が決まる「内部公平性」や「モチベーション」「役割・職務に応じた処遇」に配慮したコンセプトメイクが重要になる。

図表5-14 現行シニア・プレシニア世代の処遇制度等における問題点の抽出（例）

区分		現状の整理と問題点抽出のための視点				
		内部公平性	賃金競争力	役割・職務と賃金水準のバランス	モチベーション	多様性の尊重
制度区分	資格制度	■担当職務や役割に関係なく、皆一律の嘱託社員としてくくられる	―	―	■昇格運用がない ■一定の年齢になると役職から外れモチベーション維持が困難	■本人の志向性を尊重したコースや勤務体系を選択できない
	人事評価制度	■簡易な人事評価表による運用にとどまり職種特性に応じた評価運用がなされていない	―	―	■簡単な査定を実施しているが面談やフィードバックはしていない ■賞与水準が低くメリハリに乏しい	―
	報酬制度	■定年前後で同じ仕事を担っているにもかかわらず賃金水準が大きくダウンする	■在職老齢年金や高年齢雇用継続給付金を前提とした水準であり、標準生計費等と比して劣る	■担当職務や役割に関係なく、定年時の年収に応じて賃金が決まる		
	退職金制度	■……	■……	■……	■……	
	基礎的労働条件	■……	―	―	―	■本人の志向性に応じて勤務時間を柔軟に選択できない

一方、継続雇用制度を維持する場合、既存制度の問題点に応じたマイナーチェンジは必要になるだろう。

　第1節において、昨今の判例を見ると、継続雇用する再雇用社員と正社員との処遇格差を合理的に説明できるだけの考え方や材料を用意することが一層重要になることを触れた。また、定年前後の報酬ダウンが大きいほどモチベーションへのマイナス影響が懸念される。したがって、継続雇用制度であっても、賃金水準の改善による「労務リスクの軽減」や「内部公平性」というコンセプトは一層求められるだろう。

　また、シニア世代は、それまでに培った経験やスキル等を発揮して担う職務に求められる成果を創出する存在として位置づけられる。したがって、定年まではある程度の年功処遇が混じっているとしても、定年を境として、担う「役割・職務に応じた処遇」のコンセプトに基づく制度へ転換することは一つの方策である。

　ここまで、定年延長と継続雇用制度の二者択一での制度論を展開してきたが、プレシニア世代のキャリア意識は十人十色であり、中には65歳定年を望まない従業員も存在する可能性があるため、定年延長を全従業員へ適用すると逆にモチベーション低下を来す懸念もある。その場合には、「多様なキャリア志向性を尊重」というコンセプトの下、選択型定年制を採るケースもあるだろう。

第❸節　定年延長を行う場合の人事制度改定の進め方と事例紹介

1│仕組み・取り組みの詳細設計

　第2節の［図表5-8］に記載の「【ステップ3】仕組み・取り組みの詳細設計」に焦点を当て、あるべき仕組みとして定年延長を選択した場合を仮定し、どのような手順で人事制度の改定を進めるかについて、事

例をベースに解説する。まずは定年延長を行う場合の人事制度の実装パターンについて確認をした上で、制度設計における個別の論点について、改定のプロセスに即して紹介していきたい。なお、本節において「定年延長」と表現するのは、定年延長を行った多くの企業で実施されている「定年年齢を60歳から65歳に引き上げる」ことを指す。法的には定年年齢の下限が60歳と定められているだけであり、延長する場合も65歳に縛られるわけではないことについて、あらかじめ留意いただきたい。

2 定年延長する場合の人事制度の実装パターン

　定年延長を行う場合、定年年齢を引き上げるだけでそれ以外に特段の対応をしないケースもあり得るが、多くの企業では人事制度の大きな改定を行うことになる。その理由は、日本の多くの企業が「60歳定年を前提に人事制度を設計していること」にある。これにより、大きな改定をしなければ「許容できる水準を大きく上回る人件費増加」や「組織マネジメントの不全」が起きる可能性が出てきてしまう［図表5-15］。

　このような大きな改定に際して、再雇用後は非正規社員であったシニア世代（60歳以降の従業員）を新たに正社員として雇用する人事制度を実装する場合、いわゆる「一国一制度」と「一国二制度」の二つのパターンがある［図表5-16］。［図表5-8］の【ステップ2】で抽出した問題や、あるべき仕組み・取り組みを踏まえて、いずれかのパターンを選択することが望ましい。

[1] 一国一制度
　一つの企業であれば一つの人事制度で管理する、という思想に基づく人事制度の実装方法が「一国一制度」である。60歳までの人材もシニア世代も同じ人事制度の中で管理するため、年齢に関係なく同一の等級や

評価制度が適用される、年齢によって区別することのない制度といえる。従業員も受け入れやすく、人事制度の大きな改定を要さずに導入できる特徴がある。

ただし、[図表5－15]の「定年延長によって改定が必要になる理由」で記載した懸念を小さくするために、特に賃金については工夫が必要になることが多く、この実装方法を選択した企業の多くが、シニア世代の従業員の賃金を60歳時点の賃金から一律の乗率や金額で低減させるか、

図表5－15　60歳定年を前提に人事制度を設計していることによる影響

60歳定年を前提に人事制度を設計していることによる影響		定年延長によって改定が必要になる理由
1. 60歳前後での賃金カーブにおける"ガケ"の存在	新卒入社から定年退職をするまで、約40年間の標準的な報酬水準を示すモデル賃金があり、これを年齢別に描いた賃金カーブが右肩上がり（あるいは50代半ばまで右肩上がりで、その後は横ばいまたは低減）になっており、定年後の再雇用になると定年時の50～60％の報酬水準となるため、60歳前後で賃金水準の大きな"ガケ"があることが多い	**許容できる水準を大きく上回る人件費増加の懸念** 定年退職が65歳までない（＝"ガケ"がなくなる）ことにより、大幅な人件費増加につながってしまう可能性があるため
2. 役職の登用・任免における年齢（役職定年など）基準の存在	年次管理（同期入社の〇％が入社〇年目に課長に昇進など）をしている場合、組織の新陳代謝を促し次世代の人材の育成や機会提供のために役職定年を入れているケースがある 多くの企業では、後任への円滑な引き継ぎや前任者の影響が長期にわたることを防ぐために、役職定年は55歳や58歳など、定年の数年前に設定していることが多い	**組織マネジメントの不全の懸念** 役職定年年齢を引き上げれば若手が登用される機会が後ろ倒しになって不満を抱えたり、役職定年年齢を維持すると元部長の社員が複数名存在し、現職者の組織運営が難しくなったりする可能性があるため

65歳までの生涯賃金は変えずに賃金カーブを書き換える（40代以降の賃金の伸びを抑える代わりに60歳以降の賃金をアップさせる）などの対応をしている。

図表5－16　定年延長する場合の人事制度の実装パターン

パターン	内容	制度（賃金カーブ）のイメージ	相性のよい企業
一国一制度	■シニア世代の人事制度（等級制度、評価制度、報酬制度）は60歳より前の人事制度と原則同一 ■年齢による給与の増減（年齢給などのような年齢が増えると加算されるもの／一定の年齢を迎えると定額・定率で給与低減されるものなど）あり	60歳（旧定年）　65歳（新定年） 人事制度 役割等級制度に基づく役割給＋賞与 ※低減あり	■実力や成果による昇格・昇進が徹底されており、年功的な人事運用があまりない企業 ■年齢別の要員のバラつきがあまりない企業 ■現状の問題点として「定年前と同じ職務・仕事なのに賃金が下がることへの不満」などが目立つ企業
一国二制度	■シニア世代※の人事制度（等級制度、評価制度、報酬制度）と60歳より前※の人事制度はまったく別のものとする ※人事制度を区別する年齢を60歳ではなく、50歳や55歳とする場合もあり。 ■60歳までは「職能資格制度に基づく職能給＋賞与」だが、60〜65歳は「職務等級制度に基づく職務給＋インセンティブ」など	職務によって変動 60歳（旧定年）　65歳（新定年） 人事制度A 職能資格制度に基づく職能給＋賞与 人事制度B 職務等級制度に基づく職務給＋インセンティブ	■年次や年齢による人事管理を行っている企業（年功的な人事管理の要素が残っている企業） ■現状の問題点として「職務や仕事があいまいなことへの不満」「60歳を超える人材同士で担当職務に差があるのに賃金に差がつかないことへの不満」が目立つ企業 ■現状の「60歳定年＋継続雇用」の二制度が機能している企業

[2] 一国二制度

　定年延長を契機に、60歳あるいはプレシニア世代（おおむね55～60歳までの従業員）などの一定の年齢の前後によって、まったく異なる人事制度を導入するのが「一国二制度」である。多くの企業で導入されている「60歳定年＋継続雇用制度」も実質的には一国二制度の仕組みであり、継続雇用制度からの切り替えがスムーズに進む。

　一国二制度の最大の特徴は、制度切り替えのタイミングで幾つかの要素をリセットできることである。これは、切り替え前の制度（60歳までの人事制度）で年功的に積み上がってきた、賃金・等級をリセットできることを意味する。年次管理を行うと、本人の実力や経験とは比例せず、年功的に賃金等が積み上がり、どうしても職務と賃金がアンマッチする人材が発生することがある。この職務と賃金のアンマッチをリセットするきっかけとして制度の切り替えを利用できるメリットがある。

　ただし、60歳という成熟した段階になってから慣れない人事制度の下で働くことになる従業員に対して、精神的・肉体的な負担がかかる。そのため、新制度への準備期間および機会を、制度が切り替わる年齢のかなり（5～10年）前から提供し、働き方を幾つかの選択肢から選べるようにするなど、本人の意思を尊重できる仕組みも用意するなどの配慮が求められる。このあたりの導入支援については次節で紹介する。

[3] その他

　純粋な一国一制度・一国二制度以外に、これらの制度と「60歳定年＋継続雇用制度」を併存させる場合もある。従業員のさまざまな価値観に対応させるために、複数の選択肢を提供する必要がある場合に選択するケースが多い。従業員の中には、60歳で退職して地方の実家にUターンする、シニア世代になったら週休3日や短時間勤務などペースを落として働く、といった要望を持つ人も一定数存在する。フルタイム勤務以外の選択肢を用意する際は、このような併存型も有力な選択肢となる。

3 | 定年延長を行う場合の人事制度改定のプロセスと事例

　実装パターンを決めた後は、実際の人事制度改定作業に入る。一国一制度と一国二制度の場合では作業プロセスが異なる。通常、新たに制度を設計することになる一国二制度のほうが必要なプロセスが多くなる。そのため、本節では一国二制度の事例をベースに人事制度改定のプロセスを紹介する［図表5－17］。

　本節は、各プロセスのイメージをつかんでもらうために、X社の事例を用いながら解説を行う［図表5－18］。プロセスごとに、改定に当たっての基本的な考え方を明示し、その後に企業の事例を紹介する。ただし、特定の企業の取り組み事例ではなく、定年延長を実施した多くの企業の例を組み合わせた事例であることを理解いただきたい。

［1］該当人材のミッションの明示
〈基本的な考え方〉

　多くの企業が導入している「60歳定年＋継続雇用制度」の仕組みの場合、シニア世代になって定年退職し、継続雇用になると、報酬は定年前に比べて大きく下がることが大半である。しかし、「継続雇用だが定年前と同じ仕事をしてもらっている」というケースが見られる。このようなケースでは、シニア人材は定年前と比べてモチベーションが大きく下がっていることが多い。「定年前と同じ仕事をしているのに給与は定年時の○○％」であれば、モチベーションが下がって当たり前である。また、「継続雇用のシニア人材には明確なミッションを定めず職場内の要請に応じて職務を遂行してもらっている」という企業のシニア人材からは、「職場で何をすべきかが示されず、上司（多くの場合は後輩）からも遠慮などから仕事の指示がないのでやることがなく、賃金に見合った貢献ができずにやりがいを感じない」という不満も出る。職務、賃金、培ってきた経験のバランスが取れず、シニア人材自体が不満を持ってい

| 図表5-17 | 定年延長を行う場合の人事制度改定のプロセス（一国二制度の場合） |

プロセス	内容	一国一制度の場合の該当の有無
1. 該当人材のミッションの明示	新たに正社員として雇用することになるシニア世代について、どのようなミッション・役割を期待するかを整理する。特に要員シミュレーションなどの予測に基づいて、将来的にはどのような業務を担ってもらう必要があるかを明示する	（なし）
2. 職務の定義・コース（等級制度）設計	ミッションに基づき、シニア世代（場合によってはプレシニア世代も含む）が従事する職務を明確に定義する。一般的に定義する職務は単一ではなく複数あるため、複数の職務をコース（等級）として用意する	（なし）
3. 評価・報酬制度設計 ※退職給付制度を除く	定められた職務コースの内容に即して、評価制度・報酬制度（月例給・賞与）を設計する。一般的には、通常の人事制度と比べてシンプルな構造とすることが多く、報酬制度については雇用保険の「高年齢雇用継続給付」なども踏まえて検討する	あり
4. 原資調整・退職給付制度改定	一般的に、「60歳定年＋継続雇用」から「定年延長」に切り替える場合、在職期間中の個人の生涯賃金（月例給と賞与の合算）は膨らむことが多い。そのため、増加する人件費の原資をどのように捻出するかについて、退職給付制度も含めた全金銭報酬の範囲で調整を行う	あり
5. 既存人事制度の調整	新たに接ぎ木をしたシニア世代用の人事制度と、既存従業員の人事制度の接続がスムーズに進むように、既存従業員の人事制度などの必要な箇所の改定などを行い、調整を図る	あり

（次節で紹介）
ステップ4
経過措置、移行措置、コミュニケーションプランの策定へ

図表5-18　事例企業X社の概要

- 従業員数2000人の耐久消費財メーカー
- 職種は、営業（直販／代理店両方あり）、マーケティング・商品開発、生産、研究開発、管理と一般的なメーカーにある職種
- 人員構成は「ひょうたん型（30歳代前半と40・50歳代にボリュームゾーンがある構成）」
- 人事制度は、管理職と非管理職で異なる混合型の制度体系（下記参照）

区　分	等級制度	評　価　制　度	報酬制度（退職給付を除く）
管理職	役割等級制度	目標管理制度 ＋コンピテンシー評価制度	役割給（レンジの中で評価に応じて洗い替え）＋賞与
非管理職	職能資格制度	能力評価制度	職能給（レンジの中で評価に応じて緩やかに昇給）＋賞与

- 退職給付はポイント制（勤続ポイントと等級ポイント）、支給は終身年金（15年間は確定）
- 役職定年は55歳（定年延長後、60歳に引き上げ）

るケースも多い。

　豊富な経験を積んだシニア世代であるからこそ果たせるミッションとして、どのようなものが考えられるか検討し、明確にすることが制度設計の第一歩となる。［図表5-19］に「シニア世代のミッション明確化の三つのポイント」を整理した。企業ごとに該当するものは異なるかもしれないが、これらのポイントに合致するミッションを、できれば複数見いだすことが一国二制度の定年延長の場合は重要となる。すべてのポイントに合致する必要はなく、一つでもよいので「明らかに誰が見ても合致する」ミッションを見いだすことができれば次のプロセスに進めることができる。

〈事例企業X社の例〉

　X社の場合は、若手の時に複数職種をジョブローテーションで異動しながら自らの適性を見いだし、その後は適性のあるコア職種を中心にキャリア形成するキャリアパスが一般的となっている。その後、経営幹部候補はコア職種以外の職種や海外のマネジメントを経験しながら昇進していく。

[図表5－19]の三つのポイントを基に、シニア世代のミッションとして以下の三つのキーワードを掲げた。

❶研究開発・商品開発への参画（[図表5－19]①②）
❷積極的な採用によって増えてきた20代の若手の現場でのOJT（[図表5－19]①②）
❸コールセンターでの問い合わせ対応（[図表5－19]③）

　❶については、過去の研究開発・商品開発における失敗も含めたノウハウは実体験してきたシニア世代しか保有しておらず、その経験を伝承するためのミッションが設定された。

　❷については、直近の大量採用によって多くの若手が職場に配属される中で、指導をすべき中堅（30代後半）世代の人数が少なく、業務指導まで手が回っていなかったため、若手の独り立ちまでを丁寧に指導するミッションが設定された。

　❸については、エンドユーザーとの直接の接点となるコールセンター

図表5－19　シニア世代のミッション明確化の三つのポイント

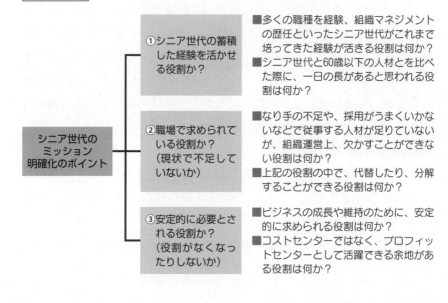

において、数十年前の製品などに対しても対応できる知見が必要であり、その対応のためのミッションとして設定された。

[2] 職務の定義・コース（等級制度）設計
〈基本的な考え方〉

　ミッションの設定後は、シニア世代が従事する職務を定義する。これは人事制度における等級制度に該当するものといえる。継続雇用制度を発展させる形で定年延長に置き換える一国二制度の場合、「職務等級制度」の考えと相性がよい。

　ただし、一つの職務でシニア世代すべてに対応することは難しい。同じ会社に勤めているシニア世代でも、蓄積した経験によって適性のある職務は異なるため、職務の種類をある程度用意しておくことが望ましい。

　また、シニア世代にモチベーションを持って働いてもらうためには、自らが従事する職務を「会社から強制された」ではなく、「自ら選んだ」という認識を持ってもらうことが重要になる。そのためには、単に職務を定義するだけでなく、その職務に就くために必要な要件（経験・知識・スキルなど）もあらかじめ明示しておき、プレシニア世代、あるいはもっと前から自身のキャリアを考えるきっかけを提供することも必要であろう。

〈事例企業X社の例〉

　前述の「シニア世代のミッションとなる三つのキーワード」を基に、「B. R＆Dエキスパートコース」「C. トレーナーコース」「D. コールセンターサポートコース」を設計するとともに、役職定年を延長する可能性を見越した「A. マネジメントコース」と、A.〜D.のいずれの要件も満たさない人材のための「E. スタッフコース」の計五つのコースを設定した［図表5-20］。

　B.〜D.は、もともとのキーワードを具現化する職務そのものであ

図表5-20　事例企業X社のシニア人材用の職務定義・コース

コース	コース選択要件	職　　務	勤務日数・時間	異　動
A．マネジメントコース 余人をもって代え難い知見と実力を持ち、例外的に本部長・部長の職務を継続する必要がある方に適用	以下、①②をともに満たす人材 ①60歳時点で本部長・部長 ②人事委員会で「余人をもって代え難い人材」と認定された人材（1年更新）	60歳到達以前とまったく同等の、通常の本部長・部長としての役割・職務に従事	フルタイム勤務 （週5日、8時間/日）のみとする	社命による異動あり
B．R&Dエキスパートコース 培ってきた専門性を活かして、研究や商品開発などの業務に特化する方に適用 （キーワード❶を反映）	…	…		原則異動なし （本人との相談による異動の可能性あり）
C．トレーナーコース 部課長などと協働しながら、新卒社員や若手層の人材育成および業務サポートを行う方に適用 （キーワード❷を反映）	以下、①②をともに満たす人材 ①60歳時点で課長以上のラインマネジャー ②毎年実施している360度評価における人材育成スコアの直近5年間の平均が4.0以上（最低1.0／最高5.0のスコア）	人材育成を中心とした部課長職の業務代行 例：OJTの代行・CDP面談の代行など		
D．コールセンターサポートコース 自社製品に対する問い合わせ対応および後進への知見伝承を行う方に適用 （キーワード❸を反映）	…	…		
E．スタッフコース バックオフィスの事務作業や製造部門のライン作業など、定型的な業務を中心に従事する方に適用 （上記A.～D.に該当しない方の受け皿）	特になし	非管理職のスタッフが行うのと同等の業務	短日数・短時間勤務を認める ※日数・時間は個別に決定。	

［注］　キーワード❶～❸は以下のとおり。
　　　❶研究開発・商品開発への参画、❷積極的な採用によって増えてきた20代の若手の現場でのOJT、❸コールセンターでの問い合わせ対応（［図表5-22］も同じ）。

り、シニア世代の50％程度はこのいずれかのコースを選択することを想定して設計している。設計に際しては、職務の明確化だけでなく、コース選択の要件を定めることによって、プレシニア世代の人材が、自分の今後のキャリアとしてどのコースを目指すのか、を考えられるようなコースづくりを意識的に進めた。

[3] 評価・報酬制度設計（退職給付制度除く）
〈基本的な考え方〉

シニア世代の評価制度を考える上で、60歳までの人材と大きく異なるのは人事評価の目的が限定されることである。一般的に、人事評価を行う目的は四つ、細かく分けると七つある。その中で、シニア世代の人材に対しても必要な目的は二～三つになることが多い［図表5－21］。

そのため、評価制度自体、非常にシンプルなものになる。60歳までの人材の人事制度の一部を転用したり、抜粋したりするだけでも十分に機能する。

報酬制度については、多くの企業が検討に時間を割く箇所になる。まず水準については、職務等級制度であれ、役割等級制度であれ、職能資格制度であれ、いずれかの考えを用いた制度になるはずで、原則は該当の職務・役割・能力に準ずる水準の賃金を用意することになる。ただし、賃金にはその他の要素、例えば年齢給や各種生活に必要な手当的な要素を盛り込んで月例給として支払っていることも多い。シニア世代は子育てなどを終えているケースが多く、必要な生計費の水準が40～50代と比べて低くなると考えられることから、それらに見合った金額を減額することの妥当性はある。

また、シニア世代が企業で継続して働く場合、雇用保険の「高年齢雇用継続給付」を活用するケースも多い。この高年齢雇用継続給付とは、「雇用保険の被保険者期間が5年以上ある60歳以上65歳未満の雇用保険の被保険者に対して、賃金額が60歳到達時の75％未満となった方を対象

に、最高で賃金額の15％に相当する額を支給するもの」であり、シニア世代の賃金が60歳時より一定率以上減額された場合に補填される。「60歳定年＋継続雇用制度」の場合は、この給付を前提に賃金設定している場合も多く、定年延長でも活用することが多い。したがって、シニア世代への賃金が60歳時点の60～70％の水準になる決定方式とすると、高年齢雇用継続給付を前提とした柔軟な運用が行いやすい。ただし、同一職務・コースのシニア世代の賃金に大きな格差があっては組織運営が難しくなるため、職務ごとに報酬水準の上下限を設けることが一般的だろう。

図表5-21　企業における人事評価の目的とシニア世代における要否

人事評価の目的		シニア世代における要否
評価の目的は「公正処遇」「期待伝達」「人材育成」「適材適所」の4点になる		ほぼキャリアとして完成している円熟期のシニア世代に対して、「人材育成」「適材適所」「公正処遇」の賞与以外の部分は不要とも考えられる
公正処遇	賞与	賞与額を個人別の業績により格差をつけたい場合は評価が必要
	昇降給	シニア世代の月例給はシングルレート（単一給）として変動させないのであれば実施しないので不要
	昇降格	コース内に等級のような縦の区分を設けないのであれば昇降格の概念がないので不要
	コース・職群転換	コースは60歳までに決めるため、この用途での利用想定はなく不要
期待伝達		当年度・当期に実施してもらいたい事項、会社として期待像を伝達するために評価が必要
人材育成		ほぼキャリアとして完成している円熟期のシニア世代に対して「人材育成」はあまり想定されない
適材適所		専門性が明確になっているシニア世代にとっての適所は判明しているという考えの下、評価結果に基づく「適材適所」の推進は不要

60〜65歳の5年間の報酬の変動については、職務等級制度でよく使われる、いわゆる「横ばい」で変動しないシングルレート（単一給）を選択する企業が比較的多いが、モチベーションを喚起するために人事評価によって緩やかに上下させる仕組みを設けることもある。

〈事例企業X社の例〉

評価制度については、基本的な考えに即し、目的を「賞与」と「期待伝達」に絞って設計した。60歳までの人事制度の定性評価項目の一部（管理職のコンピテンシー評価と非管理職の能力評価の一部）を転用することで対応している。

報酬制度は、「月例給」「手当」「賞与」の区分でコースごとに設定した[**図表5-22**]。月例給は、60歳時点の月例給を基に決定する方式とした。これは「60歳時点の月例給の金額に、これまでの本人の貢献や実績が加味されている（年次管理を行うことにより、「60歳時点の月例給」と「これまでの貢献・実績」のアンマッチも一部で発生するが、その差は小さく、適切な人事制度運用によってしかるべき差がついている前提）」という思想の下、その貢献や実績を最大限尊重するという考えを具現化しているとともに、高年齢雇用継続給付も念頭に置いての対応である。ただし、同じコースのシニア世代でも60歳時点の月例給の多寡により格差が生じてしまうため、コースごとに上下限値を設定し、その範囲内に収まるような調整を施している。なお、実際には、コース選択要件に役職や等級などを盛り込んでおり、月例給が高い水準のコースを選択できるのは60歳時点で比較的高い等級・月例給の人材に限られるため、上限超過や下限未達はほとんど生じない。

また、シニア世代の業務上の貢献はすべて賞与で還元するという思想に立ち、月例給はシングルレートとしている。

図表5-22 事例企業X社のコース別の報酬制度設計

コース	月例給 （すべてシングルレート）	手当類	賞与
A．マネジメントコース 余人をもって代え難い知見と実力を持ち、例外的に本部長・部長の職務を継続する必要がある方に適用	60歳時点の100% （原則変更なし）	就いている役職に関する役職手当あり	60歳時点と同様の賞与
B．R&Dエキスパートコース 培ってきた専門性を活かして、研究や商品開発などの業務に特化する方に適用 （キーワード❶を反映）	原則、60歳時点の70% （〇～〇万円の範囲内で60歳時点の月例給を基に設定。上限超過は上限値、下限未満は下限値）	特になし	年間1.0～2.0カ月の水準の賞与あり （全社業績・個人評価に基づいて支給）
C．トレーナーコース 部課長などと協働しながら、新卒社員や若手層の人材育成および業務サポートを行う方に適用 （キーワード❷を反映）	原則、60歳時点の65% （〇～〇万円の範囲内で60歳時点の月例給を基に設定。上限超過は上限値、下限未満は下限値）		
D．コールセンターサポートコース 自社製品に対する問い合わせ対応および後進への知見伝承を行う方に適用 （キーワード❸を反映）			
E．スタッフコース バックオフィスの事務作業や製造部門のライン作業など、定型的な業務を中心に従事する方に適用 （上記A.～D.に該当しない方の受け皿）	原則、60歳時点の50～60% （〇～〇万円の範囲内で60歳時点の月例給を基に設定。上限超過は上限値、下限未満は下限値） ※フルタイム勤務の場合。短時間勤務の場合は勤務時間に応じて調整。		

[4] 原資調整・退職給付制度改定
〈基本的な考え方〉

　多くの人事部門にとって悩みが多いのがこのプロセスと考えられる。定年延長を行う場合、正社員として雇用する期間が5年間延びるため、また、従業員からすれば継続雇用時よりも労働時間が増えて貢献度の高い仕事をする対価として賃金のアップが必要であるため、「60歳定年＋継続雇用制度」を行うよりも、どうしても人件費は増額する。また、定年年齢が5年後ろ倒しになるため、退職給付制度の見直しも求められる。

　この二つを同じプロセスで検討する大きな理由は、増加する人件費の捻出元として退職給付制度が活用できるということである。

　定年延長に伴う人件費増に対応する際の考え方として、「個人の生涯賃金の中での組み換え」を原則にすることが重要で、その場合、一番簡便な方法は、プレシニア世代などの賃金を低減させ、その原資をシニア世代の賃金増加に充当する方法である。また、いわゆる「世代間の組み換え」として、若手や中堅世代の人件費を原資としてシニア世代に充てる対応も考えられるが、若手・中堅世代のモチベーションダウンにつながる可能性が高く、また年代間の人員構成がいびつであれば人件費コントロールの効果があまり期待できない。

　この「個人の生涯賃金の中での組み換え」をする際に、退職給付を用いると検討の選択肢を増やすことができる。例えば、事例企業X社のように終身年金があると、定年延長による賃金増の原資として充当できる場合がある。

　具体的には、定年延長を行えば退職給付の支給開始時期も現行よりも5年後にすることができる。それにより、「退職給付の終身部分の支払い自体を5年先に延ばすこと（終身部分を支払い終わる年齢は一定だが、支払い始める年齢が5年遅くなる）＝終身部分の原資圧縮」ができる。これをシニア世代の賃金増加の原資に充てることは、有力な選択肢

になり得る［図表5－23］。ただし、従業員の立場からすると、定年延長をすることで継続雇用制度のときと比べて労働時間や労働負荷（責任の有無など）が増す。この対価として、個人の生涯賃金自体を増加させる必要があれば、その部分は会社の持ち出しとしてシニア世代の賃金に充当させる必要がある。また、定年延長後、従来の定年である60歳に自己都合で退職した場合には、従前に支給されていた5年分の退職給付が

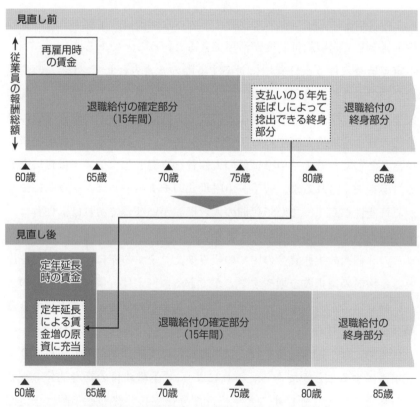

図表5－23　退職給付を用いた定年延長時の生涯賃金の組み換え（例）

個人の退職給付制度を含めた生涯賃金は制度変更前後でほぼ変わらない。
※シンプルな説明にするために、給付利率などの影響は考慮せずに記載

［注］　三菱UFJ信託銀行の監修の下、三菱UFJリサーチ＆コンサルティングが作成した。

支給されなくなり、実質的な生涯賃金の減少になる可能性もあるため、制度移行時の限定的な配慮も検討する必要がある。

　人件費の増加を完全に防ぐことは難しいかもしれないが、退職給付制度を持つ企業の場合、定年延長を行う際には人事制度と退職給付制度の改定をセット（人事・退職給付一体）で検討を進めることで、総額人件費の極端な増加を抑制することができる可能性が高まる。仮に終身年金がなくとも、退職給付を除外して人事制度だけで検討をするよりも多くの選択肢を持つことができる。「人事・退職給付一体」の検討が定年延長における人事制度改定には欠かせないことを強く述べておきたい。

〈事例企業Ｘ社の例〉

　定年延長に伴う人件費増について、退職給付制度を活用することで対応を進め、給付カーブを60〜65歳は横ばい（給付水準は一定）とすることで人件費増を抑制した（支給年齢は60歳→65歳に変更。確定給付企業年金の支給期間は15年確定を維持しつつ、終身部分の支給時期の５年後ろ倒しによって定年延長による賃金増の原資を捻出することができた）。結果として、大きな負担増とはならず、またシニア世代、若手・中堅世代のモチベーションを下げることなく定年延長を導入することに成功した。

[5]　既存人事制度の調整
〈基本的な考え方〉

　このプロセスは、定年延長に伴って既存の人事制度の改定が必要になった場合の対応を指す。一国一制度の場合は、もともとの制度自体を変えるものであり、その場合は一般的な人事制度の改定と同様の対応となる。

　一国二制度の場合は、異なる制度間の接続による各種の調整作業が発生する。それほど項目が多いわけではないが、よくある作業としては「正社員向けの就業規則・労働条件の見直し」「退職給付規程の見直し」「階層別研修の拡充」などが挙げられる。また、福利厚生など、これま

では60歳までの正社員が前提となっていた制度やルールがあれば、65歳までの人材を対象に広げる手続きがあるので、このタイミングで各種規程の見直しなどのチェックをすることを勧めている。

この部分の作業は、後掲の第4節の制度移行の部分でも言及するので、そちらも参考にしていただきたい。

〈事例企業Ｘ社の例〉

各種規程の改定とともに、階層別研修にプレシニア向け・シニア向けの「ライフプラン・マネープラン研修」や、「〇〇コース希望者向けのスキル研修」など、複数の研修の拡充を行った。

第❹節 円滑な制度導入に向けて実施すべき事項の整理と進め方

1 制度を円滑に導入し、定着させるための要件

本節では、[図表5－8]に記載の「【ステップ4】経過措置、移行施策、コミュニケーションプランの策定」に焦点を当て、実際に設計した制度を円滑に導入し、定着させるために実施すべき事項は何か、また、制度設計の目的であるシニア世代（60歳以降の従業員）・プレシニア世代（おおむね55～60歳までの従業員）の活躍を推進する取り組みをどのようにデザインするかについて解説する。

なお、本節では、定年延長した場合に想定される事象をベースにお伝えするが、ここで示す「定年延長」とは、第3節同様、定年延長を行った多くの企業で実施されている「定年年齢を60歳から65歳に引き上げる」ことと仮定する。

2 定年延長に際して実施すべき事項の全体像

定年延長の実施に際して、円滑な制度移行を行うために実施すべき事項は事前に整理することができる。それらの実施すべき事項の整理に当たっては、一般的な人事制度の導入から定着の際に用いられる時系列の段階である、①制度設計段階、②制度導入段階、③制度浸透段階、④制度定着・活用段階、を利用すると効果的である。[図表5－24]は、定年延長の円滑な導入のために4段階で実施すべき事項を列挙したもので

図表5－24 定年延長において円滑な制度移行のために実施すべき事項

人事制度の導入から定着の段階	各段階に応じて実施すべき事項	
	新制度の検討（第3節にて詳述）	
①制度設計段階	激変緩和を目的とした移行措置案の設計	■人事制度改定により生じる従業員へのマイナス影響を緩和できるよう、移行措置案を検討する ・検討に当たっては、「労働契約法上の不利益変更の視点」「高年齢者雇用安定法の視点」「税金・補助金の視点」に留意する
②制度導入段階	人事制度改定内容の周知活動の実施	■対象者別の実施事項を整理し、コミュニケーションプランを作成する ■コミュニケーションプランに基づく周知活動を実施する
③制度浸透段階	継続的な周知活動の実施	■制度導入後、シニア・プレシニア世代となる従業員に対して定期的な説明会を実施する ■退職給付やキャリアプランなど、個別の質問対応をするための相談窓口を設置する
④制度定着・活用段階	シニア・プレシニア世代の活躍に向けた支援	■シニア・プレシニア世代の戦力としての位置づけを定義する ■シニア・プレシニア世代の戦力化に向けたトレーニング手段を検討・実施する

あり、円滑な制度移行に向け、これらの実施事項を計画的にタイミングよく進めることが望ましい。

以降の各項では、どのような手順で定年延長の導入から定着を進めるかについて、四つの段階別に企業事例を交えて解説する。各項の構成は、各段階に応じて実施すべき事項の基本的な考え方を初めに確認した後に、それらを実践した企業事例を紹介する流れとしている。なお、以降で詳述する企業事例は、第3節と同様、特定の企業の取り組み事例ではなく、定年延長を実施した多くの企業の事例を組み合わせた内容としている［図表5－25］。

3 ❶制度設計段階——激変緩和を目的とした移行措置案の設計

定年延長における激変緩和を目的とした移行措置案を検討する上では、人事制度改定により生じる従業員への影響、特にマイナスの影響を緩和できるよう、労働契約法上の不利益変更、高年齢者雇用安定法、税金・補助金の視点から、総合的に検討する必要がある。

［1］労働契約法上の不利益変更の視点
〈基本的な考え方〉

労働契約法10条では、就業規則を変更するためには合理的であることを必要条件としている。そのためには、①労働者の受ける不利益の程度、②労働条件の変更の必要性、③変更後の就業規則の内容の相当性、④労働組合等との交渉の状況について合理性を担保することが必要となる。

〈事例企業Ｘ社の例〉

Ｘ社の場合、60～65歳の処遇は、60歳時点の月例給を基に選択したコース別に設定する仕組みとした。その際、人事制度改定による合理性の担保状況を検証するため、50～64歳の期間中における賃金の現新比較

第5章　シニア・プレシニア世代の活用戦略

|図表5－25| 事例企業Ｘ社の概要〈第3節の事例企業と同一の想定〉

- 従業員数2000人の耐久消費財メーカー
- 職種は、営業（直販／代理店両方あり）、マーケティング・商品開発、生産、研究開発、管理と一般的なメーカーにある職種
- 人員構成は「ひょうたん型（30歳代前半と40・50歳代にボリュームゾーンがある構成）」
- シニア世代の人事制度は、以下のとおり改定

		人事制度改定前	人事制度改定後
定年到達年齢		60歳	65歳
従業員区分		嘱託再雇用	正社員
等級制度	等級軸	特になし（一律、嘱託再雇用という位置づけ）	職務等級制度
	等級体系	同上	職務に応じてコースを設定 A．マネジメントコース B．Ｒ＆Ｄエキスパートコース C．トレーナーコース D．コールセンターサポートコース E．スタッフコース
評価制度		特に実施せず（※契約更新前に雇用継続判断のため検討を実施するのみにとどまる）	定性評価を実施（※60歳までの人事制度の定性評価の一部を転用）
報酬制度	賃金構成	「月例給」「手当」「賞与」	「月例給」「手当」「賞与」（変更なし）
	月例給	60歳時点の年収を基に決定	60歳時点の月例給を基にコース別に決定
	賞与	同上	A．マネジメントコースは、60歳時点と同等の賞与 その他のコースは、全社業績・個人評価に基づき、1.0～2.0カ月の水準で支給
	退職給付	退職年金のみ（終身年金） 支給年齢は60歳 ※退職一時金はなし	退職年金のみ（終身年金） 支給年齢は65歳 （※支給額は制度改定前と比較して、おおむね同額であるが、支給開始年齢を5年間遅らせることにより生涯受給できる金額が減少する） ※退職一時金はなし
その他	職域	各職場内の要請に応じて決定	新たに三つの柱を設定 1．研究開発・商品開発 2．若手の現場OJT指導担当 3．コールセンター対応
	役職定年年齢	55歳	60歳

を［図表5－26］の形で実施した。

新制度では、60～65歳の月例給をシングルレートとして評価結果による改定を行わず、賞与のみ業務上の貢献に応じて変動させることとした。標準的な賞与水準の場合、現制度より新制度のほうが増額、つまり年収で見れば定年延長後の水準が上回る（企業にとっては人件費増）となっている。

ただし、これは退職年金の支給開始時期を現行よりも5年後にすることで捻出した費用相当額を原資に充てたものである。標準的な賞与水準と仮定した場合に、退職年金を含めた生涯賃金ではおおむね現制度と同等、あるいは増加となるよう設計することで合理性を担保した（第3節参照）。

図表5－26　50歳以降の処遇の現新比較
（50歳到達時点の管理職モデルの年収を100とした場合の推移）

		50	53	54	55	56	57	58	59	60	61	62	63	64	総計 上限	総計 平均	総計 下限
現制度	A. 管理職モデル	100	100	100	80	80	80	80	80	50	50	50	50	50	1,150（一律）		
現制度	B. 非管理職モデル	70	70	70	70	70	70	70	70	35	35	35	35	35	875（一律）		
新制度	C. 管理職モデル	100	100	100	100	100	100	100	100	50～100	50～100	50～100	50～100	50～100	1,500	1,325	1,150
新制度	D. 非管理職モデル	70	70	70	70	70	70	70	70	35～49	35～49	35～49	35～49	35～49	945	910	875

※現制度における60～64歳期間の年収に、退職年金は含まれていない。

- X社における現制度は、55歳で役職定年となるが、新制度では役職定年が延長となるため、支給率を100で維持する形としている
- X社における現制度は、60～64歳期間中の賃金を一律35～50の間で設定していたが、新制度では、働きぶりに応じて支給率を35～100で変動する形としている
- 現制度と新制度の平均を比較すると、新制度の年収が増額しているように見えるが、これは退職年金の支給開始が60歳から65歳に5年延期となることによる付け替え相当分であり、生涯賃金で見れば現新制度間でおおむね同等となるように設定している（第3節参照）

[2] 高年齢者雇用安定法の視点
〈基本的な考え方〉

　2013年3月に施行された改正高年齢者雇用安定法においては、一定の条件を満たしている企業においては、65歳までの雇用確保を必ずしも即時実施する必要はなく、老齢厚生年金の報酬比例部分の受給のタイミングに応じて、61～64歳までの間で継続雇用の対象者を限定するといった移行措置が認められている（詳しくは第1節の［図表5－2］を参照されたい）。

　したがって、定年年齢を60歳から一気に65歳にするのではなく、一定期間をかけて60歳から1歳ずつ定年年齢を引き上げることも選択肢となる。

〈事例企業X社の例〉

　X社では、2018年に定年年齢を60歳から65歳まで一気に引き上げる定年延長を実施した。その際に、60歳定年を前提としたライフプランを立てている従業員が少なからずいることに鑑み、定年年齢の適用に幅を持たせる移行措置を設定した［図表5－27］。

　制度導入以前に定年に到達し再雇用されている嘱託社員は、既に一度雇用契約が終了していることから、新制度の適用対象外とした。ただし、旧来の嘱託再雇用制度では、定年到達年齢の60歳から老齢厚生年金の報酬比例部分の受給年齢までの期間のみ継続雇用を認めていたところを、希望すれば65歳までの嘱託雇用を認めるよう雇用期間を延長した。また、直近で定年を迎える1959～1960年生まれの正社員は、現在の嘱託社員と同様に老齢厚生年金の報酬比例部分の受給年齢である64歳までの再雇用を前提とした60歳定年を希望するか、新制度に基づく65歳までの定年延長を希望するかを、従業員本人の選択により決定する移行措置とした。

図表5-27　定年延長関連施策 移行措置イメージ

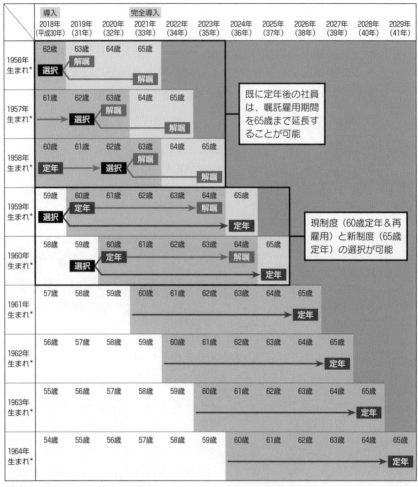

*各年の4/2〜翌4/1生まれを指す。
[注]　1．高年齢者雇用安定法の経過措置に従った再雇用期間延長を行っている。
　　　2．平成32年以降については、暫定的に〇〇年と表記している。

[3] 税金・補助金の視点

〈基本的な考え方〉

　定年延長に付随して、退職給付の支給時期を従来の定年到達時（旧定年年齢）とするか、定年延長後の定年到達時（新定年年齢）とするかという論点がある。新定年年齢とする場合は、特段問題にはならないが、旧定年年齢とする場合には、在籍中に退職給付を支給することとなるため、税法上の退職手当として認められるよう調整する必要が出てくる。

　所得税基本通達30－2によれば、定年延長に際して旧定年年齢に達した時点で支払う場合であっても、旧定年年齢に達する前の勤続期間に係る退職手当等として支払われる給与で、その支払いをすることにつき相当の理由がある場合には退職所得として認められることから、まったく不可能ではないが、旧定年年齢到達時以降の退職給付の積み立てをするには第二退職金を新たに設計・導入せざるを得ないなどの制約条件もあり、実施の際には国税庁・所轄の税務署に確認の上、検討されたい。

〈事例企業X社の例〉

　X社では、退職一時金の仕組みがない上に、退職年金の支給開始時期を新定年年齢到達時としたため、退職所得にかかる所得税の問題は特段発生しなかった。

　ただし、退職年金の支給時期を遅らせた結果、60歳到達時に退職年金の受給を前提としたライフプランを立てていた従業員からの不満の声が少なからずあったため、定年延長から数年間の期間限定で、60歳到達時に本来受給できるはずだった退職年金の一定割合を上限として、無利子の融資を行うこととした。この対応により、退職年金の支給時期延期に対する従業員の理解・納得につなげることができた。

　なお、法人が個人に対して無利子の融資を行う場合には、適正利率で計算される利子分を所得として取り扱う必要があり、従業員の所得税に影響を及ぼす点に注意が必要である。

　また、労働者代表あるいは労働組合との折衝について詳細は省略して

いるが、前記［1］〜［2］を踏まえた数値に基づく事実をベースとした検証・協議により合意形成することが一般的に求められる。

4 ②制度導入段階――人事制度改定内容の周知活動の実施

〈基本的な考え方〉

　第3節で説明した【ステップ3】にて設計した人事制度および、①制度設計段階で決定した移行措置は、従業員に周知する必要がある。周知に当たっては、管理職層／非管理職層、対面／非対面（社内イントラネット、メール等）、全体／個別を掛け合わせ、タイミングを含めて周知の進め方を「コミュニケーションプラン」として綿密に策定し、計画的に従業員へ周知することが重要となる。

〈事例企業X社の例〉

　［図表5－28］は、X社における定年延長に当たってのコミュニケーションプランを整理したものである。

［1］管理職には管理職向けの制度説明会を開催するだけなく、
　　 運用マニュアルを配布する

　管理職は、従業員と直接のコミュニケーションを取るキーパーソンであるため、最優先で制度説明会を実施した。加えて、管理職として制度を正しく説明できるよう、制度運用のイメージも交えた、簡潔かつ分かりやすい運用マニュアルを編集し、配布した。

［2］定年延長時点で50〜59歳の非管理職、60歳以上の嘱託社員には、
　　 対象者向け制度説明会に加え、新制度の適用に関して個別面談を
　　 行う

　定年延長時点で50〜59歳の非管理職には、対象者向けの制度説明会に加え、個別面談を実施した。対象者向けの制度説明会では、定年延長に

第5章 シニア・プレシニア世代の活用戦略

図表5-28 定年延長に当たってのコミュニケーションプラン

●対象者別の実施事項　　　　　　　　　（凡例）●：必須、○：任意（希望者のみ）

区分			全体		個別	
			対面	非対面	対面	非対面
正社員	管理職	50〜55歳	●管理職向け制度説明会の実施 ●対象者向け制度説明会の実施	●運用マニュアルの配布	●新制度の適用に関する面談	●新制度の適用に関する通知文書の配布
		49歳以下	●管理職向け制度説明会の実施		―	―
	非管理職	58〜59歳	●対象者向け制度説明会の実施	●新制度の案内文書の配布	●新制度の適用に関する面談	●新制度の適用に関する通知文書の配布 ●移行措置の選択内容確認書の配布
		50〜57歳	●対象者向け制度説明会の実施		●新制度の適用に関する面談	●新制度の適用に関する通知文書の配布
		49歳以下	○対象者向け制度説明会の実施		―	―
嘱託社員（元・正社員）		60歳以上	●対象者向け制度説明会の実施		●新制度の適用に関する面談	●新制度の適用に関する通知文書の配布 ●移行措置の選択内容確認書の配布

［注］　上記以外の非正規社員については、必要に応じて情報提供することとし、コミュニケーションプランからは除外している。

●スケジュール

11月	12月	翌年1月	2月	3月	4月	5月
	管理職向け制度説明会の実施 管理職向け運用マニュアルの配布		新制度の案内文書の配布 対象者向け制度説明会の実施	新制度の適用に関する面談 新制度の適用に関する通知文書の配布 移行措置の選択内容確認書の配布	制度導入	

よる人事制度の改定概要について説明した。また、個別面談では、定年延長になることで、新制度を適用した場合、個人別にどのような職務・コースの選択が可能となるか、それぞれのコースを選択した場合に賃金水準はどうなるかについて各人の現時点での賃金水準を基に暫定的な内容を提示した。加えて、定年延長時点で58～59歳の正社員は「65歳までの定年延長」または「60歳定年」の選択、定年延長時点で60歳以上の嘱託社員は65歳までの継続雇用の希望を選択する必要があるため、あらためてその内容に関する説明を行い、選択内容確認書の誓約に向けて必要な情報提供を行った。

なお、50～55歳の管理職は、管理職向けの制度説明会にて対象者向けの制度説明会の説明内容を包含しているので、対象者向けの制度説明会への出席は不要とする一方で、個別面談は実施した。

[3] 制度導入時点で49歳以下の正社員には、案内文書を発信し、必要に応じて対面での説明会や個別説明の場を設ける

60歳を超えるまでの期間が10年以上ある正社員は、定年延長によって60歳以降に適用される人事制度・処遇が変更となることは理解しつつも、当人にとっては先の話として、定年延長を自身のキャリアと結び付けてイメージすることが難しい。そこで、前記50歳以上の正社員とは区別する形で、新制度の案内文書を発信し、希望者は対象者向けの制度説明会に参加できるようにした。なお、後述するライフプラン・マネープラン研修のような、一定の年齢で実施する正社員一人ひとりが自らのキャリアを検討する機会に合わせて人事制度をあらためて説明する対応を取ることで、中長期的に新制度を正社員に対して浸透させることとした。

5 ③制度浸透段階──継続的な周知活動の実施

〈基本的な考え方〉

　前記②の制度導入段階は、人事制度改定のタイミングに限って実施する事項であるが、③制度浸透段階に実施する事項は、人事制度の導入後、継続的に実施する必要がある。

　退職後のライフプラン・マネープランは、なるべく早い年齢から準備する必要がある一方、多くの正社員は自身がシニア・プレシニア世代に近づいてから、初めて真剣に考える傾向がある。その一方で、シニア・プレシニア世代に近づいてからシニア世代の人事制度や退職給付について調べたとしても、既に軌道修正が難しい可能性もある。そのため、正社員にはなるべく早いタイミングでシニア・プレシニア世代の人事制度を理解してもらい、自身のライフプラン・マネープランを検討し、実際に準備してもらうことによって、制度浸透を促進していくことが求められる。

　また、退職給付や個人のキャリアなど、個人差が大きく、センシティブな内容に関しては、全体に対する定期的な説明会の場で詳細まで説明することが難しいため、個別の相談窓口を設置するなどして、1対1でコミュニケーションできる体制を整えることが望ましい。

〈事例企業Ｘ社の例〉

[1] シニア・プレシニア世代となる正社員への定期的な説明会の実施

　Ｘ社は、50歳に到達した正社員に対して、人事制度の理解促進およびライフプラン検討のための説明会を毎年定期的に開催することで、新制度の浸透を図った。具体的には、[図表5−29]に示すライフプラン・マネープラン研修を実施した。

　なお、本研修は、すべての内容を自社で企画していない。退職後に必要なマネープランをはじめとする内容は、生命保険会社等において既に用意されているコンテンツを用いて、簡易的に実施することとした。

図表5-29　ライフプラン・マネープラン研修の開催概要

1．研修名	ライフプラン・マネープラン研修
2．狙い	プレシニア世代を迎える社員に対する社内制度・公的制度の理解浸透、および自身の今後のキャリアの具体的なイメージ作成に向けて、各種制度に関する知識の習得と自身のキャリアの振り返りを行う
3．日時	日帰り1日研修（9：00～17：30）を想定 （※自身のキャリアの振り返りをより強く実施する場合には、あえて人里離れた場所で合宿形式の開催とすることも一案）
4．対象	50歳に到達した社員 （※導入当初は54歳以下など年齢層を広めに設定する必要あり）
5．講師	社内人材にて内製可能 （※シニア社員の職域開発としても活用可。ただし、社内の制度理解に加え、基礎的な社会保険知識や、キャリアカウンセラー、ファイナンシャルプランナー等の受講は必須なので、多少の準備期間は必要）
6．カリキュラム（案）	■ライフプランで必要なお金（ファイナンス教育） ・退職金試算 ・公的年金試算 ・再雇用時の収入試算 ■今後のキャリアを迎えるに当たっての心構え（キャリア教育） ・会社によらない生き方の事例紹介・検討 ・自身のキャリアにおける強み・弱み、MUST・CAN・WILLの整理 ・自身の能力開発目標の設定 ・社内制度の説明

[2]　正社員に対する相談窓口の設置

　退職年金額・シニア世代におけるコース選択等の希望に関しては、各人における状況に違いが大きく、またセンシティブな内容でもあることから、個別相談窓口を設置した。

　個別相談窓口は、本社勤務の人事部員が兼務する形で2名体制とし、メール・電話および直接面談の形で質問・相談を受け付けることとした。定年延長時点での個別相談内容は、退職年金額の照会や定年延長に

伴う人事制度の質問が主であったが、将来的には、今後シニア・プレシニア世代となる正社員に対してのキャリア面談機能などの拡充を図る予定である。

6 ❹制度定着・活用段階
── シニア・プレシニア世代の活躍に向けた支援

〈基本的な考え方〉

❸制度浸透段階では、人事制度の効果的な運用に向けた取り組みについて解説したが、❹制度定着・活用段階では、人事制度改定の目的であるシニア世代の活躍を実現するために、活躍支援策の決定から具体的なトレーニング手段の検討までを解説する。

今後、増えていくシニア・プレシニア世代に対して、活躍支援策を決定する必要がある。[図表5-30]は「期待する役割（その他の世代と同等の役割／シニア世代に限定した役割）」と「キャリアを検討する主体（会社主導／本人主導）」を軸に活躍支援のタイプを分けたものである。「期待する役割」は、シニア世代で担う業務に必要なスキル教育を検討する上での基盤となり、「キャリアを検討する主体」は、シニア世代のキャリアに対する意識づけを検討する上での基盤となる。具体的な施策内容は、[図表5-30]を参照されたい。これまで多くの企業では、シニア世代を [図表5-30] 左下の「タイプⅢ．会社主導×シニア世代に限定した役割」に基づく施策を採っていたが、第1節で詳述した世間動向にあるとおり、各社の人事戦略に基づき、他の選択肢を意識的に採る必要性が今後は一層高まると思われる。

特に、近い将来、単純な判断業務であれば、AI・RPAなどのテクノロジーに置き換わり、該当業務に従事する人員のニーズが減る可能性が高い。そうした状況を見据えると、シニア世代が今後担う職務は、定型的なものではなく、調査・分析や渉外など複雑な判断やノウハウ・経験

が必要なプレイヤーとしての業務を担うケースが増えると想定される。したがって、シニア・プレシニア世代に対する、「プレイヤーとしての再教育」、つまり実践的なトレーニングを準備する必要性が今後は一層高まるだろう。

図表5-30 シニア・プレシニア世代の活躍支援のタイプ分け

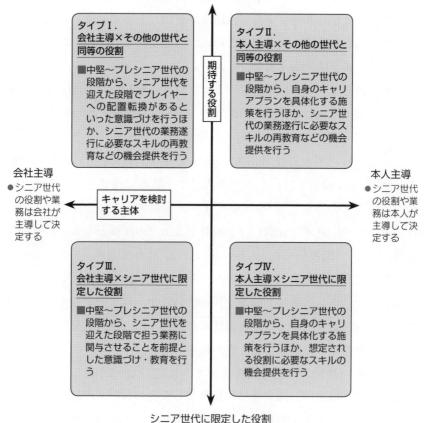

再教育のプログラムとしては、新たな業務において求められる知識・経験と実際の対象者の知識・経験のギャップを埋められるような内容を設計することが望ましい。例えば、長く現場を離れていたために遠ざかっていた実務に関する業務知識・スキルを再度身に付けるようなプログラムなどが考えられる。未経験の業務を遂行するためにまったく新しい知識・スキルを身に付けることも考えられるが、過去に経験した業務の遂行を前提に再教育したほうが、シニア・プレシニア世代がトライするハードルも下がり、教育効率も期待できる。

　ただし、こうしたプレイヤーとしての再教育を行ったとしても一朝一夕にその効果が出るものではない。したがって、40～50歳代の早い段階から、シニア・プレシニア世代になっても通用するスキルを保持し続ける意識づけの機会を提供し、各人の能動的・継続的な自己啓発を実践するよう促すことが肝要だと考える。

〈事例企業X社の例〉

[1] シニア・プレシニア世代の活躍支援の仕組みの決定

　X社では、[図表5-30]の「タイプⅡ．本人主導×その他の世代と同等の役割」の方向性の下、シニア・プレシニア世代を貴重な自社の戦力として位置づけ、定年延長および従来は55歳であった役職定年年齢を60歳へ引き上げた。しかし、これらの施策により、組織の新陳代謝が停滞するのではないかといった懸念が残ったため、折衷案として、これまでどおり55歳で役職を離れることを通常の対応とし、55～60歳期間の役職継続については、年齢にかかわらず顕著な成果を残している役職者や後継者不在のためやむを得ず役職を継続する必要がある場合などに限定するとともに、後継者不在であれば、何年以内に誰を後継者候補として育成するのかサクセッションプランを立てることを条件として認める運用とすることで、組織の新陳代謝に対する懸念を和らげた。

　また、元管理職のシニア世代に対して、コース選択によっては、開発業務（X社ではR&Dエキスパートコースに該当する）などのプレイ

ヤー業務への復帰も可能とした。コース選択に当たっては、各人のキャリア展望を尊重した仕組み、具体的には、本人の希望・資質等を鑑み、60歳到達以前であってもプレイヤー業務に配置転換できる運用を取り入れることで、本人がシニア世代までの活躍を考えた能動的な業務経験・ノウハウの蓄積を促す仕組みとした。

[2] シニア・プレシニア世代の活躍に向けたトレーニング手段の検討・実施

　X社では、元管理職のシニア世代をプレイヤー業務へ配置転換するに当たり、該当者からはブランクに対する懸念（例：10年以上にわたって管理職を務めており、技術動向に関する知識が不足）から、いきなりの現場復帰は難しいといった意見や、再教育の要望（例えば、新しい実験装置・開発システムの操作方法、開発担当としての業務フローなどを一から学び直したい）が出てきた。それらの意見・要望を受け、社内の開発担当者や開発業務に通じているコンサルタントを講師として、50歳以上で受講を希望する社員に向けた研修を不定期に開催することとした。同様に、事務作業を効率的に進められるようなパソコン操作の研修も開催することとした。

　また、X社では58歳時点で、シニア世代に到達した際に希望するコースおよび職務を確認することとしている。希望の確認に当たっては、実際の現場業務を1週間程度の短期間で経験する機会を付与するなどシニア世代になる以前の段階から、本人が希望する職務に就くための学習支援体制を整えた。

第❺節 定年延長に伴う退職給付制度の見直し

1 検討すべき課題

　定年延長を実施する場合には、人事制度のみならず退職給付制度の見直しも検討課題となる。例えば、就業期間の伸長による退職給付制度の支払い時期の検討が必要になってくる。

　また、見直しに当たっては、人事制度と退職給付制度をそれぞれ単独で見直すよりも、「第3節 3 [4] 原資調整・退職給付制度改定」に記載のように、人事制度と退職給付制度の見直しについて一体で検討することが有効である。

　本節では、定年延長を実施する企業が、退職給付制度に関して検討すべき課題と検討の方向性について、人事制度の見直しと関連づけて解説する。

2 退職給付制度における検討項目

　定年延長に際して退職給付制度に関する検討項目の全体像は [**図表5-31**] のとおりである。

　定年延長実施を決定した企業は、定年延長に期待する効果を十分に出せるように、人事制度と退職給付制度の「A.コンセプトの統一」を図り、限られた資源の中で最大限の効果を得るために人事制度と退職給付制度の「B.トータルコストの検討」を行う必要がある。また、従業員からすると一般的には新しい定年年齢までの間は退職給付の支給は必要なくなると考えられるため（退職金で住宅ローン等の一括返済を予定していた場合などを除いて）、人事制度と退職給付制度の変更の「C.タイミングの統一」を図ることが必要である。退職給付制度として確定給付

図表5-31 定年延長に際して退職給付制度に関する検討項目の全体像

- A．コンセプトの統一
- B．トータルコストの検討
- C．タイミングの統一
- D．法令制約の理解

企業年金制度（いわゆる、DB制度）や確定拠出年金制度（いわゆる、DC制度）等の企業年金制度を導入している場合には、制度を変更するに当たって「D．法令制約の理解」も必要となる。人事制度と退職給付制度を一体で検討することで、これらの課題を有効かつ効率的に解決することが可能となる。

以下では、具体的な検討事項として［**図表5-31**］のA～Dの四つのフェーズに沿って解説していく。

3 具体的な検討事項

[1] A．コンセプトの統一

一般的に、企業はシニア層に対して一定の役割を期待して定年延長を実施する。その狙いは、企業によってさまざまであるが、大きく分けると「第3節 **2** 定年延長する場合の人事制度の実装パターン」に記載のとおり、年齢に関係なくシニア層も含めて同一の等級や評価制度を適用させる「一国一制度」とするパターンと、60歳（旧定年）の前後でまったく異なる人事制度を導入する「一国二制度」とするパターンがある。

また、退職給付制度についても人事制度と同様に、いくつかの代表的な変更パターンがあり、定年延長により期待する効果を上げるために、人事制度のコンセプトに沿った給付設計とすることが求められる。退職

給付制度ではパターン①〜③が考えられる［**図表5−32**］。各パターンの概要は以下のとおりである。

(1) **パターン①・パターン①′**

パターン①・パターン①′は、現行定年以降（60歳と仮定）の給付水準が伸びるように設計するパターンである。現行の60歳時点の給付水準を変えずに新定年（65歳と仮定）まで給付水準を伸ばす場合がパターン①であり、65歳の給付水準を、現行定年時の給付水準に合わせる場合がパターン①′である。

(2) **パターン②**

パターン②は、現行制度の60歳時点の給付水準を変更せず、60歳から65歳までの水準も同額（伸びない）とするパターンである。

(3) **パターン③**

パターン③は、現行制度の60歳時点の給付水準や資格喪失年齢を変更せず、65歳まで支給開始時期を繰り下げることが可能なオプションをつけるパターンである。

(4) **人事制度のコンセプトに合わせたパターン選択**

人事制度とのコンセプトに沿った設計の例としては、例えば、シニア層に対して「現行定年までと同様の意欲・役割・能力を期待」する場合は、人事制度上は「一国一制度」を採用することが考えられる。この場合、退職給付制度については、60歳までの人材とシニア世代を区別しないパターン①あるいはパターン①′の制度設計を採用することで、企業から従業員へのメッセージを効果的に打ち出すことができる。

一方で、「現行定年までとは異なる役割や能力の発揮を期待」する場合は、人事制度上「一国二制度」を採用することが考えられる。退職給付制度について60歳以降の給付額を伸ばさないパターン②あるいはパターン③を採用することで人事制度と平仄（ひょうそく）が取れるが、老後の所得確保等の観点からパターン①を採用することも選択肢として考えられる。

図表5-32 定年延長における退職給付制度の代表的な変更パターン

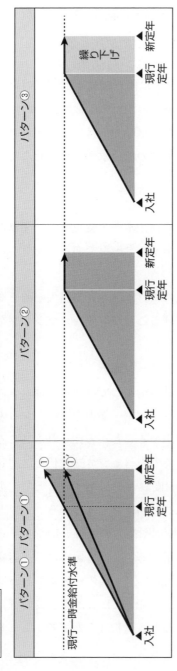

● 各パターンの特徴

		パターン①	パターン①'	パターン②	パターン③
新定年の給付水準		新定年時では増える (現行定年時では同じ)	新定年時では同じ (現行定年時では減額)	現行定年時と同じ	現行定年時と同じ
定年延長効果	制度加入期間	新定年まで	新定年まで	新定年まで	現行定年まで
	給付額算定期間	新定年まで	新定年まで	現行定年まで	現行定年まで
	労働力確保	大	中	中	中
	現行定年以降の モチベーション維持	上昇	上昇 (ただし、現役は低下)	維持	維持
増加コスト		増加	減少	変更なし	変更なし
DB給付減額		該当する可能性あり	該当	該当する可能性あり	該当しない

[2] B.トータルコストの検討

　定年延長を実施する場合、一般的には60歳以降の賃金が上昇することにより、人件費は増加する傾向にある。増加するコストに対する原資を捻出する必要性は企業の置かれている状況によって異なるが、多くの人事部門にとって悩みが多い課題であると推察される。

　人事制度について単独でコストを検討する場合においては、賃金制度から年功的運用を排除することや降格・降級の徹底など厳格な制度運用を行い、コストの増加を抑制する施策が考えられる。加えて、定年延長実施時には、支給開始年齢の検討など退職給付制度の見直しも検討課題になることから、人事制度と合わせて退職給付制度を見直すことで、原資を捻出することが可能になる。

　例えば、DB制度について、①運用環境の悪化から予定利率を引き下げているにもかかわらず、年金額を算定する際に用いる給付利率を従前の高い利率のまま据え置いている場合などにおいて、昨今の実勢金利と比較し相対的に高くなっている給付利率を引き下げて適正化することが考えられる。また、②終身年金を採用している場合には終身年金の廃止や保証期間を引き延ばすことで原資を捻出することが考えられる。ただし、給付利率の見直しや終身年金を廃止する場合、年金額の減少や、支給期間の短縮により従業員にとっては不利益な変更となることから、労使間の交渉が困難になることが予想され、制度変更が実現できない場合も想定される。その場合は、抜本的な見直しまでは至らないにしても、定年到達時の給付水準を変更せず、定年延長に合わせて、単純に支給開始年齢を引き上げることによっても原資を捻出することが可能である[**図表5-33**]。

　これは、支給開始年齢引き上げに伴う割引期間の伸長と、支給開始年齢を引き上げても死亡時期が変わらないことによる終身年金部分の支払い期間の短縮による効果である。[**図表5-33**]の例だと、見直し前は60歳から死亡するまで年金支給が発生するが、見直し後は65歳から死亡

するまで年金支給が発生することになり、5年間支払いが先延ばしとなりコストの捻出が可能となる。この制度変更は終身年金の廃止と比較して、労使交渉が行いやすいことが予想される一方で、法令上（確定給付企業年金法）の給付減額と判定され、所定の手続きが必要になることに留意が必要である（後掲「[4] D．法令制約の理解」に詳述）。

支給開始年齢の引き上げにより捻出した原資を定年延長時の賃金に充てれば、大きな負担増とならずに定年延長を実施することも可能になる。

図表5-33 DB制度を用いた定年延長時の生涯賃金の組み換え

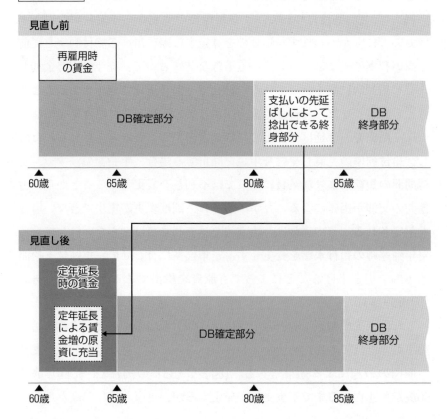

このように、定年延長により増加するコストに対する抑制策についても、人事制度単独のみならず、退職給付制度と一体のトータルコストという観点で検討を行うことにより、それぞれ個別に検討することと比較し、多くの選択肢を持つことができる。

[3]　C.タイミングの統一

　退職給付制度の変更について、定年延長に伴う変更と通常の制度変更との大きな違いは、定年年齢すなわち退職給付制度上の最終年齢および支給開始年齢の検討が必要になることである。

　退職給付制度の通常の制度変更では、人事制度の変更後、一定期間後に退職給付制度の変更を実施することが多い。あるいは、退職給付制度の変更は実施しないこともあり得る。しかし、定年延長時に、この方法を採ると不都合が生じる場合が想定される。それは、人事制度を変更した後に退職給付制度の変更を行った場合、実際に定年延長が適用される従業員が存在すると、[**図表5－34**]の「②人事制度のみ見直し」のような状態となってしまう可能性があるからである。つまり、現行定年以降も、現行定年前と近い水準の賃金が支払われているにもかかわらず、企業年金の給付が開始されてしまい、従業員に対し意図しない支給が行われてしまう可能性がある。

　定年延長を行う場合、このような事態を避けるために、人事制度と退職給付制度を同じ制度変更日で見直すことが必要となる。同じ制度変更日で両制度を見直すためには、制度変更に向けた検討の期間も両制度で合わせる必要がある。なお、退職給付制度の見直しについては、検討開始から制度施行まで1.5～2年間程度時間を要するため、それらを踏まえて実施までの検討スケジュールの策定を行う必要がある。

[4]　D.法令制約の理解

　退職給付制度の中でも、企業年金制度は確定給付企業年金法・確定拠

| 図表5-34 | 人事制度と退職給付制度の見直しタイミング

①現行制度

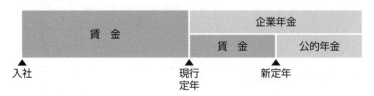

②人事制度のみ見直し

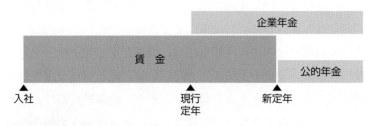

③人事・退職給付一体で見直し

出年金法の下に実施・運営されており、老後の受給権確保の観点等によりさまざまな法令上の制約が存在する。企業年金制度の変更を検討する際には、そうした法令上の制約を踏まえて十分に留意して設計を行う必要がある。

　具体的には、DB制度を変更することにより、加入者あるいは受給権者の将来の給付額にかかる割引現在価値が下がる場合、法令上の給付減額と判定され、従業員あるいは労働組合から制度変更の同意が必要となり、厚生労働省宛て制度変更申請時に添付する必要がある。交渉が難航し本同意が得られなければ、制度変更自体が実施できないことになる。

前記「**[2]** B.トータルコストの検討」中における①給付利率の見直しや、②終身年金の廃止は、年金受取総額が減少することから給付減額と判定されることは想定しやすい。一方、定年時点の給付水準を変更せず、支払い時期を後ろ倒しとした場合においても、給付水準は下げていないため給付減額ではないと一見考えられるが、実際には支払い時期が後ろ倒しになり割引期間が短くなることで給付減額と判定されてしまう。

　上記の例のように、当初想定していなかった手続きが発生し、スケジュールの再考を迫られる可能性もあるため、定年延長にかかる退職給付制度の変更においては、給付減額の可能性を念頭に置きながら、制度設計やスケジュールを策定することが重要である。

　また、給付減額にかかる同意取得に当たっては、従業員に対する人事制度変更の説明の中で、退職給付制度の変更内容や給付減額と判定されたことについて同時に説明することが重要である。退職給付制度の支給開始年齢を60歳から65歳へ5年間引き延ばす場合は、定年延長により60歳から65歳までの賃金が従前より上昇するため、退職給付制度は支給開始を5年間延ばし、給与と退職金の二重の支払いを避け、老後の安定的な収入を図るように改定したなどの人事制度と紐づけた説明ができ、従業員の理解も得られやすくなることが想定できる。従業員への説明という観点からも、人事制度と退職給付制度を一体で検討することが欠かせないといえる。

　また、政府に対しては、今後定年延長に伴う制度変更が増加することを見込んで、企業側の負担を軽減し、スムーズな制度変更が可能となるよう、定年延長に伴う確定給付企業年金制度の給付減額要件や減額手続きを緩和する措置などを設けるといった、定年延長を実施しやすい環境を整備することが望まれる。

4 | 最後に

　本節では、定年延長の実施を決定した企業が、退職給付制度について検討すべき課題と検討の方向性について、「A. コンセプトの統一」「B. トータルコストの検討」「C. タイミングの統一」「D. 法令制約の理解」の四つのフェーズに沿って解説した。

　いずれの項目においても共通して述べてきたが、定年延長を実施する場合には、人事制度と退職給付制度を一体で検討することが有効である。しかし、人事制度のみならず、退職給付制度の変更を要する制度変更については、多くの検討項目が存在し、従業員への説明等を踏まえると長期間にわたるプロジェクトになることが想定され、これらを時間的制約がある中で推進していくことは、人事担当者にとっては非常に大変な仕事であると思われる。本節が、今後の定年延長実施の検討の一助となれば幸いである。

　なお、本節は筆者の個人的見解に基づくものであり、所属する団体のものでないことを申し添える。

第1~2節執筆

乾　靖志（いぬいやすし）
三菱UFJリサーチ＆コンサルティング㈱　コンサルティング事業本部
組織人事ビジネスユニット　組織人事戦略部　プリンシパル

青山学院大学国際政経学部卒業後、会計系コンサルティング会社を経て三菱UFJリサーチ＆コンサルティング㈱へ入社。現在は、企業の人材マネジメント改革全般に関するコンサルティングを手掛けている。著書に『高年齢者処遇の設計と実務』（労務行政、共著）など多数。社会保険労務士。

第3節執筆

小川　昌俊（おがわまさとし）
三菱UFJリサーチ＆コンサルティング㈱　コンサルティング事業本部
組織人事ビジネスユニット　組織人事戦略部　チーフコンサルタント

一橋大学商学部卒業後、コンサルティング会社数社を経て三菱UFJリサーチ＆コンサルティング㈱入社。人事制度設計、人材育成体系構築、チェンジマネジメント、人事中期経営計画策定、要員・人件費管理システム構築など中期的な視点でのサービスを提供している。中小企業庁や厚生労働省の人材に関する事業にも携わっている。著書に『長時間労働対策の実務』（労務行政）など多数。

第4節執筆

平山　央（ひらやまあきら）
三菱UFJリサーチ＆コンサルティング㈱　コンサルティング事業本部
組織人事ビジネスユニット　組織人事戦略部　コンサルタント

海外大学卒業後、化学メーカーの人事担当者として、人事制度（労務施策・人材開発施策）の企画立案・運用、グローバル人事制度構築、海外現地法人の人事制度構築支援などを担当。前職時代の実務経験に根差した、従業員のキャリア自律を促す人事制度設計コンサルティングに携わるとともに、日本国内における外国籍人材の活躍に向けた基盤づくりに関する人事コンサルティングにも取り組んでいる。

第 5 節執筆

中込　信之（なかごめのぶゆき）
三菱UFJ信託銀行㈱ 年金コンサルティング部　主任調査役（認定プロフェッショナル）

・・

東京大学大学院経済学研究科修了。大手企業の退職給付制度（企業年金制度）にかかる諸課題に対して、経営戦略・人事戦略を踏まえた上で、それらの解決に向けたコンサルティングを提供している。定年延長やM＆Aをきっかけとする制度の再構築から、年金リスクマネジメント・IFRS適用助言まで幅広くサポート。年金数理人、日本アクチュアリー会正会員。

島崎　康平（しまさきこうへい）
三菱UFJ信託銀行㈱ 年金コンサルティング部

・・

大阪大学大学院情報科学研究科修了後、三菱UFJ信託銀行㈱へ入社。入社以来、企業合併に伴う退職給付制度（企業年金制度）の統合など多数のコンサルティングを実施。現在は、三菱UFJリサーチ＆コンサルティングと協働で、定年延長にかかる人事制度・退職給付制度一体でのコンサルティング提供にも取り組んでいる。

第6章

高年齢者雇用における健康管理・安全衛生管理

1 | 高年齢者雇用における健康管理・安全衛生管理の課題

　2017年3月に政府が公表した「働き方改革実行計画」では、高年齢者の就業促進として、65歳までの定年延長や65歳以降の継続雇用延長を行う企業への支援を強化し、さらに継続雇用年齢等の引き上げのための環境整備を行っていくことが謳(うた)われている。

　2018年3月に厚生労働省が公表した「第13次労働災害防止計画」でも、就業構造の変化等に対応し、高年齢労働者等の安全と健康の確保を当然のこととして受け入れていく社会を実現することが、基本理念として示されている。

　"生涯現役"とのキャッチフレーズに呼応し、有識者会議等をリードする委員の中には74歳まで働く必要があると論じる専門家もおり、それと前後して2017年1月には日本老年医学会が高齢者の定義を75歳以上とする提言を行っている。また、本稿執筆時点では、首相官邸が主導する「未来投資会議」で、65歳以上ないし70歳までの継続雇用年齢の引き上げの検討とともに、70歳までの雇用を促す数値目標の計画を企業に義務づける方針であると報じられている。

　こうした政府の動きに加え、今後労働力人口の減少が見込まれる中、勤務形態のいかんにかかわらず、企業等では70歳以上の雇用を視野に入れる時期に来ている。それに伴い、人事部門は、従来にはなかった高年齢労働者の健康管理・安全衛生管理上の課題に直面することとなる。

　具体的には以下の四つが挙げられる。

■**高年齢労働者にまつわる健康管理・安全衛生管理上の課題**

　①労働災害と業務上疾病の増加
　②従業員の心身の機能低下
　③病気を持つ従業員の増加
　④生産性の低下した従業員の増加

一方で、高年齢労働者に対して実際に職場で実施されている対策は低調であることが、厚生労働省による調査で明らかにされている［図表6－1］。

本稿では、筆者も委員として参画した、平成29年度の中央労働災害防

図表6－1 高年齢労働者に対する労災事故防止対策の実施状況

－％、（％）－

区　　　　　分	事業所計
合　　　　　計	100.0
高年齢労働者の労働災害防止対策に取り組んでいる	55.7
［取り組んでいる］＝100.0（複数回答）	時間外労働の制限、所定労働時間の短縮等を行っている	（ 38.0）
	深夜業の回数の減少または昼間勤務への変更を行っている	（ 12.8）
	定期的に体力測定を実施し、その結果から、本人自身の転倒、墜落・転落等の労働災害リスクを判定し、加齢に伴う身体的変化を本人に認識させている	（ 5.2）
	高年齢労働者の身体機能の低下の防止のための活動を実施している（作業前の準備体操や定期的なウォーキングなど）	（ 6.3）
	医師による面接指導等の健康管理を重点的に行っている	（ 5.5）
	作業前に、体調不良等の異常がないか確認している	（ 41.6）
	健康診断実施後に基礎疾患に関する相談・指導を行っている	（ 25.1）
	健康診断実施後に健康診断の結果を踏まえて就業上の措置を行っている	（ 31.9）
	墜落・転落、転倒等の災害防止のため、手すり、滑り止め、照明、標識等の設置、段差の解消等を実施している（本人の危険を回避するために、施設・設備等の労働環境などを変更する対応）	（ 11.2）
	できるだけ高所等の危険場所での作業に従事させないようにしている（本人の危険を回避するために、作業内容・就業場所を変更する対応）	（ 21.6）
	できるだけ単独作業にならないようにしている（体調異変があったときにすぐに対応できるための措置）	（ 21.2）
	他の労働者に危険を及ぼすおそれのある作業に従事させないようにしている（クレーンやフォークリフトの運転等をさせない等の対応）	（ 12.0）
	その他	（ 8.2）
高年齢労働者の労働災害防止対策に取り組んでいない	40.4

資料出所：厚生労働省「労働安全衛生調査（実態調査）」（2016年）
［注］ 「不明」は除いている。

止協会による「高年齢者の安全と健康確保のための配慮事項に関する委員会」報告書の内容も参照し、現場での実務対応を担う方々の目線で、具体的なケースを列挙しながら、人事担当者として検討すべき事柄や、[図表6－1] にはない対策を含めて、今後、取り得る実際的な対策や対応のポイントを解説する。

2 労災事故と安全管理

[1] 事故事例とその背景
【ケース1】60歳の女性従業員の事例

> 長年勤めていた関東の地方銀行を退職した女性が、都内の中堅企業に再就職した。経理関係の業務にようやく慣れたころ、月曜の始業時間直後に、本社オフィス内の会議室で、書類を持ったまま移動中に段差でつまずき、椅子に手を伸ばしたが、左足をひねったまま転倒。足首の捻挫と思われたが、外くるぶしの骨折と診断され、翌日入院し手術を受けた。独身で1人暮らしのため、自宅療養をしながらのリハビリとなった。電車通勤が困難となり、会社は時差通勤を許可したが、復職は当初見込みの1カ月半後にまでずれ込んだ。足元が不安らしく、片方の松葉づえを使いながらの歩行で現在も仕事上の支障が残っている。

解説

このケースのようなオフィスワーク以外にも、転職・再就職後の製造業や小売業での不慣れな作業現場で労災事故に巻き込まれる労働者が少なくない。労災事故は経験の少ない若年層においてもともと生じやすいが、近年は50歳以上の高年齢労働者層で多い傾向にある。

こうした労災事故には、高年齢労働者にまつわる次のような特徴や傾向がある。

■高年齢労働者にまつわる労災事故の特徴・傾向
●労働災害被災者の半数は50歳以上
- 2017年に発生した死亡災害978件のうち、50代が24.0％、60歳以上が33.5％と、50歳以上で過半数（57.6％）を占めている
- 休業4日以上の死傷災害は2017年に12万460件あり、このうち、50代は23.8％、60歳以上は24.9％。50歳以上で48.7％と半数近くを占めている
- 死傷災害の頻度を示す年千人率では、ほとんどの事故型において、50歳以上が、50歳未満よりも高くなっている。例えば転倒災害の場合、60歳以上では30代の2倍以上、50代では1.7倍も多い

●増加する転倒災害とその特徴
- 死傷災害のうち、転倒によるものが23.5％を占めている。そのうち50歳以上が3割を超える
- 60歳以上の転倒災害の発生率（千人率）は、50歳未満の4倍以上ある
- 製造業では転倒災害による休業災害（4日以上）の6割以上が50歳以上である（墜落・転落災害では5割強となっている）
- 小売業等の第3次産業では、労災事故の3分の1が転倒災害である
- 50歳以上の女性労働者に転倒災害が多発している
- 転倒災害は、午前中に頻発しやすく、被災者の経験年数は1年以下が最多であり、2年以下、3年以下がこれに続く

［2］労災事故につながる加齢現象と個人差

　先の【ケース1】のような転倒災害以外にも、労災には墜落・転落、激突、飛来・落下、崩壊・倒壊、激突され、はさまれ・巻き込まれ、切れ・こすれといった、さまざまな事故型がある。いずれも高年齢労働者でリスクが高まるが、これらの事故を起こしやすくする、加齢による心身の変化としては［図表6−2］のようなものがある。

図表6-2 労災事故等を起こしやすくする、加齢による心身の機能低下

筋力 ➡力が弱くなる	・握力、上肢・下肢の筋力、背筋力等が弱くなる
反射動作（いわゆる反射神経） ➡反応が鈍くなる	・敏捷（びんしょう）性、動作速度（全身反応時間）が遅くなる
刺激に対する反応 ➡処理・対応が遅くなる	・情報処理と動作・操作が遅くなる
柔軟性 ➡身体が硬くなる	・前屈、各関節等が硬くなる
平衡機能 ➡バランスを崩しやすい	・姿勢保持、平衡感覚が低下する
視機能 ➡見えにくい	・中・近距離視力、遠近調節力、コントラスト対比視力、低照度下視力が低下する ・明暗順応（明るさの変化への反応）が悪化する ・白内障の影響も出る
聴覚機能 ➡聞こえにくい	・音の聞こえる可聴距離が短縮する ・会話の聞き取りが悪化する ・高音域を中心とする聴力が低下する
全身持久力・回復力 ➡疲れがたまりやすい	・疲労しやすい、夜勤の際の回復が遅い
体温調節能 ➡熱中症になりやすい	・体内の水分が少なく、脱水を生じやすい ・腎臓の機能が低下。発汗量の減少
精神的機能 ➡指示を忘れやすい 　予定を忘れやすい 　新しいことを覚えづらい	・短期記憶・作動記憶の低下 ・展望記憶の低下 ・流動性知能の低下

　20代前半を100％とした場合、50代後半では視力は63％、聴力は44％、下肢筋力（伸脚力）は63％というように、ほぼすべての身体機能が低下する。しかし、これらの身体機能の変化は加齢によって不可避である一方で、個人差が大きいことも考慮すべきである。

　同じ60歳でも見かけ上の若さに幅があることは日常でも遭遇することであろうが、身体機能の幅も加齢によって［**図表6-3**］のように拡大していく。

| 図表6－3 | 暦の年齢と生理的年齢の幅 |

暦　年　齢	25歳	35歳	45歳	55歳	65歳	75歳	85歳
生理的年齢	23～27歳	31～39歳	39～51歳	48～62歳	57～73歳	66～84歳	75～95歳
生理的な年齢の幅	4年	8年	12年	14年	16年	18年	20年

　つまり、同じ65歳でも57歳の若さを保っている人から73歳程度に老いている人までいるということになる。こうした個人差は簡単に説明できないが、運動、食事、飲酒、喫煙、睡眠といった生活習慣、病気の既往歴等が影響していることに疑いはない。

[3] **安全管理の基本的な考え方・進め方**

　労働安全管理の専門家には既知のことであるが、労災事故の発生を安易に個人の行動や自己責任に帰しても無益である。理性的だと自らを過信しがちな人間は、しばしばミスを犯すのが常であり、それを前提とした対策を講じなければならない。

　労働安全対策は第2次産業を中心に進められてきた歴史があり、大手企業や重厚長大産業では、主管部門として安全衛生部や環境安全部といった専門部署が設けられている。そのようなケースでは、専門的な専従の安全担当者がいる場合が多いが、第3次産業では人事・総務部門がこれを担う場合が少なくない。

　いずれの場合でも、労災事故による人材への影響を免れないため、高年齢労働者に対する対策は人事部門にとっての課題となる。できれば、労働安全衛生管理や健康管理と人事部門は、対策の体制と仕組みを一元化する方向で考えたい。これは「統合（Integration）」の一例であるが、そうした考え方は欧米の大手・多国籍企業では既に実践されてきた。

　ところで、次のような安全管理の原則はすべての従業員に当てはまる

ものであるが、特に高年齢労働者には、製造現場だけでなく、オフィスワークでも徹底したいところである。

> ■現場での安全管理の原則
> - **人の面の安全化**＝不注意なミスを減らすよう、管理者から注意喚起や指導を繰り返す
>   例）教育・訓練、手順書・指示書による明示、第三者による確認
> - **設備面の安全化**＝不注意があっても事故を防ぐため、設備面での改善を行う
>   例）センサー、安全装置・スイッチ・インターロックの設置
> - **事故を安全化・軽減化する**＝事故を被災者が生じる災害に至らせない。発生した災害を最小化する
>   例）非常停止装置、命綱・ヘルメット・安全帯・ガード（保護具）の使用と着用

[4] 高年齢労働者による転倒災害を防止するポイント

　転倒災害の主な要因は、約4割が「滑り」、約2割が「つまずき」、残りが「踏み外し」と、大きく三つに分類される。【ケース1】のようなオフィス環境であっても、これらを意識した対策を行う必要がある。その際には以下のポイントを押さえるとよい。

> ■転倒災害防止対策のポイント
> ● 5S（整理・整頓・清掃・清潔・躾(しつけ)）の徹底
>   - 床面の水、油等を除去する
>   - 床、通路、階段、入り口・出口に物を放置しない
>   - 天候により、屋外でも留意する
>   - 慎重に歩行し、階段の昇降の際に注意する
>   - 踏み外しに備えて手すりを持って、階段を昇降する

- **設備面の対策**
  - 安全な通路を確保し、床面の凹凸・段差、床マットのめくれ等をなくす
  - 階段・通路に手すりや滑り止めを付け、床面に防滑加工する
  - スロープ、段差の異なる階段に注意を促す
  - 床、階段や通路に色のコントラストを付けて視認性をよくする
- **服装や保護具**
  - 作業に適した作業服を着用する（長すぎるズボンやスカートをやめる）
  - 職場で安全な靴を着用する（サンダルやハイヒールをやめる）
- **健康面**
  - 転倒防止のための、始業時や休憩時間後の体操の励行
  - 従業員の生活習慣改善（下肢筋力、柔軟性、平衡感覚のアップ）

　常時使用する労働者が50人以上の事業場であれば、労働安全衛生法により衛生委員会の設置が義務づけられており、また建設業や製造業などの業種では安全委員会を設置する必要がある。両方を設置しなければならないときは、それぞれの委員会に代えて、安全衛生委員会を設置することも可能である。いずれにしても、これらの委員会は毎月1回以上開催し、労使で協調して労働者の健康問題等に関する課題と対策を話し合い、議事録を保管することが求められている。その話題として、高年齢労働者による労災事故の増加や転倒災害の防止対策を話し合うことができる。安全管理者や衛生管理者、産業医による職場巡視の結果や指摘された事項を委員会で共有することも有益である。

　こうした委員会は、トップかそれに準じる立場の総括安全衛生管理者の責任を明示する意味もあり、課題と対策の話し合いの結果を議事概要として掲示し、従業員に周知徹底を図ることもできる。また、厚生労働省によるウェブサイト「職場のあんぜんサイト」（http://anzeninfo.mhlw.go.jp/）

において労働災害事例が紹介されているので、これを毎月の話題として、共有することができる。

3 業務上疾病と労働衛生管理

[1] 具体的な事例とその背景
【ケース2】61歳の男性従業員の事例

> 専門学校卒業後、神奈川県内の製造工場に就職し、現場監督まで務めたベテラン作業員の男性は勤続40年で定年を迎えた。継続雇用から1年を経たころ、製品の箱詰め作業に従事中にうずくまっているところを同僚が発見し、管理部門に通報。製品を詰め終わった重い段ボール箱を、流れ作業で右横の棚まで、上半身をひねりながら運ぶ作業をしていて、足を滑らせ"ぎっくり腰"になったとのこと。救急車を要請し、近隣の病院に搬送した。診断は「腰椎捻挫」で、1週間の自宅療養措置となった。男性は予定どおりに復職してきたが、腰痛が解消しておらず、箱詰め作業は難しいので、監視業務の補佐として様子を見ている。

解説

業務に起因する腰痛は、製造現場だけでなく、オフィスワークでも起こり得る。この事例のように、ベテラン作業員でも突発的な「災害性腰痛」に見舞われ、いわゆる"ぎっくり腰"と呼ばれる状態に陥ることがある。

現実に職場での腰痛の発生件数は増加傾向にあり、業務上疾病全体の約6割を占めている。業種別では、このうち社会福祉施設で約2割と最も多く、製造業、運輸交通業、小売業、陸上貨物運送事業でも1割を超えている。不自然な姿勢をとったとき、瞬間的に力を入れた際に腰痛に襲われることが多いと考えられ、仕事中の動作の反動・無理な動作の際

に生じるものを災害性腰痛と呼ぶ。先述した加齢による心身の機能低下のうち、以下の現象が災害性腰痛に関係する主な要因として考えられる。
①体幹・背筋の筋力低下
②柔軟性の低下
③慢性的な筋肉の疲労の蓄積

そのほか、高年齢労働者で注意すべき代表的な業務上疾病としては、夏場の熱中症が挙げられる。同じく冬季や寒冷な温度環境における作業中の体調不良もあり、注意が必要である。

[2] 労働衛生対策・5管理の考え方と進め方
(1) 災害性腰痛の対策

業務上疾病の対策としては、先述した(安全)衛生委員会の設置と運営、衛生管理者や産業医の選任といった基礎的な対応が欠かせない。こうした対策を行う体制と仕組みのことを、労働衛生管理の専門家は「総括管理」と呼ぶ。いわば労働衛生管理のインフラといってもよい。それが不確実であると、高年齢労働者対策を進めるのは難しい。

次に、腰痛にせよ、熱中症にせよ、いずれも身体の病気に当たるので、健康管理面の対策をまず思い浮かべる読者が多いかもしれない。しかし、作業環境にある物理的、化学的あるいは生物学的な要因によって引き起こされる業務上疾病に対して、これらの有害な要因をコントロールすれば疾病は発生しなくなる。

例えば「作業管理」に着目した場合、業務内容が重量物の運搬であれば、自動化や機械化を進めて、身体への負荷を減らすほか、作業台の高さを調整して、無理な姿勢をなくすことで、腰痛防止の効果が得られやすい。適切に休憩を取ることも作業管理に当たる。効率的で安全な作業手順を"作業標準"として文書化し、管理監督者から高年齢労働者に徹底していくこともできる。

作業姿勢を改善することも作業管理に当たる。重量物を持ち上げる際

に、前に屈（かが）みこむのではなく、体幹は垂直を保ちつつ、持ち上げる姿勢を保つとよい。

災害性腰痛に関しては、つまずきや滑りも関係してくるので、先述した５Ｓを進めたり、寒冷な環境では腰痛を起こしやすいため、暖房を使用することも防止策となるだろう。照度不足や振動も誘因になるが、これらを改善するための対応は「作業環境管理」と呼ばれる。

さらには、作業に従事する高年齢労働者に対して、腰痛に関する基礎知識や作業標準を守ることの重要性、作業管理や作業環境管理の考え方、健康管理上の留意点に関する「労働衛生教育」を実施することが考えられる。健康管理分野では、健康に関する正しい知識を持ち、適切に対処できることを"ヘルス・リテラシー"と呼び、経済界で注目されている健康経営®でも、その重要性が強調されている。労働衛生教育はこの"ヘルス・リテラシー"を充実させていく取り組みでもある。

作業管理や労働衛生教育を通じて徹底する腰痛への対策には次のポイントがある。

■腰痛に対する作業管理のポイント
- 強い力を使う作業をなくす・減らす
  作業の仕方を変え、補助具を使って、力を込めずに行うことができるようにする
- 重量物の取り扱い作業をなくす
  重量物を小分けにして、重量を表示する、重量物を持ち上げる正しい姿勢を掲示する
- 不自然な姿勢をなくす（作業台、治具、工具の使用）
  腰を曲げる、爪先立つ、腕を高く上げるといった姿勢を変える
- 同じ姿勢を長時間続けない。同じ身体の部分を繰り返し使わない
  複数の作業を組み合わせて、同一姿勢や同一作業の繰り返しを避ける

(2) 熱中症の防止対策

「(1) 災害性腰痛の対策」で述べた総括管理、作業管理、作業環境管理と、後述する健康管理、さらに労働衛生教育も管理と読み替えて、これら五つの管理を労働衛生分野の専門家は「5管理」と呼び、助言指導のポイントとしている。職場の労働安全衛生対策を定めた労働安全衛生法や労働安全衛生規則もこの5管理に沿って、まとめられている。

高年齢になると体内の水分が減少し、脱水を生じやすくなり、また体温調節機能の低下、腎臓機能の低下、発汗量の減少によって、特に夏場の熱中症が問題となる。近年は夏場の酷暑により、職場でも熱中症患者の発生が相次いでいる。こうした状況への対策も5管理の枠組みで考えると、合理的で効果的なものにできる。

総括管理を前提として、暑熱職場であれば、屋内作業場における気中の温度や湿度を測定して、熱中症の危険性を評価することができる。結果に応じてスポットクーラーを使用し、作業者が暑熱環境にさらされるリスクを減らすことができる。こうした対応は作業環境管理に当たる。

作業環境管理およびその改善ですべての有害要因が除去できれば問題は解決するが、設備費用を潤沢に使えるケースはまれであろう。

そこで、従業員の作業の仕方を工夫する作業管理を行うことも一つの手である。例えば、暑熱環境でも休憩を頻繁に取ることで、身体への負担を軽くすることもできる。

夏場のような暑熱環境への人体の適応には2週間程度必要であり、暑さだけでなく湿度も関係することから、例年、政府、専門機関や専門家によって、梅雨入りから熱中症の注意喚起が行われている。水分補給や休憩、日ごろの体調管理は健康管理の面でも重要であるが、そうした内容について、労働衛生教育を通じて徹底することができる。

(3) 業務上疾病に対する健康管理

労働衛生の5管理の一つである「健康管理」の在り方を、高年齢労働

者対策を契機に見直す必要がある時期にきている。

　一般定期健康診断は、過去には伝染病である結核のスクリーニング等のチェックが主な目的であったが、バブル期には成人病対策、後に生活習慣病対策が中心に据えられて久しい。国民全体への対策である地域や健康保険組合を中心とする特定健診・特定保健指導との連携もあって、いわゆるメタボ対策だけのように見える。しかし本来は、従業員を現状のまま働かせてよいかを確認するのが主な目的である。

　健康診断を受診した従業員に対して、以下のような診断区分を評価し、保健指導の要否を検討した上で、産業医等による就労区分の判定が行われ、産業医等の意見が提出されたら、それに基づく就業上の措置を行う必要がある［図表6－4］。こうした就労区分と措置の確認がおざなりにされているケースが多いのではないだろうか。

　こうした診断区分に応じた就業上の措置という考え方は、ストレスチェック後の高ストレス者や長時間労働を行った従業員に対する医師の面接指導、うつ病等のメンタルヘルス不調者に対する休職・復職の対応でも、共通のものとなっている。このような対応は、業務上疾病につな

図表6－4　健康診断における評価と就業上の措置

診断区分	異常なし・要観察・要医療（再検査・精密検査・治療）	
保健指導	必要なし・要観察・保健指導要否と実施・要医療	
就労区分	区　分	就業上の措置の内容
	通常勤務	（通常の勤務でよいもの）
	就業制限	（勤務に制限を加える必要のあるもの） 勤務による負荷を軽減するため、労働時間の短縮、出張の制限、時間外労働の制限、労働負荷の制限、作業の転換、就業場所の変更、深夜業の回数の減少、昼間勤務への転換等の措置を講じる
	要休業	（勤務を休む必要のあるもの） 療養のため、休暇、休職等により一定期間勤務させない措置を講じる

資料出所：「健康診断結果に基づき事業者が講ずべき措置に関する指針」（平29．4.14　健康診断結果措置指針公示第9号）を参照し改変

がる有害な作業環境に従事する労働者に対しても必要である。

「職場における腰痛予防対策指針」(平25. 6.18　基発0618第1)では、そうした労働者に対する健康診断の内容が示されているが、配置前の健康診断や配置後の定期健康診断で、腰痛の既往歴、特異的な自覚症状の確認、診察等を通じて、腰痛の予防を目的とした就業上の措置の確認を行うことが推奨されている。

定期健康診断においても、50代から60代の年齢層であれば、既に治療中の病気や自覚症状等の有無について健康診断を担当する医師や産業医に確認を求め、その従業員の就業上の措置の有無を精密に確認することが可能である。地味な作業に見えるかもしれないが、こうした手続きを踏むことで、業務上疾病の防止に役立つ効果が期待できる。

4　高年齢労働者における心身の健康問題の課題と対応

[1]　がんに対する対策

【ケース3】60歳前後でがん患者が相次いだ某企業の事例

> 首都圏に本社を置くC社では、60歳前後で肺がん、胃がん、大腸がんが見つかる社員が相次いだ。C社は時代に即したサービスで順調に規模を拡大してきたが、家族的で職人気質な社風が残っており、それまでも脳卒中や心臓病を患う社員がいたものの、がんにかかる社員はほとんどいなかった。比較的短期間に複数の社員ががんに罹患していると判明し、危機感を抱いた経営者から、人事部門に対して、対策を講じるように檄が飛んだ。

解説・対策

[図表6-5]は動脈硬化性の脳・心臓疾患の進展を示す、「メタボリック・ドミノ」という考え方を、がんの場合に当てはめて、筆者がオリジナルで作成したものである。

生活習慣の乱れから、がん細胞が多数生じ、免疫の網をかいくぐり、定着・増殖・浸潤・転移をしていく経過と、最終的には日常や職務に影響が出る段階までを示している。

　こうしたがん細胞の発生からその進展に対して、予防医学的な面から以下の4段階のアプローチが可能である。

■**がんに対する職場でできる4段階の対策**
- **一次予防＝未然防止**
  生活習慣改善の保健指導、健康教育等
- **二次予防＝早期発見**
  がん検診の勧奨・受診の支援
- **三次予防＝職場復帰支援**
  職場復帰支援
- **四次予防＝再発防止**
  治療と仕事の両立支援

図表6-5　ドミノ倒しで説明するがんの成り立ち、進行と対策

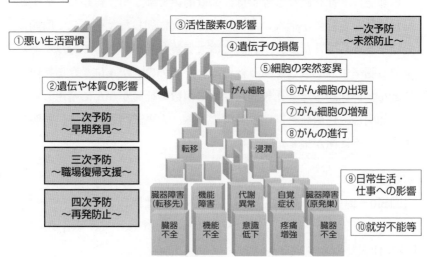

一見、未然防止ができればよさそうであるが、人事担当者として優先したいのは、まず、三次予防と四次予防である。70歳までの高年齢労働者の雇用が進んでいくと、がんにかかる従業員が相当数増えることを人事担当者としては意識しておく必要がある。例えば、国立がん研究センターによると、現在50歳の男性が70歳までの間にがんと診断される確率は19％、同様に現在40歳の女性は70歳までで17％であることが明らかにされている。また、継続雇用を70歳までとした場合、60歳からの10年で男性は5％、女性は2％ががんで死亡する可能性がある。

こうした現状を踏まえ、がんと分かった従業員が治療を継続しながらも、職場復帰を果たし、就労を継続できる環境整備のために、三次予防・四次予防を行っていくことが重要である。少子高齢化による若年層の相対的な減少から、そうした必要性はますます高まっているのでないか。

そうした情勢に応じて厚生労働省から「事業場における治療と職業生活の両立支援のためのガイドライン」（平成28年2月）が公表されており、治療と仕事の両立支援を行うための環境整備として、以下のような事項に取り組むことが望ましいとされている。

■治療と仕事の両立支援の取り組みの具体例
①事業者による基本方針等の表明と労働者への周知
②両立支援に関する研修等を通じた意識啓発の実施
③相談窓口等の設置と周知
④両立支援に関する休暇制度、勤務制度や体制等の整備
　ア　時間単位の年次有給休暇、傷病休暇・病気休暇などの休暇制度、時差出勤制度・短時間勤務制度などの勤務制度の整備と周知
　イ　労働者から支援を求める申し出があった場合の対応手順、関係者の役割の整理
　ウ　関係者間の円滑な情報共有のための仕組みづくり

エ　両立支援に関する制度や体制の実効性の確保
　　オ　労使等の協力・協調
⑤産業医等との連携
⑥配偶者や親の病気等による介護にも対応できる制度の整備と運用

　このような職場復帰支援と両立支援を実行できるのは、就業規則の改定や社内規程を策定して、人事上のルールを整備する人事担当者である。
　次に、上述の三次予防、四次予防にめどを付けてから、二次予防に当たるがん検診を推進することが適切である。その場合に、[図表6-6]のような臓器別のがん検診が推奨できる。
　このうち、対策型がん検診とは、地方公共団体が主体となって地域住民に対して行うものであり、任意型がん検診とは、個人が人間ドックを

図表6-6　中高年層に対して実施が勧められるがん検診

部位別	年齢	検査方法	対策型がん検診	任意型がん検診
胃がん	50歳以上	胃X線検査	推奨する	推奨する
		胃カメラ	推奨する	推奨する
大腸がん	40歳以上	便潜血検査	推奨する	推奨する
		大腸ファイバー	推奨しない	個人の判断で可
肺がん	40歳以上	胸部X線検査	推奨する	推奨する
	50歳以上（喫煙者）	喀痰細胞診	推奨する	推奨する
	40歳以上	低線量CT検査	推奨しない	個人の判断で可
子宮頸部がん	20歳以上	細胞診	推奨する	推奨する
		HPV検査を含む	推奨しない	個人の判断で可
乳がん	40歳から74歳	マンモグラフィー	推奨する	推奨する
	40歳から64歳	マンモグラフィーと視触診	推奨する	推奨する
	40歳未満	マンモグラフィーと視触診	推奨しない	個人の判断で可

資料出所：国立がん研究センターによるがん検診の推奨項目を一部改変

受診する形のものを意味している。

　人事担当者として考えなければならないことは、動脈硬化による脳・心臓疾患は一般定期健康診断でカバーされている一方、がん検診は労働安全衛生法で定められた法定の要求事項ではない点である。

　男性の62％、女性の47％がその生涯でがんになる可能性がある時代に、がん検診を積極的に受ける労働者は中高年であっても依然として少ない。また、検診を受けて「精密検査が必要」との結果を受け取っても、その後対応しない人も多いが、それでは検診を行う意味がない。

　地域の検診でも、人間ドックでも、あるいは健康保険組合の補助を活用する形でも、可能であれば産業医や看護職の協力を仰ぎ、その重要性を説明してもらい、該当者には精密検査を勧めてもらうとよい。

　また、一般定期健康診断を委託している医療機関や健診機関で、がん検診を組み合わせる形を検討してみることも、がん検診の受診を促すためには効果的である。

　なお、[図表6－6]にはないが、胃がん検診の中で、ABC検診と呼ばれる血液検査によるリスク評価（スクリーニング）も可能である。職場で推奨するのに適した手法であり、産業医などの専門家に相談しながら、胃カメラ検査を推奨する従業員の絞り込みの手段として活用することもできる。

[2] 脳・心臓疾患に対する対策
【ケース4】60歳の男性従業員の事例

　某精密機械機器メーカーの開発部門で勤務していた元課長の男性は、60歳で定年退職後、継続雇用となり後進の育成も兼ねたスタッフとして勤務していた。ある初冬の朝、男性は不調を訴え倒れ、救急搬送された。収縮血圧が210mmHgを示す高血圧脳症とのことで、厳格な降圧剤治療の結果、治療が功を奏し、無事に退院することができ

た。職場復帰に際し、産業医面談後に就業上の措置の要否を確認したところ、毎年の定期健康診断で、高血圧症にて要医療の判定を受け続けてきたことが明らかになった。再三の受診勧奨に応じず、これまで放置してきたことも人事担当者の知るところとなった。

> [!NOTE] 解説・対策

　メタボリック症候群は、内臓脂肪蓄積と、定期健康診断でチェックされる高血圧、糖尿病、脂質異常症の三つのうち二つ以上に当てはまる場合に診断される。大小さまざまな動脈硬化が進むことで、糖尿病からは網膜症や失明、腎臓障害からは透析を要する腎不全、末梢神経の障害等が起きるリスクがある。高血圧等で比較的大きな血管に影響が出ると、脳出血や脳梗塞、狭心症や心筋梗塞のような重病となる。いずれも就労に影響するような障害が生じることになる。メタボリック症候群では、生活習慣の乱れから肥満傾向となり、インスリンという血糖を下げるホルモンの働きが悪くなって、高血糖等から動脈硬化、虚血性心疾患や脳血管障害などの重大な病気が引き起こされる。このような病態の連鎖は「メタボリック・ドミノ」と称される。倒れ出したドミノは元どおりになることがなく、生活習慣の改善がなく、治療せずに放置すれば、短期間に進行する可能性もある。

　このドミノ倒しの中で、重大な病気の発生に伴い障害を負うリスクは50代から増加するが、60歳でリタイアするのと、70歳まで継続雇用するのでは、人事労務管理上の影響が大きく違ってくる。

　【ケース4】のような事例は、実はそれほど珍しくないが、定期健康診断の事後措置や就業上の措置の重要性を関係者が理解していないことが原因である。高年齢になるほど、定期健康診断後の就業上の措置の検討を確実に行う必要があることを、人事担当者としてはあらためて意識する必要がある。

[3] メンタルヘルス対策
【ケース5】61歳の男性従業員の事例

> 全国チェーンで小売業を展開する某企業での事件。定年を迎え、継続雇用になるタイミングで、脳卒中後の父親と胃がん手術後の母親との同居を決心した独身の男性社員は、これまでの気ままな暮らしを改め、自宅を建て替え、介護を視野に同居を始めた。親類縁者だけでなく、社内でも孝行息子と評判になったものの、父親に認知症の症状が出てから状況は一変。遅刻や欠勤を繰り返すようになり、年度の替わったある日、始業前の事務所で首つり自殺を図った。ロープが外れて肘を痛め、動けなくなっているところを警備員に発見された。その後、救急外来から精神科を紹介され、うつ病と診断された。

解説・対策

両親の介護負担を契機としてうつ病となり、自殺未遂を起こすまで症状が進行した事例である。一般的には、高年齢になれば人生経験を積み、ストレスにも慣れ、人格的な成熟を果たしていくようにも見える。しかし、実際には、高年齢労働者のメンタルヘルスには次のような状況があり、必ずしも楽観視できない。

■高年齢労働者のメンタルヘルスの状況
- 強いストレスを感じる高年齢労働者は40代、50代と比べて減少するが、役割・地位の変化等(昇進、昇格、配置転換等)にストレスを感じる傾向がある
- 悩みごとを相談する相手が見つからないケースが他の年代に比べて多く、職場でのコミュニケーションにおける課題といえる
- 家庭生活・個人生活等に関する大きな心配や悩みとして、50代からは介護をしながら働くことを挙げる労働者が増加する
- 実際に医療機関にかかるメンタルヘルス不調者では、高年齢者と

40代から50代の中高年層とを比べると、男性は減少するが、女性は減少しない。中高年層では、うつ病等は女性が男性の1.3倍、神経症等は1.7～1.8倍も多い
- 住民調査による推計患者割合では、うつ病の類を持つ人は40代、50代、60代と5％前後で変わりがあまりない
- 自殺者数では、男性は40代をピークに50代、60代と減少していくが、女性では増加している
- 自殺等に関する労災申請では、男女とも30代、40代で多く、50代、60歳以上では請求件数、決定件数、支給件数とも減少する

さて、このような事例では、年齢層にかかわらず、先述した予防医学の4段階を意識しながら、メンタルヘルス不調者に対応する仕組みと体制を整備し、事例への対応を実施していくことが重要である。

以下の4段階の内容のうち、がんへの対応と同じように、三次予防、四次予防を優先し、次に対応の精度を向上させる二次予防に力を注いでいく順番で考えるとよい。なお、詳しくは手前みそで恐縮だが、拙著を参照されたい。

■メンタルヘルス実務対応の4段階の対策
1．職場ストレスの軽減（一次予防：不調の未然防止）
ストレスチェックの確実な実施と、個人ごとだけでなく、職場全体での集団分析を行って、職場環境の改善活動や幹部、管理職への周知・研修につなげていく
2．不調への早めの対処（二次予防：不調の早期発見・早期介入）
高ストレス者や長時間労働を行った労働者に対する医師の面接指導、産業医等による健康相談、管理職への部下の不調に対する気づきを促す研修等を実施する

> 3．**不調者への復職支援（三次予防：職場復帰支援プログラム）**
> 　適切な療養、休職と復職手続きのルール化、管理職や産業医等の関係者の連携を確保し、復職の判断を適正に行い、復職を支援していく
>
> 4．**不調の再発防止（四次予防：治療と仕事の両立支援）**
> 　三次予防とオーバーラップする部分もあるが、主治医と産業医、上司と人事部門の担当者等が連携して、治療を続けながら就労ができる環境を整備する

参照：亀田高志『改訂版　人事担当者のためのメンタルヘルス復職支援』（労務行政）

　ところで、この事例の背景にある介護の問題は、高年齢労働者のメンタルヘルス上の大きな課題となっている。就業構造基本調査によると、現在、雇用されて働く5921万人のうち、約5％に当たる300万人が介護をしながら働いており、そのうち介護日数が週6日以上は約86万人、週に4～5日は18万人で、週2日以上は161万人となっている。

　また、介護をしながら働いている人口を年齢階層別に見ると、40代は約62万人、50代が123万人、60代が70万人であり、今後、さらに増加すると見込まれている。こうした状況は現在も進行中のことであり、自然と改善することはあり得ない。したがって、企業等の側でこれらの状況を踏まえた上で相談窓口を設ける等の対応が必須となる。

　ちなみに「介護により負担が生じた」ストレスの大きさは、心因性精神障害の労災認定基準のうち、"1カ月に80時間以上の時間外労働（休日労働を含む）を行った""2週間（12日）以上にわたって連続勤務を行った"といった、"心理的負荷が中程度のもの"に匹敵することを人事担当者としては理解しておいたほうがよい。

[4] 認知症への対応

【ケース6】61歳の女性従業員の事例

> 某IT系企業で総務の仕事に従事していた女性に、継続雇用後1年が過ぎたころから異変が生じた。社員から受けた相談内容をまったく覚えていないといった日常的なことから、計画的に行う業務までも遂行できなくなっていた。困った総務課長が産業医に相談し、肥満の傾向もあったため、保健指導を兼ねて健康相談を実施。その結果、認知症が疑われたため、専門外来を夫帯同で受診し、「アルツハイマー型認知症」と診断された。通勤や業務では安全上の問題はまだ生じないレベルで、夫と同居の息子夫婦のサポートを受けつつ、毎月の通院と3カ月ごとの産業医の面談を前提に就労を継続している。

解説・対策

日本では65歳以上の高齢者のうち15％の人に認知症があるとされている。65歳未満の認知症を「若年性認知症」と呼ぶが、例えば45歳から65歳までは0.1％前後にとどまる。一方、65歳から70歳では1.5％以上となり、継続雇用の年齢が70歳までになると、認知症に陥る従業員は珍しい存在ではなくなる。

認知症のうち、アルツハイマー病が最多で認知症の約半分を占めているとするデータがあるが、これには次のような特徴がある。

■アルツハイマー病の特徴
- 記憶の損なわれる記憶障害を生じる一方で、自分の記憶障害になかなか気づかない
- 今が何時で自分がどこにいるかを感じ、判断し、解釈し、行動する、高次の知能面の機能（認知機能）が損なわれる（見当識の障害）
- 言葉を理解し、話すことができなくなる（言語機能の障害）
- 骨や筋肉、神経等に異常がないのに通常の動作ができなくなる

（失行と呼ぶ）
- 見たり、感じたりすることができるのに、正しく認識したり、それを特定することができなくなる（失認と呼ぶ）
- 計画を立てたり、順序立てたり、抽象化することができなくなる（実行機能の障害）

　アルツハイマー病に関する研究は進んできてはいるものの、根本的に治すことのできる治療法はまだ見つかっていない。初期の症状を緩和し、進行を抑えると期待される薬物が開発されるにとどまっている。

　こうした認知症のケースでも、先のメンタルヘルス対策の三次予防、四次予防の考え方で対応するとよい。すなわち、不調による職場の問題に着目し、産業医等の協力を得て、医学的な評価につないでいく流れがカギである。

　認知症という病気の性質上、家族等のサポートを得ながら、患者本人に残っている機能でどれだけ人間らしい暮らしを維持していくかがポイントとなる。個人差はあるが、経過は診断されてから数年で家族等の助けがなければ自立した生活が難しくなることが多く、10年前後の経過を経て重度となる。その間のケアを家族だけで行うのは不可能なので、会社としては介護保険制度の活用を勧め、社会的な支援や資源を利用するよう助言や支援ができる。

5　対策の統合と求められるエイジ・マネジメント

［1］十分に働けない従業員の増加
【ケース7】64歳の男性従業員の事例

　某運送業のオフィスで口論となったベテラン社員と30代の中堅係長。人事総務部長が確認すると、ベテラン社員がモバイルPCの文字

が小さく、画面が見えないと文句を言い、それに対して、日ごろから仕事の精度が悪く、スピードが遅いと不満を感じていた係長が感情的になってしまったとのこと。50代半ばの人事総務部長としては、共感できるところもあり、保健師のアドバイスを受けながら、PCにつなぐ液晶ディスプレイの購入や照明の調整等を進めた。継続雇用者の働く職場環境を見直すきっかけとなった。

解説・対策

　こうした状況を鳥瞰的に眺めると、人事担当者としては、これまでの"すべての従業員は問題なくフルタイムでバリバリと働くことができる"という前提が崩れつつあることと、"一部の従業員は十分には働くことができないので、それを補うために相応の時間とコストをかける"という対応が当たり前の時代となったことを、あらためて認識する必要がある。これは人材活用におけるパラダイムを変えることにほかならない。

　高度成長期のころは「怪我と弁当は自分持ち」と呼ばれる時代が続いた。その後、猛烈に働くことを賞賛する企業文化が主流であったが、21世紀に入り、過労死や過労自殺が社会問題化した。政府と厚生労働省が推進している働き方改革でも、長時間労働の問題と対策が強調されている。

　一方、加齢による心身の機能低下の影響は、ここまで説明してきた労働安全衛生対策における課題となるだけでなく、直接的に作業効率、ひいては個人と職場の生産性を低下させる。

　先の［図表6−2］で示した低下する機能のうち、オフィスワークで直接的に作業効率等に影響する機能と具体的な訴えには［図表6−7］のようなものがある。おのおのの訴えに対する現場の対応例も表中に示したので参照されたい。若干のコストと手間はかかるが、高年齢労働者の訴えは解消され、個人と職場の生産性が回復する可能性が高い。

　ここでも"従来の条件では十分に生産性を発揮できない従業員をどのように扱うか"という課題を人事担当者としては考えなくてはならな

い。その上で、個別の問題に対してコストや手間をかけて、従業員の生産性の回復を促す必要がある。

参考となる考え方に、欧米の先進企業における障害者雇用と活用がある。日本国内では社会的な弱者を救済し、社会における活躍の場を与えるという思想があるように思う。行政もそうした社会的な責任を企業に課し、求められる障害者の雇用率が上昇してきている。

欧米企業では、障害者のハンディキャップはコストと手間をかければカバーできるものであり、パフォーマンスを高めて貢献してもらおうと考える。例えば、車椅子のシステムエンジニアがいればオフィスのバリアフリー化を進め、さらに受託企業への移動に便宜を図る。その結果、

図表6-7　加齢により低下する心身の機能別の具体的な訴えと対応例

低下する心身の機能	具体的な訴え	現場の対応
視機能	PC画面上の小さな文字が見えない	液晶ディスプレイの設置
	PCを含む机や作業台が暗くて見えにくい	照明の照度を上げる
	作業場内の表示が小さくて見えにくい	表示の文字・フォントを大きくする
	業務上の資料や作業場の表示のコントラストが分かりにくい	色彩のコントラストを工夫し、明るく照らす
	明るいところから暗い部屋に入ったときに目が慣れない	照明を設置し、照度を調整する
聴覚機能	距離が遠いと会話が聞こえにくい	近くで、大きな声で話すようにする
	高音域の音が聞こえにくい	サイレン等の音程を調整する
全身持久力・回復力	疲れがたまる、疲労しやすい	休憩を適切に取る
	夜勤の際の回復が遅い	勤務体制の見直し
精神的機能	指示を忘れやすい	記録を取り、掲示し、確認する
	予定を忘れやすい	記録を取り、掲示する
	新しいことを覚えづらい	説明・教育を繰り返し、記録を取る

能力を発揮して売り上げに貢献してもらえば、コストはペイできると考える。行政からの要請に仕方なく応えるものではなく、人材の積極的な活用推進へと形を変えている。人材多様性を謳うダイバーシティも同様で、人種、思想、文化等の異なる人材が集まるほうが画期的なアイデアを製品やサービスに反映しやすい。陳腐化を防ぎ、売り上げを維持拡大し、企業の発展と存続可能性を獲得できるという考えだ。

　一方、日本でのダイバーシティでは短絡的に高齢者雇用、障害者雇用、女性の活用というセットでの捉え方に偏っていないだろうか。むしろ積極的に高年齢労働者を活用し、事業の発展に貢献してもらう、そのための環境を前述した5管理に加えて、人事管理の面からも整備すると考えることはできないだろうか。

　なお、年齢が高くなるほど、周囲に相談相手がいなくなり、孤独になっていく労働者が出てくることに触れた。これはメンタルヘルス対策上だけでなく、労働安全衛生管理上の事故や疾病の防止を考える上でも重要である。人事担当者として、世代間のコミュニケーションを促進する企画を考えることも、必要な取り組みとなる。

[2] これから取り組む「エイジ・マネジメント」

　アンチエイジングが美容を謳うビジネスの波に乗っている時代であるが、高年齢労働者に限らずとも、労災事故とその被災者、がん等の重大な病気や介護の問題を抱えた従業員はいたはずである。10年ほど前までは、多くの企業では、これらの問題はケース・バイ・ケースで処理してきたと思われる。

　現状の社会保障制度の維持を目指す政府・行政の動きが加速しているだけでなく、各企業で従業員全体の高齢化が目立つようになってきた結果、人事部門が主導し、対策を系統的に行う必要性が高まってきた。

　そうした施策のヒントとなり得る、職場の健康管理で発展しつつある、「エイジ・マネジメント」という考え方を本稿の最後に紹介したい。

> **■エイジ・マネジメントとは**
>
> エイジ・マネジメントとは、健康で生産的な高齢者となる労働者を確保するために、若年時から各年齢層に応じた準備と対応を行うことを意味する。個人としては日常の運動習慣等の健康習慣を確保しながら、仕事と生活の調和を保つ暮らしを維持することが中心となる。企業等では、年代ごとの健康管理の支援を行うとともに、多面的に職務能力を変容、向上させる取り組みや職務再設計を推進する。

資料出所:「70歳雇用に向けた従業員向けエイジ・マネジメント施策に関する調査研究」(平成22年〜平成23年度、独立行政法人高齢・障害・求職者雇用支援機構)の結果概要より引用・改変

　このエイジ・マネジメントは、社会保障制度が高度に発達してきたと考えられる北欧の専門家たちを中心に発展してきた"高年齢でも生産的に働く状態を実現する対策や施策"を意味する言葉である。

　一例として、運動習慣をすべての従業員に徹底していく手法が考えられる。先述したヘルス・リテラシーの獲得を目指して、定期健康診断後の保健指導を充実させ、その必要性を教育し、特定健診・特定保健指導とも組み合わせ、運動習慣の浸透を図ることができる。

　昨今の健康経営®ブームの展開に合わせて、経営層の承認を得て、費用を確保し、スマホアプリやウェアラブル端末を用いた運動習慣の励行に取り組み、管理監督者と従業員の関心を引くこともできる。

　世界の先頭に立って、超高齢化社会を経験しつつある日本で、高年齢労働者対策に対して、行政の要求に応えるべく新しい法律の遵守に忙殺されるだけでなく、将来にわたり、活力があり、生産的な高年齢労働者を増やす取り組みを、自律的に開始する時期がきている。

［3］高年齢者に配慮した職場改善チェックリスト

 前述したとおり、本稿では、筆者も委員として参画した、平成29年度の中央労働災害防止協会による「高年齢者の安全と健康確保のための配慮事項に関する委員会」報告書の内容も参照した。

 この委員会の成果物は同協会のウェブページで公開されている（ホーム→調査・研究→エイジアクション100：https://www.jisha.or.jp/research/ageaction100/index.html）。

 その中で特に有用なのが、「高年齢労働者の安全と健康確保のためのチェックリスト」（通称、エイジアクション100）である。

 人事担当者、安全管理者、衛生管理者、産業医、安全衛生委員会のメンバーや部署ごとの管理監督者まで、企業等の全体と職場単位で使用できるチェックリストとなっており、具体的な改善を要する事項が明らかにできる。業種や業態別にも、継続的に取り組む内容や具体策が分かりやすく網羅されている。

 人事担当者だけですべてのチェックを行い、改善を完了することは不可能と思われる。しかし、先述したように関係部署との体制と仕組みの統合を行いつつ、このようなツールを活用しながら、各企業等での対策に取り組んでいただければ幸いである。

亀田　高志（かめだたかし）
株式会社健康企業　代表・医師・専門コンサルタント

1991年産業医科大学卒。大手企業の専属産業医、産業医科大学講師を経て、2006年より同校が設立したベンチャー企業の創業社長。2016年に退任後は、健康経営、ストレスチェック制度、メンタルヘルス対策等のコンサルティング、講演や研修を手がけ、人事担当者や専門家、特に社会保険労務士への啓発活動に注力。高年齢でも健康で仕事ができる人を増やす健康施策を模索する、日本産業衛生学会エイジマネジメント研究会の世話人も務める。

第7章

今から進める
バブル入社層の活性化

1 │ 問題の背景──バブル入社層の影響に伴う組織高年齢化の進行

　日本は世界最速で高齢化社会に突入している。2017年時点における日本の平均年齢は約47歳。これはWHO（世界保健機関）183カ国において第1位である。高年齢化の進行は、労働力人口においても進行している。従業員規模1000人以上の大企業に目を向けると、90年代初頭のバブル期大量採用世代の年齢が高くなったこともあり、年齢階層別に見ると50歳前後に要員が偏在した状態となっており［図表7-1］、今後も高年齢化が進行していくことが想定されている。

2 │ 問題の本質──パフォーマンスと処遇のミスマッチ

　組織の高年齢化が進行すると、パフォーマンス（発揮価値）と処遇がミスマッチとなった社員が中高年層に多く発生する。日本生産性本部の調査によると、賃金と役割の不一致状態を起こしているとする社員が50

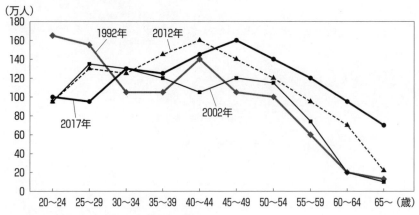

図表7-1　大企業に進行する組織の高年齢化

資料出所：総務省「平成24年就業構造基本調査」
［注］　2017年は予測値

代に存在すると回答する企業が約4割あり、不一致社員が約2、3割程度存在しているとの結果が上がっている［図表7−2］。

この原因は、中高年層の処遇（賃金水準）は若手、中堅層に比べて割高である一方で、「担っている役割」の低さや「モチベーション」の低下、「スキル」の陳腐化した社員が増加していることが挙げられる。

厚生労働省の「賃金構造基本統計調査」から1000人以上の賃金プロファイルを見た場合、1000人未満とは異なり50〜54歳を頂点に年功的なカーブを描いている［図表7−3］。大企業においては、成果主義人事制度などが導入されているにもかかわらず、いまだに年功的な処遇が踏襲されていることが分かる。この賃金プロファイルで高処遇なりの役割を担い、パフォーマンスを発揮できていれば問題はないのだが、40代後半から50代のバブル期入社社員においては、管理職の待遇であるものの、部下もおらず専門性も高くない社員、実務処理能力は若手・中堅社員と変わらず、残業代も含めた年収が管理職に匹敵する非管理職社員が多く発生している。

図表7−2　成果と処遇がミスマッチしている社員の増加

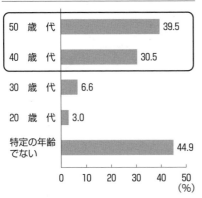
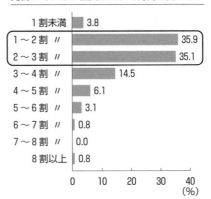

資料出所：日本生産性本部「日本的雇用・人事の変容に関する調査」（2014年）

また、中高年層において長期の滞留で昇格が頭打ちとなった社員の閉塞感や仕事に対する意欲の減退、役職定年等で役割・処遇が見直された社員においてはモチベーション低下も生じている。本来、中高年社員は若手社員に相対してスキルが高く、結果としてパフォーマンスは高いはずである。一方で、社内での昇進昇格を重視する社員においては、昇格や賃金上昇が頭打ちとなるとモチベーションが低下してしまう。

　筆者は仕事柄、さまざまな企業の社員満足度調査結果を見る機会があるが、40代、50代で初級管理職レベルにとどまっている社員は、仕事に対するモチベーションが相対的に低い状態となっていることが多い。

　仕事における成果・業績（パフォーマンス）を簡単な公式で表すと「スキル×モチベーション＝パフォーマンス」となる。これはモチベーションが低下すると、仮にスキルが高くてもパフォーマンスは上がらないことを意味する。実際に、モチベーションが低下した50代社員は、難しい仕事を先送りにしてやらないようになる、新たな挑戦をしないことで生産性が低下することが厚生労働省の報告書「中高年従業員の仕事能力把握ツール開発研究報告書」（2006年）でも示されている。さらに、

図表7-3　いまだ年功色が強い大手企業の賃金プロファイル

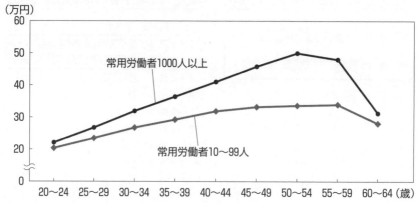

資料出所：厚生労働省「平成29年賃金構造基本統計調査」

テクノロジーの進化やビジネスモデルの変化など仕事を取り巻く環境変化が激しいため、これまで獲得した能力やスキルが陳腐化するとパフォーマンスの低下はさらに大きなものになる。

3 | バブル入社層の活性化に向けた組織的なアプローチ

[1] 経営スタンスの明確化

　処遇と役割のミスマッチが中高年社員に顕著に発生する現象は、企業の人材マネジメントの構造全体の不整合から発生しているものである。

　本来、日本型雇用はピラミッド型の人員構成、かつ市場環境の成長を前提としてうまく回る仕掛けだった。市場環境の変化のスピードが速く、低成長かつ組織も高年齢化してくる状況に置かれると、賃金・ポジションコントロールが難しくなってくる。一方で賃金・ポジションコントロールを重視すると、従業員のモチベーション維持が難しくなるといったデメリットが現れるようになる。これを解消していくためには、人材マネジメント全体の視点で考えていくことが必要である　[図表7－4]。

　その上で、処遇とパフォーマンスがミスマッチした状態を解消していくためには、以下の三位一体のアプローチで行っていくことが必要となる。
①人事制度改革・運用改革
②職域の拡大・多様化
③キャリア自律意識の促進

　その前提として、まず必要となるのが経営スタンスの明確化である[図表7－5]。

　制度改革、職域拡大、キャリア自律意識の促進、そのどれもが経営のスタンスに大きく影響されるものである。特に①人事制度改革・運用改革、②職域の拡大・多様化は社内のコンセンサス形成、実行に向けた組織体制の確立、予算化など経営資源の投入が必要な改革であり、経営スタンスの明確化抜きにしては実現できない。

図表7-4 人材マネジメントのパラダイムシフト

	従来	現在・これから
事業環境	成長、発展、安定的	成熟、衰退、変化のスピードが早い
業務遂行方式	明確な目標と役割定義 機能別組織で職務を遂行	目標を発見・定義し、走りながら役割を設定、プロジェクトで職務を遂行
要員構成	ピラミッド型	変形菱形、逆三角形
フローマネジメント	新卒一括採用 定年による一括代謝	キャリア人材（戦力人材）の逐次採用 一定割合の代謝
等級制度	社内特殊技能に価値づけ （職能資格）	職務、役割基準で格付けし、都度価値を見直す（役割・職務資格）
評価制度	原資の配分が主目的 基本は加点主義、絶対評価	育成・パフォーマンス管理を重視 中高年社員の基本は相対評価
能力開発	若手（～35歳）、優秀層 社内特殊技能	中高年社員、B・Cクラス ポータブルスキル、マインドセット
モチベーションマネジメント	若手、A人材のキャリアアップ （昇給・昇格：外的キャリア）	中高年社員のキャリア自律 （働く意義を個々に見いださせる、異なるキャリアの選択支援：内的キャリア）
再雇用の位置づけ	福祉的な再雇用（企業年金）	戦略的な再雇用（役割・成果）
課題アプローチ	機能別	機能横断

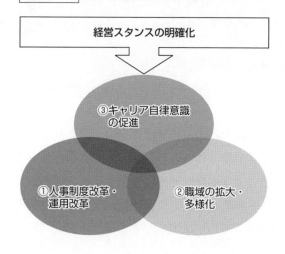

図表7-5 高年齢化対策の三つのアプローチ

抜本的な人事制度改革・運用改革や職域の拡大・多様化のための方策が行えない中で、対象者のキャリア自律意識だけを何とかしてほしいという要望をよく耳にするが、人事制度とマネジメントによる運用、そして職域は人が働く上での土台であり、土台を変えることなくして人の意識だけを変えようというのは、あまりにご都合主義と言わざるを得ない。

一方で、企業内での高年齢化が進む中で、そうした状況を正面から見据え、経営スタンスを明確化した上で対策に取り組めている企業は極めて限定的である。むしろこの問題は、これまで多くの企業で先送りにされてきたといえる。

原因としては、組織の高年齢化問題について経営層が危機意識を持ち得ていないこと、また対策に向けたスタンスを決めかねていることがある。

まず高年齢化の問題は、問題が顕在化するまでに時間がかかり、前例、事例も乏しく、成果が出るまでにも時間がかかる。また、社員にも意思決定者自身にも不利益を生じさせる可能性があることが、経営層に二の足を踏ませている要因である［**図表7-6**］。

改革を行っていく上では、問題を複数の切り口で明らかにするとともに、類似の取り組みをベンチマークすることによって、経営層が危機意識を共有化することが第一歩となる。その上で、なぜこの問題に取り組

図表7-6 高年齢化対策が進まない原因

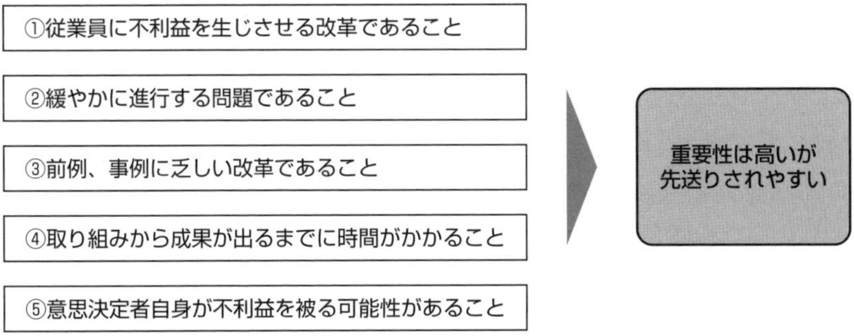

① 従業員に不利益を生じさせる改革であること

② 緩やかに進行する問題であること

③ 前例、事例に乏しい改革であること

④ 取り組みから成果が出るまでに時間がかかること

⑤ 意思決定者自身が不利益を被る可能性があること

→ 重要性は高いが先送りされやすい

むのか（Why）、何を目指すのか（What）、どのような施策を展開するのか（How）を決定していくことが必要になる。変革を進めていく上では、ハーバード・ビジネス・スクールのJ・コッターの「変革を進める8プロセス」に基づいて実施することになるが、多くの企業では最初の3ステップでつまずいているところが多い［図表7-7］。

実際に経営スタンスを明確化した上で、何を変えていけばよいのか。［図表7-8］は高年齢化対策に関して、［図表7-5］で示した三位一体の改革要素を分解し、天秤力学的に図示したものである。左側は社員の現状維持・依存を引き起こしてしまう要素である。この要素は、日本型人事制度の特徴そのものといってよく、社員の加齢とともに重力が大き

図表7-7　J・コッター「変革を進める8プロセス」

ステップ	内容
危機意識を高める	・問題を複数の切り口で明らかにする ・類似の取り組みをベンチマークする ・意思決定者に上記を提示し、コンセンサスを形成する
変革推進のチームを作る	・専担者を設置する ・クロスファンクションの連携を取る 　（企画、制度、労政、研修）
ビジョンと戦略を作る	・従業員視点で大義を置き、グランドデザインを描く
変革のためのビジョンを周知徹底させる	・トップが関与する ・さまざまな手段を使って伝える 　（集会、社内報、研修、面談）
従業員の自発を促す	・声の大きい管理職から展開する
短期的成果を実現する	・スモールスタートを行う ・事前・事後の効果検証を行う
成果を活かしてさらなる変革を実現する	・KPIを継続的にモニタリングし、対象範囲を広げる
新しい方法を企業文化に定着させる	

図表7－8　高年齢化対策の考え方

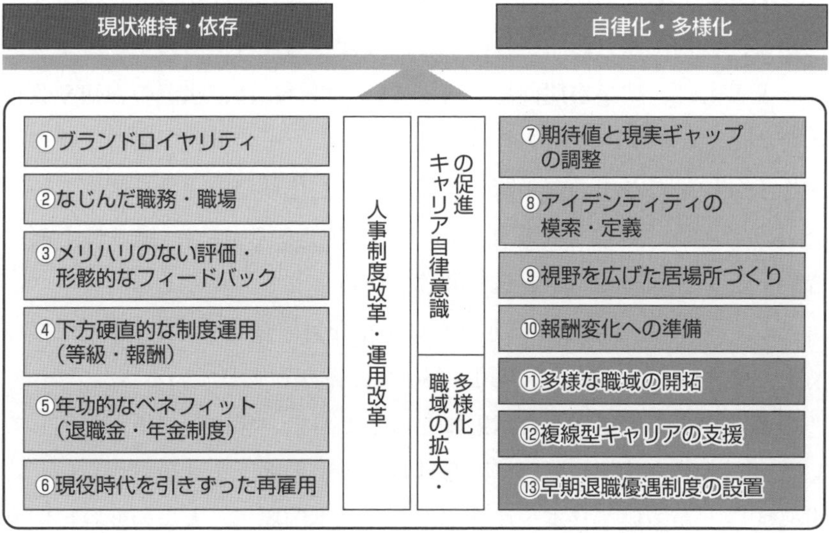

現状維持・依存

① ブランドロイヤリティ
② なじんだ職務・職場
③ メリハリのない評価・形骸的なフィードバック
④ 下方硬直的な制度運用（等級・報酬）
⑤ 年功的なベネフィット（退職金・年金制度）
⑥ 現役時代を引きずった再雇用

人事制度改革・運用改革

キャリア自律意識の促進

職域の拡大・多様

自律化・多様化

⑦ 期待値と現実ギャップの調整
⑧ アイデンティティの模索・定義
⑨ 視野を広げた居場所づくり
⑩ 報酬変化への準備
⑪ 多様な職域の開拓
⑫ 複線型キャリアの支援
⑬ 早期退職優遇制度の設置

くなるものである。また、右側は社員の自律化・多様化に向けた促進要素である。

　バブル層の自律化・多様化という領域に到達するためには、左側の人事制度改革・運用改革の要素を変えるとともに、右側の要素を整備していくことが必要である。もちろん、一気に物事を変えていくのは困難である。問題を捉えるとともに、時間をかけて変えられるものから徐々に変えていくことが大切である。

[2] マネージャーの関与

　マネージャーは、部下のモチベーションに大きな影響を与える存在であるとともに、人事制度の運用を担っている重要な存在である。人事制度を成果型に変えたものの運用が年功的な状態になってしまっている原因は、マネージャーの中高年社員に対する目標設定の甘さや評価の寛大化傾向、中心化傾向が常態化していることに端を発していることが多

く、この状態を継続していることが、処遇とパフォーマンスのミスマッチを引き起こす真因になっているといっても過言ではない。

　本来、役割にふさわしい目標でなければ妥当な目標に修正するよう促すとともに、結果が期待を下回っていた場合には、状況の告知や改善のためのフィードバックを行うのがマネージャーの責務である。その役割を十分に果たさず、前年踏襲の目標、中心化傾向の評価を続けているということは、対象となる社員に「変わらなくてよい」「働きに不満はない」というメッセージを送り続けていることと同義である。

　だが、バブル層を含む中高年社員に厳格な目標設定や評価を実施していく上で立ちはだかるのが、上司・部下で年齢が逆転している状況である。

　組織が中高年に偏在した状態になるとともに、年上の部下が増加している。こうした状況において、管理職は年上の部下を「扱いづらい」と漏らすことが多い。日本生産性本部の「日本的雇用・人事の変容に関する調査」（2016年）でも、再雇用の課題・問題の２位として「かつての上司や先輩が継続雇用されるため、現役社員にしてみると再雇用社員が使いづらい」という意見が挙がっている。パーソル総合研究所の「ミドル・シニアの躍進実態調査」（2018年）においても、上司・部下で年齢が逆転している場合は、「敬意を持って接してくれる」以外のマネジメント行動で行動低下のギャップが生じている。特にギャップが大きい項目は、「目標を考える機会の提供」「キャリア形成についての課題の指摘」「中長期のキャリアについての支援」となっている　[図表7-9]。

　上司・部下の年齢逆転によるマネジメントのやりづらさは、目標設定を考える機会を減少させ、妥当な目標が設定されないまま放置されてしまう。また、キャリアについての課題指摘や中長期の在り方を考える存在としても上司は機能しなくなっている。前者はミスマッチをより引き起こしやすくなるといえるし、後者においては、キャリア自律を妨げモチベーションの低下を招きやすくするといえるだろう。

　今後、マネージャーが最も注力すべきテーマは、バブル層を中心に増

加する中高年社員を含めた年上部下のパフォーマンスマネジメントとなる。そこでは、どのようなマネジメントを行っていくことがポイントになるのだろうか。

　ここでパーソル総合研究所が実施した「ミドル・シニアの躍進実態調査」から年代別に見た躍進を引き出すマネジメントのポイントを紹介しよう。今回の調査では、上司マネジメントの観点で、躍進行動に「プラスの影響を与える要素」「マイナスの影響を与える要素」を年代別に明らかにしている。

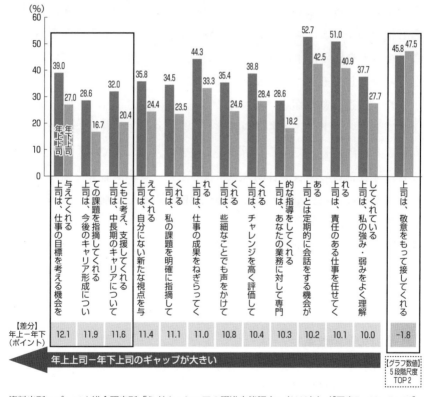

図表7-9　年上上司と年下上司とのギャップ

資料出所：パーソル総合研究所「ミドル・シニアの躍進実態調査」(2018年)（[図表7-10～7～12]も同じ）

まず、全年代で共通して躍進を引き出す上司のマネジメント行動は、「仕事の仕方に対する尊重・裁量の付与」である。この「認めて・任せる」マネジメントは、中高年社員を部下に持つ上司が意識すべき最も重要な要素といえるだろう。

　次に50代部下の躍進行動を促す上司のマネジメント行動は、「責任ある仕事の割り当て」「定期的な会話」「平等な関わり」「仕事の仕方に対する尊重・裁量の付与」が挙げられた。責任のある仕事を与えて、やり方は本人に任せ、他のメンバーと同じように日々の定期的な会話の中で状況を確認するマネジメントが重要になる。特に、役職定年や定年後再雇用の適用者の場合は、権限をベースにして自己を中心に成立していた会話がなくなってしまう。自ら人と関わることが大切となるが、上司からも積極的にコミュニケーションを働き掛けていくことが必要である。これを行わないと部下は疎外感を味わい、蚊帳の外に置かれていると感じ、結果としてモチベーションの低下を招いてしまう。

　また、躍進行動を阻害するマネジメント行動としては、「好き嫌いによる評価」と「上司による社内調整」が挙げられる。興味深いのは「上司による社内調整」である。新卒生え抜きで、これまでキャリアを積んできた50代社員の場合、社内人脈に根ざした「社内調整」を強みとしている人が少なくない。こうした自称"社内専門家"を前に、上司が良かれと思って社内調整を進めることは、部下にしてみれば「自分の強みを発揮する機会を奪われた」「強みが認められていない」という印象を与えてしまうおそれがある。時には部下にタスクを振るなど、社内調整の仕方にも工夫が必要と考えられる。

[3] 自身の意識改革

　中高年、特にバブル層においては対象者自身の意識改革も重要である。2015年の日経ビジネスオンラインの調査では、バブル期入社層は会社に裏切られたと感じる割合が他の世代より高く、その一方で会社に長

くとどまり続け、社外に転身しようと考えている割合が低いという結果が出ている。また、裏切られたと感じた理由として昇進、昇格ができなかったということが上位に挙げられており、会社に対する強い期待、依存心とともに役職、報酬、権限といった外的キャリアに固執している傾向がうかがえる。

では、バブル層を中心とした中高年層はどのような状態を目指していけばよいのか。パーソル総合研究所では、前出の調査で40歳以上でジョブパフォーマンスの高い状態にある約2割の中高年社員に見られた五つの「躍進行動」を明らかにしている［図表7－10］。

①仕事を意味づける
②まずやってみる
③学びを活かす
④自ら人と関わる
⑤年下とうまくやる

①仕事を意味づける

躍進している社員は、仕事の意味づけを「会社（出世）」軸ではなく、

図表7－10　五つの躍進行動

①仕事を意味づける	・自分の仕事が経営にどのような意味があるのか理解する ・会社全体の状況を踏まえて仕事を進めている ・業務の意識を、新しく捉え直すようにしている
②まずやってみる	・まずやってみて、修正していけばいい ・新しい仕事や業務でも、まずやってみる ・新しいことを試すなら、失敗してもかまわないと思う
③学びを活かす	・経験したことを分析している ・応用が利くように仕事のコツを見つけている ・自分なりのノウハウに落とし込んでいる
④自ら人と関わる	・他部門と積極的にコミュニケーションする ・なるべく多様な人々との関わりを増やすようにしている ・積極的に異なる意見や主張を周りから引き出す
⑤年下とうまくやる	・年下の上司でも、割り切って仕事を進める ・仕事を進める上で、相手の年齢にはこだわらない ・年下の人の指示を素直に受け入れることができる

「仕事(社会的意義・組織内での意義・専門性追求)」「自分(成長、貢献)」軸へ切り替えている。外的キャリアから内的キャリアへの意識転換といってもよいだろう。先に述べた「ミドル・シニアの躍進実態調査」においては、昇格、昇給を大事にしているとする場合は、躍進行動のマイナス要因であることが判明している。

②まずやってみる

躍進している社員は、「失敗を恐れず、新しい仕事に積極的にチャレンジする」というアクションを実践している。一方で、中高年社員は長年の経験から物事を行った結果がどのようになるかを容易に想像できてしまう。つまり、これから起こり得るトラブルや苦労が想定できてしまうがために新しい仕事にチャレンジできなくなってしまう。また、「失敗することが恥ずかしい」という「意識のハードル」が自分の中にある人は、まずそれを乗り越えることから始めていく必要がある。

③学びを活かす

躍進している社員は、「経験してきたことを分析し、応用し、自分のノウハウとしてものにする」という行動を実践している。すなわち、経験したことを意識化・言語化し、その後の業務に明確な意図を持って活かしている。

④自ら人と関わる

躍進している人は、自ら能動的にコミュニケーションをとっている。立場、年齢に関係なく、自ら歩み寄り「仕事上の情報交換」を積極的に行うことを実践している。年齢と経験を重ねていくと、組織の中で上司あるいは先輩となり、いつしか受け身の姿勢で周囲からの接触を待ってしまっている中高年社員は少なくない。部下、後輩、年下側の立場からは気軽にコミュニケーションをとりにくいと感じている人も一定数存在する。この場合、お互いの遠慮により必要な情報伝達が不徹底になるおそれが出てくる。

⑤年下とうまくやる

躍進している人は、仕事を進める上で年齢にこだわりがないと割り切

れている。

　こうした意識・行動に切り替わっていくためには、将来の自己に想定される"不都合な現実"を自覚し、有限性を認識することが第一歩になる。トランジション（人生の節目と脱皮・変態）は、「何かが終わるとき」「中立」「何かが始まるとき」の３ステージで定義されているが、「終わり」を自覚しないことには、新たな何かは始まらないのである。

[4] モチベーション向上に向けた必要・十分条件

　モチベーション低下は、非管理職では昇格の頭打ちが見えてきた40代後半ごろ、管理職では役職定年、再雇用後に生じやすい。特にバブル層においては、雇用延長による総額人件費の増加や管理職滞留を抑制することを目的に、最近では役職定年制度を新規に導入する企業も増加している。だが、パーソル総合研究所の調査では、役職定年後の変化は「モチベーションの低下」がトップとなっている［図表7－11］。

　モチベーションを向上させていくためには、まずモチベーション低下のメカニズムを理解する必要がある。

　中高年社員において中長期の将来キャリアを具体的に考えている人の割合は、筆者がこれまで各社のキャリア研修後の受講者アンケートを分析した上では、１割程度であり、残りは漠然としか考えていない。役職定年においても役職定年後の状況をイメージできている人の割合は、先のパーソル総合研究所の調査によると、実際に変化を受けたと回答する割合よりも勤務地と雇用形態を除く項目は下回っている［図表7－12］。

　この状態においては、将来のキャリアについて外的キャリアを価値のよりどころとして「いつかは報われる」「悪いようにされない」という淡い期待を持ったままの状態である。この状況で実際に自分に降り掛かった現実が期待と異なっていると、期待値のギャップがモチベーションの低下となってしまう［図表7－13］。

　こうした中でモチベーション低下を抑制していくには、将来に起こり

図表7-11 役職定年による行動・意識変化

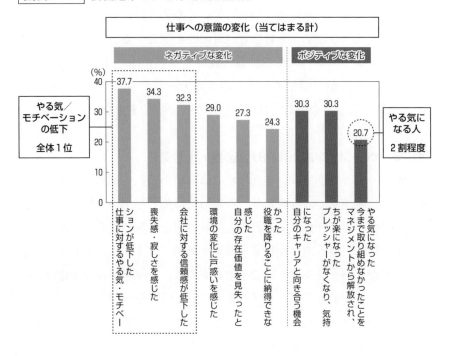

図表7-12 役職定年前後における変化

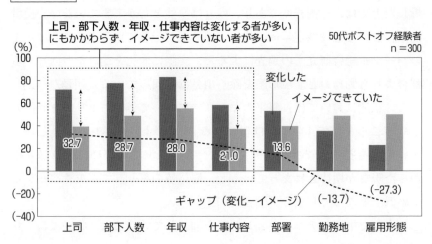

図表7-13 モチベーション低下の構造

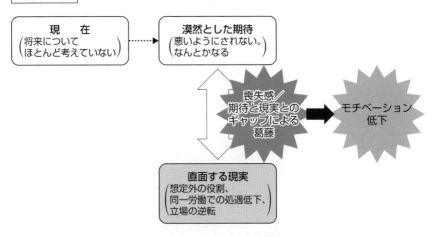

得る"不都合な現実"を自分事として受け止め、リタイアメントを意識させた上で期待値を現実的なものに引き下げていくことが必要である。そして、働く上での動機の源泉を肩書、権限、収入といった外的なものから、自己に内在する価値観の充足、成長、他者への貢献といった内的なものに根ざして再形成させていく必要がある。加えて、自身の居場所を社内・社外に広く設けていくことがモチベーションの低下を抑制する十分条件となる [図表7-14]。

[5] 社内での「キャリア」から「プロフェッショナル」への意識転換

50代を対象に理想のキャリアを聞いた電通の調査（「シニア×働く」調査2015）においてトップに挙げられたのは、「培った専門能力・知識を活かした働き方」となっている。だが、人数割合の多い50歳前後のバブル期入社層においては役職定年、再雇用後も社内で専門能力、知識を活かせる理想の働き方を実現していくことは極めて難しい。一方で中高年社員に従前の仕事をさせたままだと、若手社員の配置・異動にも影響が出てしまう。また、出向・転籍先も数が限られている。こうした中で

図表7-14 モチベーションの低下を抑制するための方策

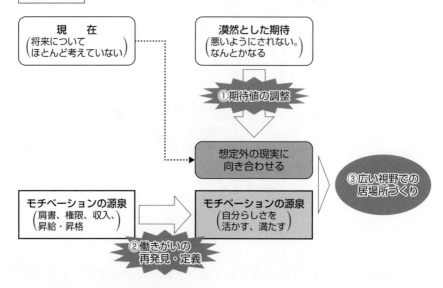

　自己の経験・知識を活かした働き方を実現していくためには、社内だけでキャリアを考えるのではなく、広く社外を見据えたプロフェッショナルとしての働き方に転換していくことが必要である。
　「プロフェッショナル」というのは、その道を極めていくことに忠誠を誓った人という意味を持っている。いわば、会社から与えられたキャリアではなく、自分が極めようと考えている「職務」に忠誠を尽くし、フィールドを社内に限定せず、多様な経験を積みスキルを磨いていこうとする意識への転換である。
　社外にも通用するプロフェッショナルとしてのスキルを磨くとなると、とかく資格取得や学校に通うことに目が向きがちだ。だが、採用する企業側の視点に立ってみれば、重要なのは資格を持っているかどうかではない。専門知識や技術を持つだけではなく、新たな環境においても力を発揮できるかどうかである。
　このスキルは「ポータブルスキル」と呼ばれるものであり、「仕事の

仕方」「人との関わり方」に大別して定義されるものである。職種、業種にかかわらず問題を解決し結果を出すための基礎的スキルと呼ばれるものである。このスキルを向上させていく上では、まず自身のキャリアの棚卸しをして、過去の仕事においてポータブルスキルを発揮した局面を言語化し、他者に説明できるようにしていくことが第一歩となる。例えば、利害が一致しない相手と共同して物事を進めていく際にはどのようなことを意識しているのか。新たなサービスや事業を立ち上げる際には、どのような視点から着想を得るのか。経営者にコンセンサスを得ていくためには、どのような観点を訴求するのかなどである。なぜならポータブルスキルは、置かれた状況の中で、意識して行動した結果発揮された能力といえるからである。

[6] これからの時代に求められる仕事意識

　60歳までの就労が前提だった時代から65歳、70歳と就労期間が長くなり、社会環境もVUCA（ブーカ）（編注　不安定性：Volatility、不確実性：Uncertainty、複雑性：Complexity、曖昧性：Ambiguityの四つのキーワードの頭文字から取った言葉）と呼ばれるように不安定、不確実、複雑、曖昧さを増している。こうした中では、会社のみならず、過去の経験、知識、職種に過度に執着することは非常にリスクが高い。

　スピードの速い変化の中では、培った知識やスキルも陳腐化していく上に、会社の中で自分が手掛ける仕事がなくなってしまうこともある。こうした中では、世の中の変化、会社の変化に目を向け、自分自身にどのような影響を与えるかについて、常日ごろからアンテナを張っておくことが必要である。加えて、目の前の仕事にすべての時間を投じて埋没するだけではなく、自己の可能性や選択肢を広げる機会を積極的に持つことも必要となる。

　ロンドン・ビジネススクールのリンダ・グラットン教授は、著書『LIFE SHIFT』の中で、学習→就労→引退の3ステージの生き方が過

去のものになるとともに、今後はマルチステージライフにシフトしていくことになるという。そして、マルチステージの人生を生きるためには、これまで若者の特徴とされていた「若さ」と「柔軟性」、「遊び」と「即興」、「未知の活動に前向きな姿勢」を持つことが重要と述べている。

変化する環境を前提とし、そこに翻弄（ほんろう）されるのではなく、変化を前提とした意識の下に行動していくことがことバブル層に求められている。ただし、そこでは義務感や危機感による変化ではなく、自らに内在する問い「自分にとって重要なものは何か？」「大切なものは何か？」「私はどういう人間なのか？」という立脚点に立ち、問いに対する答えを見つけるための冒険（エクスプローラー）という観点で仕事や生き方を考えていくことも必要であろう。

[7] 役割に対する当事者意識の醸成

バブル層を含めた中高年層には、培った経験、スキルを活かせず、経験したことのない職域に異動を余儀なくされるケースも出てくる。

[図表7－15]のように職域を組織的、職務的の軸で、スキルを専門的、一般的の軸で分けると、「B1 経営・企画職系」「B2 事務職系」「B3 生産・技術職系」を担っているのはおおよそ正社員の位置づけということになる。この職域は事業の拡大がない限りは広がらない前提の中で、「B1 経営・企画職系」の役割に就く社員は、これまでは「C 国内・グループ会社・関係会社」への出向などで対応するケースが多かった。だが、バブル層においては出向先なども十分に確保できないため、役職定年、再雇用後では社内においては「B2 事務職系」「B3 生産・技術職系」に配置をすることを余儀なくされる。「B′ 潜在業務」として特命ミッションや後進育成を担える人間は一部だけである。「B3 生産・技術職系」は技能蓄積にも時間がかかるため、貴重な戦力として継続が可能とする場合が多い。一方で、「B2 事務職系」は、経験年数を積んでも専門性、生産性は一定のところで頭打ちとなるため、現職継

第7章　今から進めるバブル入社層の活性化

図表7-15　職域の考え方

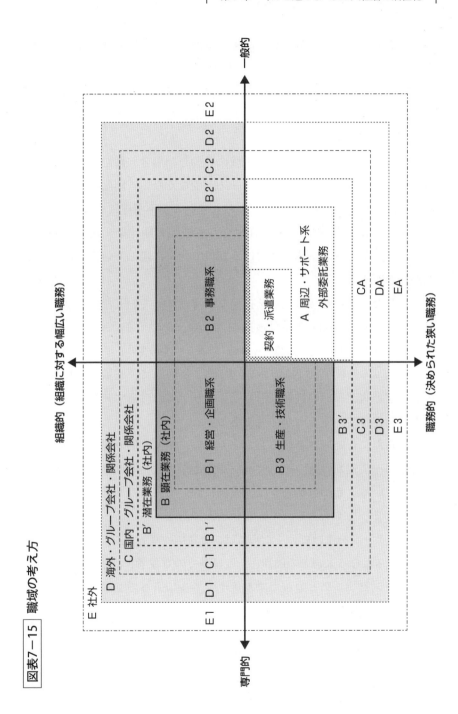

続で残していくと、ミスマッチが生じるとともに採用抑制、配置異動にも支障を来す可能性がある。このため、「Ｂ１　経営・企画職系」から「Ｂ２　事務職系」への配置は問題も多く、ホワイトカラー社員においては本人の経験・スキルを活かした配置異動が行えないケースが多く出てくる。

　社員が既存の職域から異なる職域に異動した場合、新たな役割に対する当事者意識が失われてしまうケースが少なくない。実際に、役職定年後や再雇用後は、「自分に何が求められているか不明確になった」「会社に対する信頼感が減少した」「従来よりも組織の期待を意識しないようになった」といった主体性に欠ける意識で仕事に臨んでいる対象者の状況がうかがえる。

　こうした当事者意識の欠落を招かないようにしていくためには、マーケティングのAIDMAの法則（編注　Attention：注目、Interest：関心、Demand：欲求、Memory：記憶、Action：購買という顧客の心理の流れを把握することで、より効果的な広告を打つときの原理）と同様に、意識・行動変容のステップとステージの性質に沿ったキャリアにおけるマーケティングの仕掛けを作っていくことが必要である。

　人が新たに行動変容を起こしていくには、無関心期→関心期→準備期→行動期→決定期の五つのステージがあるが、大半の社員は無関心期ステージにいる。このステージは、役割について主体性を持った選択を行うことはまったく考えられていない状況である。

　このステージを上げていくためには、受発信の双方向コミュニケーションのベースとなる上司との面談、一度に多くの対象者に訴求する研修、個別のカウンセリングといったマルチチャネルによって意識醸成を図っていくことが必要になる。この考え方に基づけば、キャリア研修を１回程度行っただけでは、無関心期にいる社員は主体的な意思決定を行うまでには至らず、気づきを得て新たな選択をするのは準備期にいるごく一部の優秀社員だけというのが現実であることも分かるだろう［図表７－16］。

図表7-16 意識変容とアプローチのマルチチャネル化

	無関心期	関心期	準備期	行動期	決定期
意識・行動変容の段階	キャリアチェンジの可能性についての認識がなく、自分が変わる必要性を感じていない	自分に起き得る複数のキャリアシナリオを理解している	選択肢を具体化するための準備をするとともに、選択について考え始めている	未経験の選択肢について具体的かつポジティブなイメージを持っている	自分の基準を基に選択肢の決定を行っている
対応の方向性	・会社の置かれた状況と基本姿勢を伝える（課題意識、制度運用方針） ・会社の変化とキャリアへの影響について考える機会を提供する	・今後のキャリアの可能性について情報を与え、考える機会を提供する	・キャリアについての実例情報を提供する ・選択に当たっての障害を明らかにし、実現に向けた準備行動を後押しする	・実際に動いている人、実例を知る人との交流機会を提供する ・実際に体験する機会を与える	・多様なキャリア選択を支援する制度を提供する（社外キャリア）
実施策	① 上司との面談	② キャリア研修	③ 社内・社外カウンセラーによるキャリアカウンセリング		早期退職支援制度 出向制度 転身準備休暇 再雇用制度
キャリア自律意識					

[8] ケーススタディ
(1) A社の取り組み

2012年度から60歳からの定年延長を実施しているA社。当初は段階的な定年延長を実現するのが活動の主眼であったため、プロジェクトには「定年延長プロジェクト」という名称が付けられようとしていた。だが、当時のプロジェクトオーナーであった副会長の旗振りの下で「働き方変革・挑戦プロジェクト」という名称が付けられた。この名称には、定年延長をトリガーとして、A社とそのグループ会社が掲げる理念を実現するため、日本型人材マネジメントからのパラダイムシフトを図っていこうという想いが込められている。

①経営のスタンス

プロジェクト名称にも表れているが、A社の定年延長にかける想いは他社と大きく一線を画している。それは、定年を将来的になくしていきたいとする考えに端的に表れている。能力やスキルに関係なく、一定の年齢で雇用契約の解除を行う定年は、世界標準で見ても異質である上に、アンフェアな制度であり、自社の掲げる「公正」の考えに反する。定年延長を実現するに当たっても役職定年や60歳以降は別制度で処遇して"お茶を濁す"といった仕組みは設けていない。あくまで全社員はワンユニットであり、同一の制度の下で処遇するという考えである。その上でA社は、「公正な制度運用の実現」と「社員一人ひとりの意識改革」を実現するための取り組みを行っている［**図表7-17**］。

②制度運用改革──マネージャーの関与に向けた取り組み

組織の高年齢化が進む中で、定年延長を実施すると上位等級者の滞留と人件費の増大という問題が発生する。この問題に対し、ポジションの新陳代謝、賃金減額措置として役職定年を導入せずに解消していくには、厳格な評価と昇降格の実施を行っていくことが必要とされる。

この実現に当たって、A社は上位等級のポジション管理を行うとともに、評価制度の運用改革を行った。

まず、これまでの評価制度の運用実績を分析したところ、A社の評価実績は中心化傾向が著しく、昇降格の運用も下方硬直性が非常に強いことが明らかになった。いわば、評価でも差がつきにくく、賃金は高止まりして下がらないという状態だった。特に40代、50代社員においてはこの傾向が強く、メリハリのある制度運用を実施するために、管理職のマインド・実践力向上を目的とした評価者研修を、数千名にも上る対象者（評価者）全員に内容を随時見直しながら複数回ローリングで実施していった。特に評価者研修での狙いは、評価の中心化傾向の温床となっていたマイナス評価時のマネージャーのフィードバックマインド、実践力の不足の克服である。マイナス評価を付け、その現実を部下にフィードバックすることは、マネージャーとしては心理的に気が引けるものだ。それを避けるがために部下に対してほぼ同じ評価を付け、厳し

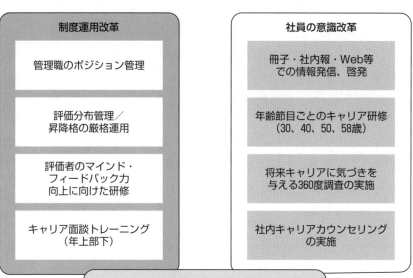

図表7-17　制度運用と意識改革からアプローチする人材マネジメント改革

く指導すべきところを互いに遠慮しながら「なあなあ」で済まそうとする関係性があった。このため評価者研修においては、マイナスフィードバックを実施するロールプレイ演習を導入している。また、役割の変化を余儀なくされる確率の高い50代の部下を持つマネージャーには、部下役、上司役の両面からロールプレイを含めたキャリア面談の実践研修も行った。

③社員の意識改革の取り組み

A社はプロジェクトが始まるに先立ち、会長や外部有識者、社員の声を集めたビデオレター、リーフレットを広報部と連携して全社員に向けて作成し、発信を行っている。また、社内報でも定期的にプロジェクトオーナーである社長からの発信とともに、ロールモデルとなるさまざまな社員のキャリアストーリーを紹介している。

また、A社では30歳、40歳、50歳、58歳の全社員を対象としたキャリア研修を行っている。特に厳格な評価の下に役割の変化が起こりやすい50代社員においては不都合な変化が起こり得ることを自分事として考え、一方では自己の価値観やスキルに基づいた広い視野でキャリアを考えるためのきっかけとなる研修を行っている。さらには、上司と部下で年齢逆転が生じている状況においては、上司が部下の課題や今後のキャリアに向けた改善点を指摘することが非常に難しい。このため、50代の社員については今後のキャリア形成に向けた強み、課題を本人に自覚してもらうことを目的とした多面観察（360度評価）を導入している。360度評価は、年齢逆転の状況、かつ上司が部下の行動をすべて観察できない中で、本人の自覚を促す有効な手段であると認識されている。

(2) B社の取り組み

B社のシニア社員対策の問題意識は、次の①〜③のようなものであった。

①定年退職者が今後増加してくる中で、バブル期入社となる40代後半〜50代前半の人員構成のピークの社員においては、希望者全員に対し意

に沿った職務・処遇提示が困難
②再雇用が不本意の選択であると当人が受け止めた場合においても、他に選択肢がなくモチベーションの低い状態で再雇用を選択してしまう
③ほとんどの社員が60歳以降のキャリアについて具体的に考えたことがなく、会社に根拠のない希望を抱いている状態にある

　こうした中で、意識啓発のためのキャリア研修、再雇用制度の改定、早期退職優遇制度の設置、キャリア面談制度の運用改善、社内キャリアカウンセラーの配置、個別面談の実施、人事制度の改定と再格付けの実施といった取り組みを段階的に行ってきている。

　こうした一連の取り組みの結果、消去法的に再雇用を選択していた社員が減少し、主体的なキャリア選択がなされた結果、再雇用率は当初の9割から6割にダウンした。B社は改革に当たって、初期段階では人事トップの問題意識の下に専任担当者チームを創設し、取り組み結果を年度ごとに見える化し、取り組みの意義や成果を関係者が共有・理解した上で進めていった点が特徴として挙げられる。キャリア研修の実施に当たっても、いきなりターゲット世代に行うのではなく、社内に影響力の強い上級部長に実施し、下の世代にも実施する必要性があるという生の声を引き出してから対象層を拡大していき、5年をかけて点から線、線から面へと展開していった［**図表7－18**］。

　B社の事例を見ると、組織の高年齢化対策のための取り組みは、考えられる施策を実施するということよりも、成果の見える化によるPlan-Do-Seeサイクルにより、施策効果を経営に訴求し実行の意義を明確にするアプローチに成功要因があったといえよう。

図表7-18 B社の段階的・多面的な取り組み

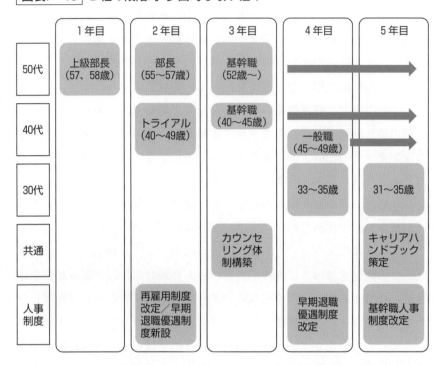

4 おわりに

　要員構成の比率の高いバブル層を中心とした組織の高年齢化対策は、日本型雇用がこれまで推し進めてきた全員一律に求心力を高める政策に抜本的な変革を迫っている。一方で、これまで多くの企業が採ってきた対策は、年齢別キャリア研修、役職定年制度の導入、再雇用制度の改定といった弥縫策が多い。変えやすいものから着手するという観点ではこれでもよいが、組織の高年齢化問題は、等級、職種、職域も含め、個人別にバックボーンが異なる点もあり、一律、共通的な施策だけでは問題を解決することが非常に難しいという側面を抱えている。

　厚生労働省「賃金構造基本統計調査」によれば、賃金カーブのピーク

を迎えるのは52歳で、バブル期入社の社員（1965～69年生まれのバブル世代の最後）が52歳に到達するのは2021年といわれている。この年はくしくもオリンピックイヤーの1年後である。過去の東京オリンピック後の日本や先進諸国のオリンピック後の状況から見て景気減速局面に陥ることが想定される。いざ、このときに対策を行おうとしても減速期において打てる手は非常に少ない。65歳定年延長法制化も見据え、中長期の視座をもってこの問題に取り組む、人事の問題意識とリーダーシップの在り方が問われているともいえるだろう。

石橋　誉（いしばしほまれ）
パーソル総合研究所　コンサルティング事業本部　シニアマネジャー

国際会計事務所系コンサルティング（PwC、Deloitte）、国内戦略コンサルティングファーム（NTTデータ経営研究所）、リクルートキャリアコンサルティングを経て現在に至る。20年超のキャリアにおいて、ITコンサルティング、事業戦略コンサルティング、組織・人事コンサルティングのコンサルティングプロジェクト経験を持つ。組織・人事コンサルティングとしては、職務等級人事制度の設計、評価制度設計、人材開発体系設計、マネジメント強化、評価者研修、理念浸透・組織開発、キャリア開発のプロジェクトに複数関わる。2010年よりミドル・シニア領域の新規事業立ち上げのメンバーとしてリクルートキャリアコンサルティングに参画。企業の組織高年齢化、雇用延長に伴う人事課題の解決に向けたコンサルティングサービス、キャリア形成支援に関わるプロジェクトを担当。クライアントは、卸・商社、運輸、医薬、消費財、金融、SI、ハイテクメーカーなど多岐にわたる。2017年4月よりパーソル総合研究所に参画。米国CCE, Inc.認定GCDF-Japanキャリアカウンセラー

第8章

65歳定年制
導入企業の事例

東洋インキグループ

オーエスジー

日置電機

事例❶ 東洋インキグループ

2014年以降、63歳・65歳の2段階で定年引き上げ。60歳以降も「シニア役割グレード」に基づき一定の役割遂行を期待

取材対応者：グループ人事部 労政部長　栗林 誠氏
　　　　　　グループ人事部 人材開発グループ リーダー　本間 新氏

ポイント

❶**63歳→65歳の2段階で定年引き上げ**：14年9月に63歳へ、18年9月には65歳へと段階的に引き上げ。63歳定年からスタートし（64～65歳は従来の再雇用で対応）、数年後に運用状況を見て次の対応を考えるプロセスを選択

❷**60歳以降のシニア正社員制度**：60歳以降はシニア正社員へ移行し、60歳までの役割グレードに応じて4段階の「シニア役割グレード」へ格付け

❸**シニア正社員の処遇**
- 仕事内容・勤務条件＝原則として同一職場での業務継続とし、担う役割・仕事を60歳時点で見直す。勤務場所や週の勤務日数・勤務時間に変更はない
- 処遇内容＝月例賃金はグレードに応じたシングルレートで、60歳以降の水準改定はない。賞与は月例賃金をベースに、人事評価による5段階の水準差を設定
- 人事評価：目標管理制度に基づき年1回、設定目標の遂行プロセスと達成度、取り組み姿勢等の行動面を評価。結果は賞与額に反映

❹**現役世代の処遇見直し**：昇格・昇給意欲を高める賃金テーブルの変更や時代に即した諸手当の再編、退職金水準の見直しを実施し、60歳以降を含む勤務期間トータルでのバランスを図る

❺**現役世代のキャリア形成を多角的に支援**：就労期間の長期化を見据え、働きがいの継続につながるキャリア教育や、シニア世代に配慮した職場環境の整備、健康管理・健康増進の強化等に取り組む

1. 高年齢者雇用の基本的な考え方

65歳定年延長へのステップとして、まず14年に63歳定年制を導入

［1］定年引き上げに至る背景

東洋インキグループは、2011年から東洋インキSCホールディングスを持ち株会社とするホールディングス体制に移行。東洋インキ株式会社、トーヨーケム株式会社、トーヨーカラー株式会社の3社を中核事業会社とし、アジア・米州・欧州等世界22カ国、約70の関係会社で事業展開している（以下、東洋インキSCホールディングス株式会社、中核事業会社3社を総称して「同社」とする）。

同社では1981年に定年を57歳から60歳へ引き上げ、2002年には定年後再雇用制度を導入するなど、法改正に先駆けて高年齢者雇用の充実を図ってきた［図表1］。賃金・人事制度としては、83年に職能資格制度、93年にコース別人事制度を導入し、2006年には職能資格制度から役割を基軸とした人事制度（役割マネジメントシステム）に移行、この際に定年後再雇用年齢を63歳から65歳に引き上げた。さらに定年についても、14年9月に63歳へ、18年9月には65歳へと段階的に引き上げを行った。

定年引き上げの背景としては、13年における最初の検討時において、まず、①法改正の面で、厚生年金（報酬比例部分）の支給開始年齢の引

CORPORATE PROFILE

1896年創業。2011年に持ち株会社制へ移行し、東洋インキ製造から東洋インキSCホールディングスに改称、2016年には120周年を迎えた。東洋インキグループとして「色材・機能材関連事業」「ポリマー・塗加工関連事業」「印刷・情報関連事業」「パッケージ関連事業」の四つのセグメントを擁し、世界22カ国に約70の関係会社を展開している。
http://schd.toyoinkgroup.com/ja/index.html

本社　東京都中央区京橋2－2－1　京橋エドグラン
資本金　317億3349万6860円
従業員数　8135人（単体440人）

〈2017年12月末現在〉

き上げによる無年金期間の発生、および高年齢者雇用安定法の改正による65歳までの雇用義務の強化（継続雇用制度における対象者の選別を認める仕組みの廃止）への対応がある。また、②社内の人員構成の面では、60～65歳のシニア世代の比率が、13年当時の7％から、22年には11％、25年には15％（13年の2倍超）[**図表2**]へと着実に増加する見通しとなり、同層にも60歳以前と同様の役割意識の継続と活躍を求める必要性が高まったことが挙げられる。

　さらに、③上述の賃金・人事制度の面では、63歳定年制を導入した14年において、06年の"役割基準の人事制度"改定から8年が経過しており、その間の運用を踏まえた修正が課題となっていた。役割を中心にグループのビジョン・戦略を共有し、実現する意識は社員間で浸透している一方、賃金面では旧制度との接続を重視したため、年功的・属人的な要素が残っており、その払拭（ふっしょく）を含めた新たな段階として60歳以前の現役世代・60歳以降のシニア世代双方の働き方・処遇の在り方を整合の取

| 図表1 | 人事制度の変遷 |

実施年	取り組み内容
1963年	新職能給制度導入
1981	定年を57歳→60歳に引き上げ／資格制度導入
1983	職能資格制度導入（新賃金制度へ移行）
1993	人事制度再構築
2002	定年後嘱託再雇用制度導入
2003	管理職に新年俸制（役割給制度）導入
2006	役割マネジメントシステム導入（職能給制度から転換） 定年後再雇用年齢を63歳→65歳に引き上げ、再雇用条件を撤廃
2008	確定拠出企業年金導入（確定給付企業年金との併用）
2014	役割マネジメントシステムを一部改定 （すべての社員が仕事と成果で処遇される人事制度を志向） シニア正社員制度導入、定年を60歳→63歳に引き上げ
2018	定年を63歳→65歳に引き上げ

れた仕組みに落とし込み、「社員すべてが仕事と成果で処遇される人事制度」をあらためて徹底することとした。

　以上の課題を踏まえ、同社として60歳以降の継続雇用の手段を、再雇用制度から定年延長にシフトし、社員の雇用安定とシニア世代の戦力化を図った。

　「定年時に生じがちな『リタイア感』を払拭し、60歳以降も一定の役割遂行を維持するには、60歳以前からの役割意識の継続が重要です。この点、雇用形態の変更が前提となる再雇用制度では限界があると感じていました。そこで、現役世代からシニア世代まですべての社員が役割・仕事と成果で処遇される人事制度をあるべき姿とし、特にシニア世代については、単なる雇用の場の確保だけでなく、同層の活躍による企業グループ全体の競争力強化の観点から、定年延長を核として人事制度を総合的に見直すこととしました」（栗林氏）

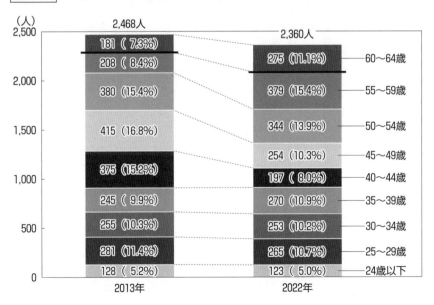

図表2　人員構成の中期見通し（2013年→2022年）

[2] 段階的な引き上げとした理由

　同社では、12年より社内の経営協議会や人事制度プロジェクトの場で60歳超の定年延長について継続的に労使協議を進めた。同人事制度プロジェクトでは、営業、技術、生産系など現場のシニア世代の事情をよく知る職種代表の部門長クラスを10人程度集めて議論した。定年を引き上げる方向性は決まっていたため、特に引き上げをどう進めるか、実施のプロセスについて多くの時間を費やした。その結果、いきなり65歳まで引き上げるのではなく、まずは63歳定年とし（64～65歳は従来の再雇用で対応）、数年後に運用状況を見て次の対応を考えるべき――との結論を得た。おおむね次の理由に基づく。

- シニア世代直近の社員は、60歳定年をゴールにライフプラン・キャリアプランを設計している。また、シニア世代は本人の能力・意識、生活環境（子どもの人数、介護の状況など）など、個々の事情が現役世代にも増して多様性に富むため、一時に大きなスキーム変更を行うことは避けるべき。すべての対象者が求められる役割を担い得るのかの確認も含めて、段階的に措置したほうが変更のインパクトを緩和でき、かつ修正が必要な際にも対応しやすい
- 特に退職金は、支給がいきなり5年先送りになると、ライフプラン上の影響が大きい。まずは3年延伸とすることで様子を見るべき

　14年9月から63歳定年制に移行したが、いつから65歳への引き上げを実施するか、当時は具体的な見通しを持っていなかった。少なくとも厚生年金の支給開始年齢の引き上げに伴う「空白期間」の発生に間に合うタイミングで、という想定はあったものの、結果として18年9月としたのは、その間の対象層の反応を見た結果ということになる。また、ここ数年における好調な同社の業績も、同時期におけるさらなる引き上げ実施を後押しする材料となった。

　「経営層を中心に、当初から65歳定年制でスタートさせては、との意見もありましたが、そこは現場の声を丁寧に拾って慎重に判断しまし

た。まずは63歳定年を社員がどう受け止めたか、働き方がどう変わったかの検証が必要と捉え、この３年間はその期間に充てています。仮に当初の引き上げや次のステップに対し否定的な声が多ければ、再考の必要もあると考えていましたが、実際には大半の社員から一定の評価を得ており、正式に65歳への引き上げを決定しました」（本間氏）

[3] 定年引き上げと処遇制度改定の方向性

14年における最初の定年引き上げは、以下の三つの基本方針に沿って実施した。

> ①正社員を対象とする**63歳定年制の導入**（社員満足度を重視、安心して働き続けられる基盤の整備）
> ②**シニア正社員制度の導入**（シニア世代の役割明確化と処遇改善により働きがいを向上させ、同層の活躍・戦力化を推進）
> ③**現役世代の人事制度見直し**（60歳以前の社員に対し、就労期間の長期化を見据えたキャリア形成と役割に応じた働き方への変革を促す）

なお、制度構築に当たっては、前述した①シニア世代の個人差・多様性、②高年齢者雇用の手段（再雇用か定年延長か）、③定年年齢の設定――の三つの視点に基づき検討を進めた。また、①に関連して、選択定年制については、再雇用制度とシニア正社員制度との間で社員の処遇・マネジメントが煩雑になり、特に仕事の与え方の面で両区分の差異を設けることが難しいと判断したため、当初から俎上に載せず、一律の定年延長によるプランを選択した。

2. 65歳定年制と「シニア正社員制度」の内容

60歳以降、4段階の役割グレードに再格付け。
賃金はグレード別固定額による

　以下、60歳以降の処遇について、63歳定年時（14年9月～18年8月）に併用していた再雇用制度の内容も含めて見ていこう。

[1] 60歳以降は「シニア正社員」へ移行

　60歳時点で従来の役割グレードを見直し、シニア正社員へ移行。本人の誕生日に基づき年に2回、次のタイミングで実施する（60歳の誕生日を迎えた最初の9月21日または3月21日。以下、63・65歳の各定年年齢の取り扱いも同じ）。
- 9月21日移行者：3月21日～9月20日生まれ
- 3月21日移行者：9月21日～3月20日生まれ

　シニア正社員には、60～65歳までの5年間につき、以下の役割を担うことが期待される。
- 経験豊富なベテラン社員として活躍し続ける
- 現役世代に対し技術・技能の伝承を行うことで、モノづくり能力を維持・継承する
- 当該事業・技術領域における高度専門家として、競争力を維持・強化する

　具体的には、新たな役割等級制度が適用され、上記役割を遂行する上で求められる標準行動に応じたシニア役割グレード（S1～S4の4段階）が設定される　[図表3]。

　なお、旧63歳定年制の下では60～63歳までがシニア正社員、64～65歳が従来の再雇用嘱託社員となる　[図表4]。定年延長時の再雇用嘱託者については、既に60歳または63歳で退職し、退職金も支給されているため、あらためてシニア正社員制度を適用することはない。

[2] シニア正社員への格付け

シニア正社員への移行に当たっては、60歳時における役割グレード[図表3]に応じ、前述の4段階のシニア役割グレードへ格付ける[図表5]。格付けは、グループ人事部／拠点管理部門／対象者の3者で事

図表3 シニア正社員制度における「シニア役割グレード」と主な処遇内容

－万円－

区分		標準行動（グレード定義）	60歳時における役割グレード	月例賃金（固定）	年間賞与（半期折半）〈人事評価ランク別〉					年収〈左記賞与評価ベース〉				
					SS	S	A（標準）	B	C	SS	S	A（標準）	B	C
シニア役割グレード	S4	上長の方針的な指示下で、マネジメントのサポートや企画、渉外・折衝、高度な技能的業務などを行う	実際の任用による（海外対応等）	32	96.0	80.0	64.0	48.0	16.0	480.0	464.0	448.0	432.0	400.0
	S3	上長の包括的な指示下で、定型熟練、繰り返し的な業務に加え、企画・立案、折衝業務の一部などを行う	G4以上 管理職 H6以上	28	84.0	70.0	56.0	42.0	14.0	420.0	406.0	392.0	378.0	350.0
	S2	上長の要点的な指示下で、定型熟練、繰り返し的な業務を行う	G3～G4 H4～H6	25	75.0	62.5	50.0	37.5	12.5	375.0	362.5	350.0	337.5	312.5
	S1	上長の具体的な指示下で、定型的な業務を行う	G1～G2 H1～H4	20	60.0	50.0	40.0	30.0	10.0	300.0	290.0	280.0	270.0	250.0

［注］ Hはファミリー正社員（各事業会社のプロパー社員で、地域限定社員の位置づけ）のグレード（H1～H8の8段階、H7～H8が管理職層）。

図表4 63歳定年時の雇用区分（2014年9月～2018年8月）

入社～60歳：グループ・ファミリー正社員 → 61～63歳：シニア正社員 → 63歳：定年 → 64～65歳：再雇用嘱託社員 → 65歳：退職

前に面談（ヒアリング）を行い、以下のスケジュールに沿って個人差や多様性を考慮した上で最終決定※する（9月移行者・3月移行者とも）。

- 4月：人事部から各部門に対し、当該年度の移行対象者を通知
- 5〜6月：全対象者につき、各部門において面談を実施（1人当たり30分〜1時間程度）
- 7月：人事部において各人のシニア役割グレードを決定
- 8月以降：移行対象者にシニア役割グレードを通知

※基本的に移行後の格付けは［図表3、5］のとおり60歳時グレードに即してリニアに決まるが、面談は本人の意向を踏まえた個別配慮（本来とは異なる、下位のシニアグレードへの移行）の必要性等を想定して実施する。

なお、移行時に決定したグレードは、原則として定年まで同一で、評価等により変更しない（例外的措置として、勤務状況や後述の人事評価結果により再格付けを検討することはあり得る）。

年により変動はあるが、シニア正社員への移行者（＝60歳到達者）は毎年60人前後である。移行後のグレードとしては、S2・S3がボ

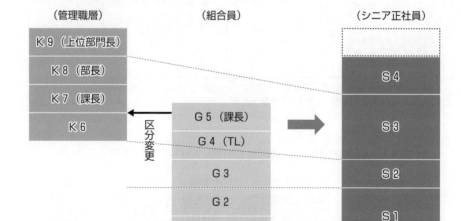

図表5　60歳時における役割グレードとシニア役割グレードの対応

リュームゾーンで、基本的にはＧ３がＳ２、Ｇ４は実態に即してＳ２（60歳時で課長補佐クラス）またはＳ３、Ｇ５がＳ３となる。

[3] 仕事内容・勤務条件

　シニア正社員への移行後も、原則として60歳以前と同様の役割・仕事を継続する。ただし、14年の定年延長時に役職定年を従来の57歳から60歳としているため、シニア正社員が役職に就くことはない。勤務場所や週の勤務日数・勤務時間にも変更はないフルタイム勤務である（必要に応じ若干の残業は想定するが、健康上の配慮から交替勤務はさせない）。制度上、異動・配転の可能性はあるが、基本は地域限定勤務のイメージであり（転勤者は本来の居住地域に復帰させる）、グレードにもよるが職種転換などの大幅な役割・業務変更は想定していない。

[4] 処遇内容

　[図表３] のとおり、シニア正社員制度ではシニア役割グレードと月例賃金、おおよその賞与額（評価により一定範囲で増減）が連動しているのが特徴だ。

　月例賃金は、グレードに応じたシングルレート（Ｓ１の20万円～Ｓ４の32万円）で、60歳以降における水準改定はない。諸手当は60歳以前と同様の基準・水準により支給する。月例賃金の水準検討に際しては、人事部内でもさまざまな議論が出たが、60歳時点の水準にこだわらず、最終的には「以降の生活でおおよそ30万円程度は必要ではないか」との認識を得、これを基にシミュレーションを繰り返した上で決定した。

　賞与は、現役世代と同じく年２回支給（７・12月）で、グレードに応じた各期１カ月分の"標準額"（Ｓ１の20万円～Ｓ４の32万円）を設定するものの、後述の「役割遂行評価」に基づき、グレードごとに25万～40万円の差を設けている。各期の賞与額と算出方法は [図表３、６] のとおりで、出勤率と５段階の評価ランク別比例係数（＝支給月数）によ

図表6 賞与の算定式と比例（評価）係数

・賞与支給額＝出勤率×（月例賃金×比例係数）

【評価ランク別比例係数】

区　分	評　価　ラ　ン　ク				
	SS	S	A（標準）	B	C
比例係数（支給月数）	1.50	1.25	1.00	0.75	0.25

［注］ 比例係数はグレード間で共通。

り決定される。

　退職金は延長後の定年年齢到達時、すなわち14年9月～18年8月までは63歳、18年9月以降は65歳において支給する。福利厚生制度は、カフェテリアプランや財形貯蓄など60歳以前とほぼ同内容が適用となる[**図表7**]。

[5] 人事評価

　60歳以前と同様、目標管理制度を導入している。役割遂行シート[**図表8**]を用いた本人・上司間の対話を通じ、各期の目標設定と評価を実施することで、役割・成果の向上につなげる。「役割遂行欄」で結果とプロセスを切り分けて成果を確認することに加え、「行動評価欄」では「積極姿勢」「責務遂行」「コミュニケーション・チームワーク」「規律遵守」に基づく行動面も評価する。目標設定は、本人のグレードの期待役割を踏まえて個別に実施する。行動評価で求められる視点は、グレード間で共通としている。

　各評価は次のとおり、いずれも相対評価により、SS・S・A（標準）・B・Cの5段階で年1回実施する。
- 「役割（結果）評価」「役割（プロセス）評価」「行動評価」を実施
- 上記3評価を総合し、当期の評価ランクを決定

図表7 シニア正社員と再雇用嘱託社員との処遇比較

区 分	シニア正社員	再雇用嘱託社員
月例賃金	役割グレードに応じ20万~32万円	20万~25万円
賞　与	月例賃金×0.25~1.50カ月（役割グレード・人事評価により支給月数変動）	（なし）
年　収	役割グレード・人事評価に応じ250万~480万円	240万~300万円
諸手当	現役世代（60歳以前）と同内容・同水準	（なし）
福利厚生	現役世代とほぼ同内容（休職期間を除く） ・カフェテリアプラン ・コミュニケーション施策 ・社員持株会 ・財形貯蓄 ・共済会 ・グランドグループ保険 ・食事代補助 ・年休積立保存制度：60歳時点の日数を引き継ぐ ・休職期間：6カ月（年休積立日数消化後、欠勤1カ月で休職）	・コミュニケーション施策 ・食事代補助 ・休職期間：1カ月（欠勤2週間で休職）
労働時間	現役世代と同じ（残業あり）	現役世代と同じ（残業なし）

　評価結果は年間の賞与額に反映される（夏冬の賞与額は同額となる）。実際の評価では標準のAが大半となり、Sは10％程度、SSおよびB以下はほとんどない。査定幅としては、標準Aを基準にプラス50（最高SS：150）~マイナス75（最低C：25）となる［図表6］。最高・最低間の年間賞与額差を見ると、S2では62.5万円、S3では70万円となる［図表3］。

　なお、［図表9］は60歳以前の現役世代の役割遂行シートの一例である（グレードにより一部異なる）。"シニア版"［図表8］では役割遂行における設定目標数が少なめになっていることと、"現役世代版"の能力開発目標に代えて行動評価が置かれていることが特徴である。

図表8 シニア正社員（S1～S3）用　役割遂行シート

期待役割
・経験豊富なベテラン社員として活躍し続ける
・現役世代に対し技術・技能の伝承を行うことで、モノづくり能力を維持・継承する
・当該事業・技術領域における高度専門家として、競争力を維持・強化する

目標No.	一次評価者の年度役割
①	
②	
③	
④	
⑤	

役割遂行欄

全ウエイト	役割遂行目標の設定【期初・目標設定対話】		
	私の目標	達成基準	プロセス
	上位方針との連鎖を意識し、「何に」取り組むかを簡潔に記入する。	目標項目（何を）、期限（いつまでに）、達成水準（どこまで）を明確にした上で達成基準を設定する。	目標達成に向けて特に影響度が高く、自ら中心となり行動する方策・施策を具体的に記述する。
目標連鎖No. No.1【重点テーマ】		達成レベル	(1)
ウエイト		現状レベル	(2)
			(3)
目標連鎖No. No.2		達成レベル	(1)
ウエイト		現状レベル	(2)
			(3)
目標連鎖No. No.3		達成レベル	(1)
ウエイト		現状レベル	(2)
			(3)

行動評価欄

	行　動	本　人
シニア正社員に期待される態度・行動を定義しています。（記載内容はS1～S3共通です）自身の行動との対比により、強み・弱みを明確に把握し、職場内での更なる活躍に繋げてください。		自己評価　役割遂行において発揮された行動や4項目に振り分けて具体的に記載し
積極姿勢	・現状に甘んじることなく、創意工夫を凝らすなど、改善意欲を常に持ち業務遂行している ・より困難な目標、計画を自ら進んで設定し、その実現に向けて努力している	
責務遂行	・自分の役割や立場を自覚し、自分に期待され、求められているものを全力を傾注して果たそうとしている	
コミュニケーションチームワーク	・上司・先輩や同僚など周囲に気を配りながら、所属部署やチーム全体からみて業務が円滑に進むよう他メンバーの守備範囲をカバーする行動をしている ・社内外の折衝において、説明力を発揮し、うまく事を進めるように導いている	
規律遵守	・職場の秩序を守り、部署全体の円滑な業務遂行に寄与している	

評価基準

評価	役割【結果】評価
SS	目標設定レベルをはるかに上回る結果をあげた
S	目標設定レベルを上回る結果だった
A	目標設定レベルを達成できた
B	目標設定レベルに近づいたが未達だった
C	目標設定レベルを大きく下回った

評価	役割
SS	目標達成に向け非常に優れた
S	目標達成に向け優れたPDCAを
A	目標達成に向け適切なPDCAを
B	目標達成に向けたPDCAにおいて
C	目標達成に向けた取組みをほぼ行

第8章　65歳定年制導入企業の事例

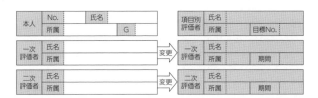

役割遂行状況の確認【期中・進捗確認対話】			1年間の役割遂行に対する評価【期末・フィードバック対話】	
本人記入	一次評価者記入		本人記入	評価者記入
上期終了時点までの達成度とプロセスの遂行度を振り返り、出来た点・出来なかった点について振り返る。(プロセスは必要に応じて修正する)			結果(達成度)とプロセスについてそれぞれを振り返り、評価する。 結果成果：1年間における役割遂行目標に対する遂行度合。達成基準との比較で判断する。 プロセス成果：1年間の成果創出に向けた施策の実施状況。プロセスの実行内容で判断する。	
			結果成果	結果成果 一次評価 二次評価
			プロセス成果	プロセス成果 一次評価 二次評価
			結果成果	結果成果 一次評価 二次評価
			プロセス成果	プロセス成果 一次評価 二次評価
			結果成果	結果成果 一次評価 二次評価
			プロセス成果	プロセス成果 一次評価 二次評価

記入	評価者記入			
コメント 組織・職場に対する行動を、左記します。	評価の根拠		上司評価	来期へのアドバイス 期末や来期期初の対話で内容を確認し改善や成長を促します。
			一次評価 二次評価 一次評価 二次評価 一次評価 二次評価 一次評価 二次評価	

【プロセス】評価		評価	行動評価
PDCAを行った		SS	常に期待レベルを大きく上回る行動を取り、職場に明らかな好影響を及ぼしている
行った		S	明らかに行動がみられ、それが職場に広く認識されている
行った		A	ほとんどの場面で行動がみられる
改善すべき点があった		B	時折行動がみられるが、期待レベルを満たしていない
わなかった		C	行動が見られず、業務に支障をきたしている

図表9　現役世代用　役割遂行シート（G3グレードの例）

包括的定義

- 一定範囲の業務に関して所属部署の担当分野のリーダー的存在として推進し、そのプロセスにおいて問題点を発見し、全体最適の視点から解決策を提案し実行する役割。
- 自己の目標の達成に向けて、自ら判断を下しながら着実に行動するとともに、所属部署の運営・活動を積極的に支援し、業績拡大に貢献する役割。
- グループ全体がグローバル展開を強化する中、現地事業や拠点の立ち上げ、実績化や収益向上などの指導・支援に主体的に関わる役割。

目標No.	一次評価者の年度役割
①	
②	
③	
④	
⑤	

役割遂行目標の設定【期初・目標設定対話】

全ウエイト	私の目標	達成基準	プロセス
	上位方針との連鎖を意識し、「何に」取り組むかを簡潔に記入する。	目標項目（何を）、期限（いつまでに）、達成水準（どこまで）を明確にした上で達成基準を設定する。	目標達成に向けて特に影響度が高く、自ら中心となり行動する方策・施策を具体的に記述する。
目標連鎖No. No.1【重点テーマ】		達成レベル	(1)
			(2)
ウエイト		現状レベル	(3)
目標連鎖No. No.2		達成レベル	(1)
			(2)
ウエイト		現状レベル	(3)
目標連鎖No. No.5		達成レベル	(1)
			(2)
ウエイト		現状レベル	(3)

能力開発

期待行動

役割群・グレードに応じて期待される行動を定義しています。
自身の行動との対比により、能力の方向性や個人の強み・弱みを明確に把握し、能力開発に活用します。
（記載内容はグレード・役割群毎にそれぞれ異なります）

革新創造	【課題解決への提案・推進】 ・会社や上位方針を理解し、担当領域へ常に問題意識をもち臨み、取り組みの中から課題を発見し、関係者に報告の上、解決策を主体的に実行している。 ・過去の視点にとらわれず新しい着眼点で、事業拡大の機会を積極的に探索している。
情報指向/状況判断	【情報統合、論理的判断】 ・担当業務に必要な情報を収集し、体系的に整理・理解し活用している。 ・混沌とした複雑な事柄についても自らの論理的思考を働かせて全体像を整理した上、判断を下している。
顧客折衝・満足	【主体的な折衝・調整】 ・影響範囲が顧客や他部署におよぶ事項に関して、適時、折衝・調整を行っている。 ・非定常的な業務や案件について互いの状況を把握し、双方にとって良い方向に進むよう説明し理解を得ている。
リーダーシップ/チームワーク	【影響力の発揮、周囲へのアドバイス】 ・自らの論旨について、当初に関係者から理解を得るだけでなく、ミーティング等を利用し相互理解を深めるよう工夫している。 ・職場の動きやメンバーの業務の進捗について把握をし、適宜支援・アドバイスを行っている。
業務深化・拡大	【業務拡大に向けた知識・スキルの習得】 ・業務領域拡大に向けて、担当業務から派生する関連知識やスキルを幅広く貪欲に習得している。 ・担当業務領域以外にも関心を持ち、状況の把握に取り組んでいる。
達成志向/行動管理	【達成追求】 ・一見達成不可能な難しい状況にあっても、PDCAを確実に回すことで最後まで業務に取り組んでいる。 ・自分の経験、行動、判断に自信を持ち、勇気をもって行動している。

第8章　65歳定年制導入企業の事例

本人	No.		氏名			項目別評価者	氏名				評価期間			
	所属						所属		目標No.		年　月　日　から		
一次評価者	氏名			→ 変更 →	一次評価者	氏名				年　月　日　まで		
	所属					所属		期間		対話実施期間		
二次評価者	氏名			→ 変更 →	二次評価者	氏名				期初対話	期中対話	期末対話
	所属					所属		期間		／	／	／

役割遂行状況の確認【期中・進捗確認対話】		1年間の役割遂行に対する評価【期末・フィードバック対話】	
本 人 記 入	一次評価者記入	本 人 記 入	評価者記入
上期終了時点までの達成度とプロセスの遂行度を振り返り、出来た点・出来なかった点について振り返る。(プロセスは必要に応じて修正する)		結果（達成度）とプロセスの遂行度をそれぞれ振り返り、評価する。 結果成果：1年間における役割遂行目標に対する遂行度合。達成基準との比較で判断する。 プロセス成果：1年間の成果創出に向けた施策の実施状況。プロセスの実行内容で判断する。	
		結果成果	結果成果 一次評価 二次評価
		プロセス成果	プロセス成果 一次評価 二次評価
		結果成果	結果成果 一次評価 二次評価
		プロセス成果	プロセス成果 一次評価 二次評価
		結果成果	結果成果 一次評価 二次評価
		プロセス成果	プロセス成果 一次評価 二次評価

本 人 記 入		評 価 者 記 入		
自己評価コメント		評価の根拠	上司評価	来期の課題
成果にいたる一連の行動のうち、自ら中心となり行ったものを書き出し項目毎に振り分けることによって自身の強み・弱みを確認します。		総合的な育成課題や強み弱みやそれに対するアドバイスを記載します。重点項目については個別に根拠を記載します。		期末や来期期初の対話で内容を確認し改善や成長を促します。
			一次評価	
			二次評価	
			一次評価	
			二次評価	
			一次評価	
			二次評価	
			一次評価	
			二次評価	
			一次評価	
			二次評価	
			一次評価	
			二次評価	

「シニア世代になると、中には"年下上司"と意見の対立を生じ、素直に指導に従わないケースも想定されます。そこで、規律や協調性の面からきちんと注意・是正し、気づきを促すための根拠・ツールとしても用いられるよう、行動評価を設けました」（本間氏）

[6] 再雇用制度の内容

18年8月までの63歳定年制の下では、65歳までの2年間、再雇用制度を実施していた（14年9月までは60～65歳までの5年間）。処遇内容は[図表7]のとおりで、月例賃金は事実上、定年時の職位により20万円（一般社員）または25万円（管理職）のいずれかであった。毎年の契約更新時に、簡易な人事評価に基づく水準改定の仕組みはあったが、大半が現行水準維持となっていた。賞与はなく、諸手当および福利厚生制度の大半が対象外であった。仕事内容は、職場により運用の差があるものの定年前とほぼ同じで、勤務場所や週の勤務日数・勤務時間も変わらないフルタイム勤務としていた。ただし、原則として残業はなく、夜勤も対象外となるほか、家族介護や長距離通勤などの事情を考慮し、一部社員には短時間勤務を認めていた（その場合、賃金は時給換算で勤務分のみ支給）。

シニア正社員制度と再雇用制度を比較すると、月例賃金では最大で7万円以上（再雇用制度25万円→シニア役割グレードS4：32万円）、年収ベースでは同180万円以上（再雇用制度の最高額300万円→シニア役割グレードS4／SS評価：480万円）アップすることになる。

「再雇用制度の人事評価は、各職場で上司が独自の裁量と基準で実施しており、仕組みとしてほとんど機能していませんでした。そこで、シニア正社員制度では評価をしっかり行い、成果を上げた人にはきちんと報いるというメッセージをあらためて打ち出しています。報酬のベースとなる月例賃金の改定は、設定水準（60歳以前からダウンする）と生活の安定性を考慮して行わず、代わりに賞与でメリハリをつけることとし

ました」(栗林氏)

なお、60歳定年時代には、60歳時に約85％が再雇用を選択していた。63歳定年制下では、60歳・63歳到達時を含めて会社を去るケースは健康上の理由等による数人を除いてほとんどなく、現時点で大半が65歳まで継続勤務している。

3. 定年引き上げに伴う60歳以前の制度変更
60歳以降への「より高い役割期待」に基づく新制度の導入と平仄を合わせる

14年の定年の引き上げと併せて、前述の「現役世代からシニア世代まですべての社員が役割・仕事と成果で処遇される」というコンセプトの下、60歳以降への「より高い役割期待」に基づくシニア正社員制度の導入と平仄（ひょうそく）を合わせる形で、現役世代の人事制度＝役割マネジメントシステムについても見直しを行った。06年に導入した同制度は、処遇軸をそれ以前の職能基準から役割基準に転換したもので、その概要は次のとおりである。

〈06年時の人事制度改定〉
- 基本給の要素・構成変更：〈改定前〉年齢給5：職能給5→〈改定後〉役割給6：能力給4（評価軸を能力発揮・役割遂行の度合いにシフト）
- 諸手当の改廃：家族・住宅補助等、属人的な手当の廃止・減額→同原資を役割給へ再配分
- 賞与の査定部分の拡大：〈改定前〉基本給比例部分7：個人成績部分3→〈改定後〉同6：4

上記の考え方をさらに推し進め、「年功的・属人的な要素を払拭する」「仕事と成果に基づく処遇を徹底する」ため、以下の3点の改定を実施した。

[1] 昇格・昇給意欲を高める賃金テーブル変更

　役割給について、基本給における比率を引き上げた（役割給6：能力給4→同7：3）。また、賃金テーブルを改定し、基本給におけるグレード変更時の昇格昇給額、および毎年の査定昇給額を引き上げることで、昇格インセンティブを高めつつ、賃金の立ち上がりを早めている。一方で、年齢や能力よりも役割との連動を高める観点から、各グレードの基本給上限を引き下げ、グレード間の賃金レンジの重複部分を縮小した。これにより、同一グレード内での昇給が以前より早期に頭打ちになるため、これまで以上に昇格へ向けた意識づけが重要になる。

　なお、上記変更および過去の人事制度改定に伴う不利益救済措置として支給していた調整給は、15年4月以降段階的に縮小し、17年4月をもって全廃している。

[2] 諸手当の再改定

　制度改定後8年間の社会環境の変化を踏まえ、家族手当や家賃補助手当の支給基準の変更など、より公平性の高い手当の仕組みへと見直した[図表10]。

[3] 退職金制度の改定

　同社の企業年金制度は確定給付・確定拠出の2本立てであり（ただし、18年入社者以降は確定拠出に一本化）、シニア世代について確定給付年金における受給額は次の計算式により算出される。

受給額＝退職累計ポイント×10,000×退職事由別乗率×勤務期間別乗率
　　　　×補正係数÷12

　上記補正係数につき、14～16年の3年間で、それまでの「1.1957」から「1.10」へ段階的に引き下げている。

　補正係数が下がることについては、労働組合から慎重な判断を求める声も上がったが、会社としては、補正係数はこれまで一切見直しがな

く、適切な水準まで引き下げたいこと、60歳以降のシニア正社員に対し継続して退職金ポイントを付与し、退職金の減額幅を圧縮すること、次に述べるとおり生涯報酬では大半の社員がプラスとなること——を示し、同意を得ている。

以上の各改定、および定年の引き上げに伴うモデル年収の変化を、標準昇格者につき、在位者の多いＧ４グレードで比較したものが、

図表10　諸手当の見直し

区　　　分	改　定　前	改　定　後	実施時期
家族手当	子の人数により１人当たりの支給金額が異なる	子の人数にかかわらず１人当たり１万8000円支給	2014年10月
家賃補助手当	・支給年齢上限：40歳以下（組合員のみ） ・支給金額：契約家賃額×40％（上限＝４万5000円）	・支給年齢上限：37歳以下（組合員のみ） ・支給金額：契約家賃額×40％（上限＝独身者は２万8000円、配偶者または扶養家族と同居している場合は４万5000円）	2017年４月
借上社宅の自己負担率	地域別・扶養人数別に設定	一律20％	2014年10月
交替制の深夜割増手当	基本時間給×45％	基本時間給×35％	
事業場外および裁量労働制対象者の深夜割増手当	基本時間給×50％	基本時間給×25％	
資格取得一時金制度の新設	—	組合員・管理職を対象に、資格取得や自己啓発の促進を目的とし、資格取得時に一時金を支給（支給額は資格取得難易度別に設定）	
子の入学祝い金制度の新設	—	組合員・管理職を対象に、子の高校・大学入学時に一時金３万円を支給（夫婦とも社員の場合は税法上の扶養者に支給）	2014年10月以降の入学より適用

[**図表11**]である（18年8月以前の63歳定年ベース。64～65歳は再雇用制度を適用）。65歳まで働き続けた場合、60歳以前では昇格昇給の増額により立ち上がりが早く、60歳定年時より259万円のプラスとなる。60歳以降も、63歳までのシニア正社員制度導入により456万円増加する。一方、退職金は前記[3]の補正係数の引き下げにより115万円のマイナスとなるが、生涯報酬はトータルで約600万円アップすることになる。

65歳定年ベースでは、シニア正社員の期間が2年間延びるため、年収増および2年分の退職累計ポイントを加味すると、平均でさらに200万円程度増える計算となる。

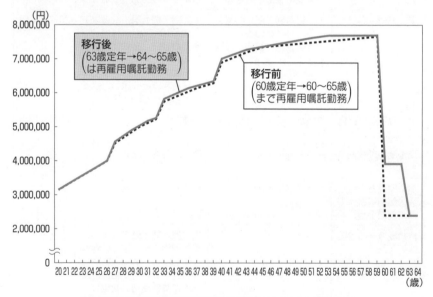

図表11　63歳定年延長前後におけるモデル年収比較（G4グレードベース）

移行前後の年収差額合計（60歳以前）…①	＋2,590,702円
〃　　　　　　　　（60歳以降）…②	＋4,560,000
退職金額 …………………………………③	－1,155,660
移行前後の生涯報酬総計（①＋②＋③）	＋5,995,042

4. 関連施策の展開

就労期間の長期化を見据え、現役世代のキャリア形成を多角的に支援

　定年延長に伴う就労期間の長期化に伴い、65歳定年まで安定的に役割を発揮し続けるために、能力面・健康面での個人基盤を強化していくことが求められる。そこで14年以降、キャリア形成の支援策として、働きがいの継続につながるキャリア教育や、シニア世代に配慮した職場環境の整備、健康管理・健康増進の強化等に取り組んでいる［図表12］。併せて、現役世代からシニア世代までの継続的な活躍を促し、会社の競争

図表12　就労期間の長期化を見据えたキャリア形成の強化策（2014年〜）

シニア世代の働きがいの継続・意識転換	自己努力や能力開発を促すキャリア教育、シニア正社員移行時の研修を実施
健康管理・健康増進策の強化	・健康増進5カ年計画（第2期）をスタート ・健康診断結果データの活用による職務適性評価・適正配置・就業配慮の実施
ジョブリターン制度の新設	キャリアを活かした復職（働く側）と即戦力の確保（企業側）という双方のメリットを考慮し、社員の多様なニーズに細かく対応できるよう、特定事由（介護・出産・育児）で退職した社員（勤続3年以上、シニア正社員も含む）について、再入社の仕組みを設ける
65歳退職以降のプロフェッショナル人材登録制度の新設	シニア世代において、会社が必要とする高度な専門性を持つ人材につき、65歳退職以降も、本人希望と部門ニーズが合致した場合にスポット的に働くことができる仕組みを導入。シニア世代が培った高度な専門性や豊富な経験を活かし、競争力強化につなげる
役職定年年齢の見直し	定年延長により就労期間が長期化する中で、シニア世代の役割意識の継続に向け、役職定年年齢を57歳→60歳へ延長
サブリーダー制度の導入	G3以上の現役社員を対象に、部門長決裁によりサブリーダー（非公式役位、手当なし）として任免できる制度を導入。若手育成の必要性や就労期間の長期化・役職定年延長・同社人員構成を背景とするポジション不足が懸念されることへの対応。指導・育成力やマネジメント力の向上、経営参画による人材・職場活性化を期待

力を高めることを狙い、特定の事由で退職する社員を対象としたジョブリターン制度や65歳以降のプロフェッショナル人材登録制度も新設している。

また、シニア世代の役割意識の向上に向け、前述のとおり役職定年を57歳から60歳に引き上げた。一方、ポスト不足の懸念や若年層育成の観点から、Ｇ３以上を対象にサブリーダー制度を導入し、指導・育成力やマネジメント力の向上、経営参画による人材・職場活性化を図っている。

5. 社員の反応と変更へのコンセンサス醸成

改定の意図や内容を丁寧に説明し、
「トータルでプラス」になる点への理解を得る

　定年引き上げに対して社員は、おおむね肯定的である。特に、これまで４年間運用してきた63歳定年については、60歳到達者を対象に毎年実施している、シニア正社員への移行時面談（**2.[2]** 参照）でも個別に意見を聞いており、率直に正社員として働ける期間が延びたことを歓迎し、「やれるところまでやりたい」と前向きに捉える声が多い。

　一方で、定年引き上げの実施直後は、退職金の受給タイミングが３年間延伸となったことへの戸惑いや、雇用面での安心感が高まり再雇用時より処遇全般が改善されたとはいえ、60歳で賃金水準が下がる点に変わりはないとして60歳以前との整合性に疑問を呈する向きも一部に見られた。同様の意見は、労働組合が組合員を対象に実施しているアンケートでも寄せられたといい、会社としては運用を進める中で、定年引き上げを含めた人事制度改定の目的、および勤務・処遇条件面での変更点について丁寧に説明し、理解を深めてもらうことに注力してきた。

　「概して年齢が上になれば、その分、能力・意欲・健康、あるいは生活環境面での個人差は大きくなりますので、定年引き上げの受け止め方も、実にさまざまです。すべてのシニア世代から、すべての変更点につ

いて満足を得ることは難しいですから、処遇面で改善される点、これに伴い状況によっては不利になり得る点を丁寧に説明し、本人の事情を踏まえた働き方、ライフプランの検討をお願いしています。

　制度上は、従来どおり60歳以降で退職しても不利にならない設計としています。退職金は定年退職扱いで支給されますし、現役世代の賃金についても、賃金テーブルの改定や諸手当の改編などの手を加えましたが、世代間のバランスに配慮しつつ、全体的な不利益を極力小さくすることに意を用いました。結果として、標準者であれば査定昇給・昇格昇給を含めると以前より増額となる計算です。一方で、継続的に標準評価に満たない長期滞留者はマイナスとなりますが、ここは06年の『役割』基準への移行を踏まえて奮起を促したいという会社からのメッセージでもあります。

　今回、退職金（確定給付企業年金）の補正係数改定や現役世代の賃金カーブの見直し、あるいは過去の人事制度改定で変更を猶予した点への対応など、労働組合にも難しい判断を求める形となりましたが、最終的には、引き上げ後の定年年齢まで勤め上げた場合、生涯報酬トータルでは"収支プラス"になることを強調し、全体的な理解を得ることができました」（栗林氏）

　なお、定年引き上げを含めた制度改定原資について、おおむね半分は前述した現役世代の賃金・手当部分の調整から確保し、残り半分は会社の追加負担により対応した。18年の65歳定年については、会社がその全額を負担している（財源捻出のための対応は特段講じず）。

　65歳への引き上げは、63歳への引き上げから4年が経過し、その間の運用や社会的な「65歳雇用」意識のさらなる浸透を踏まえて、社内的に60歳以降も「現役続行」が前提であることのコンセンサスが醸成されてきたこと、基本的に不利益はなく、「定年が文字どおり2年延びるだけ」（63歳でも65歳でも大差はない）との受け止めが一般的であったことから、移行の議論・手続きは円滑に進んだという。

6. 今後の展望

シニア世代の処遇と役割のバランスについて議論を深める

　意識変化を含め、60歳以降の「役割向上」については着実に浸透しており、経営層からも4年間の運用実績に対し一定の評価を得ている。今回、新たに65歳定年がスタートするため、当面はその定着を図りつつ、現場の声の把握を継続していく。

　「今後の課題としては、60歳でいったん処遇がダウンする点で、やはり同一労働同一賃金の問題とどう折り合いをつけるかです。新たに司法判断も示されているので、求める役割と処遇のバランスを含めて、どういう体系であれば『当社として本来目指すべき定年延長』といえるのか、引き続き労使で議論する必要があります。

　また、シニア世代のパフォーマンスの在り方をどう考えるのか。現在、例えば現業系では職種をまたぐ配置転換は行わないのが原則ですが、シニア世代になって、仮に健康上の理由でこれまでと同じ仕事ができなくなれば、継続就業の場は非常に限定的となります。シニア世代以降の職種転換は厳しいため、一つの案として、40～50代からジョブローテーションを通じた多能工化を進めることも検討に値します。就労期間の長期化を踏まえ、早い段階から『シニア世代までの活躍を見据えた健康管理意識』と『変化への柔軟な対応力』をいかに醸成していくかがカギになると考えています。

　再雇用制度時からの論点でもありますが、シニア世代の個別業務のレベル感をどこに置くのかは悩ましく、今のところ一律のルールは設けていません。現時点ではシニア役割グレードの各定義や役割遂行シートを基に、各ラインが判断していますが、運用にバラつきが生じるケースもあり、今後何らかの整合が求められるかもしれません」（本間氏）

7. 他社へのアドバイス

63歳→65歳と段階的に定年を引き上げたことが奏功。
コミュニケーションを重ね、労使で問題意識を共有

　最後に栗林氏から、定年延長を進める上でのアドバイスをいただいた。
「当社の場合、やはり定年の引き上げを14年の63歳、18年の65歳と2段階で進めたことが奏功したと認識しています。いきなり65歳で実施することは、対象者の意識の面でも現役時の処遇との整合の面でも、ハードルが高くなりがちです。現行制度の内容や運用状況、シニア世代の意識次第ですが、段階的な引き上げとすることで移行後に想定されるトラブルにも対応しやすくなり、次の引き上げに向けた準備も十分に尽くせると思います。
　処遇面での対応としては、原資の関係上、現役世代の内容とトレードオフになるケースが多く、対象層や労働組合の同意をどう得るかが問題となります。いきなりの提案では抵抗感を払拭することは難しいので、普段から労使間でこの問題に関して意見交換や認識の擦り合わせを行っておくことが重要です。65歳までの雇用の安定は、対象者から見て大きなメリットといえるため、マイナス改定とせざるを得ない部分について、これを最小限にとどめるとともに、変更内容トータル・勤務期間トータルで"収支プラス"となるように設計すれば、検討のプロセスと併せて社員に丁寧に説明することで理解は得やすくなるのではないでしょうか」

事例❷ オーエスジー

基本給が60歳到達前の66％となるよう設定。成績評価による賞与支給幅を大きくし、最高評価の社員には60歳到達前と同水準を支給。ベテラン社員のモチベーションを向上させる

取材対応者：総務部 人事グループリーダー（課長） 西郷章裕氏

ポイント

❶**導入時期**：固有技術を持ち、意欲のあるベテラン社員に引き続き活躍してもらうことを目的として、2016年12月から定年年齢を60歳から65歳に延長

❷**60歳以降の基本給水準**：基本給が従来のシニアスタッフ制度と同水準である60歳到達前の66％となるよう設定

❸**成績に応じた賞与支給幅**：成果主義により成績評価に応じて賞与支給額を決定。支給額の幅を60歳到達前のものよりも広げ、最高評価者への支給水準は60歳到達前と同水準とする

❹**従来制度比での年収アップ**：標準モデルでの年収ベースでは従来のシニアスタッフ制度と比較して約15〜20％上昇

❺**資格等級・昇給**：資格等級を下げず、号数をダウンさせることで60歳到達後の賃金見直しに対応。60歳以降も最高評価者は昇号昇給させ、能力発揮に報いる

CORPORATE PROFILE

精密切削工具の大手メーカー。タップ（ねじ山を作る工具）、エンドミル（形を削り出す工具）、ドリル（穴を開ける工具）が主力製品。中期経営計画「The Next Stage 17」では、2020年の営業利益率20％を目標に、現在の主力顧客である自動車産業に加え、航空機産業向けを次の柱とすべく注力している。
https://www.osg.co.jp/

本社　愛知県豊川市本野ケ原三丁目22番地
資本金　121億2400万円
従業員数　7020人（連結ベース）

〈2018年11月末現在〉

1. 65歳定年制導入の経緯と目的

「固有技術と意欲を持ったベテラン社員の活躍」という目的は不変。
目的達成には、①賃金水準の是正と、
②有期雇用による不安感の解消が必要と考え、定年延長に踏み切る

[1] 従来の定年後再雇用制度の推移

オーエスジーは、2016年12月から定年を60歳から65歳に延長した。同社では、固有技術を持ち、意欲のあるベテラン社員に引き続き活躍してもらうことを目的として、2001年4月という早い時期から「シニアスタッフ制度」という名称で定年後再雇用制度を運用していた。

シニアスタッフ制度を施行した当初は、再雇用の延長限度年齢を満62歳としていたが、2006年の改正高年齢者雇用安定法の施行により、高年齢者雇用確保措置の義務化年齢が段階的に引き上げられることとなった[図表1]。企業に65歳までの雇用確保措置の実施が義務づけられたのは2013年度以降だが、将来的な65歳までの義務化にいち早く対応する形で、2005年3月に再雇用の延長限度年齢を満65歳まで引き上げるとともに、シニアスタッフ制度の当初の目的であった「雇用の確保」を、「固有技術と意欲を持ったベテラン社員の活躍」に切り替えた。

図表1 高年齢者雇用安定法改正による雇用義務化年齢の引き上げ

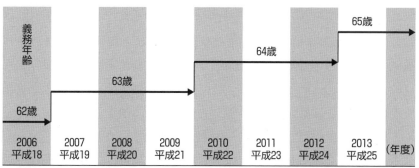

[2] 定年延長の基本的な考え方

　今回の定年延長でも「固有技術と意欲を持ったベテラン社員の活躍」という目的に変化はない。しかし、この目的をより十分に達成するには、シニアスタッフ制度の課題であった、①再雇用制度の賃金水準の是正、②有期労働契約ゆえの雇用に対する不安感をなくし、安心して能力発揮できる環境づくりが必要と考え、定年延長に踏み切った。

　「当社が定年延長に踏み切る中で最も大きかった要素は、技術力の高い優秀な高年齢者層を確保することです。当社が行っている切削工具の製造は、経験を積めば積むほど熟練していく性質の業務ですので、定年が近くなるほど『抜けたときに痛い』社員になる傾向が強くなります。このようにベテラン社員が戦力としてポテンシャルを持っている中、シニアスタッフというある意味中途半端な位置づけに置くことで、本人のやる気を削いだり、高く処遇できないことで他社に引き抜かれたりするよりは、正社員として相応の処遇をし、モチベーションを高く持って活躍してもらいたいと考えました」（西郷氏。以下、発言はすべて同氏）

[3] 旧制度（シニアスタッフ制度）の運用状況

　同社で定年後再雇用を希望する率は、約90％と非常に高い水準であった。シニアスタッフは1年更新の有期労働契約で、成績評価（S・A・B・C・Dの5段階）で最低のD評価を取らない限りは契約を更新していた。

　しかし、公的年金の支給開始年齢が引き上げられ（＝支給開始時期が遅くなる）、無年金期間が発生する世代が出たことに伴い、60歳以降の無年金期間については最低のD評価であっても契約を更新するよう制度を改定した。これにより、少なくとも無年金期間中は、社員本人が更新を希望する限りは原則として再雇用を継続できる制度設計となった。また、職務も定年前後で変わらない社員が大多数を占めていた。

　労働契約が有期であることや賃金面の差異を除けば、再雇用制度の運

用実態が定年延長に近いものになっていたことが、同社が定年を延長するハードルを低くしたといえる。

2. 65歳定年制の内容

標準的な基本給は60歳到達前の66％となるよう設定。
成績評価による賞与支給幅を大きくし、能力発揮のモチベーションを向上

　定年延長を実施した2016年当時、従業員全体の約4.8％が60歳以上のシニアスタッフとして就労していた。今後、60歳到達者数は毎年増加していくことが見込まれていたため、定年延長に際しては、60歳以降の社員のモチベーション向上に資する内容が求められた。そこで同社では、定年延長に伴い、60歳以上の社員の処遇をシニアスタッフ制度よりも引き上げる方向で見直している。

[1] 勤務形態・職務

　60歳以降の勤務形態は、シニアスタッフもフルタイムが原則だったが、定年延長により正社員となったことに伴い、「原則」ではなくすべての社員がフルタイム勤務となった。

　「シニアスタッフ制度を導入した当初（2001年）は、在職老齢年金の算定基準が総報酬制ではなく月例給与であったため、月給を低く抑え、賞与を多めに支給する制度設計としていました。月給を低く抑えるという面から、週3回などのパートタイム勤務も認めていたのですが、2003年に在職老齢年金の総報酬制が導入され、翌2004年4月からは総報酬制に伴い在職老齢年金の計算式が変更されたため、月給を抑える必要がなくなりました。

　これを契機として、2005年3月には制度の目的を『雇用の確保』から『固有技術と意欲を持ったベテラン社員の活躍』に切り替え、再雇用の延長限度を65歳まで延ばすとともに、シニアスタッフの勤務形態も原則

フルタイム勤務へと変更しました」

　65歳定年制における60歳以降の職務も、定年後再雇用時と同様に、原則的にそれまでの職務を継続することとなる。ただし旧制度（60歳定年制）では、課長以上の役職者の役職定年を60歳としていたため、定年と同時にそれまでと異なる業務に従事してもらうケースがあった。

　しかし、そのようなケースは、定年延長と同時に役職定年制の年齢を見直したことで解消されている [図表2]。役職定年制の見直しは役職者の若返りを図るためであり、本来的には65歳定年制との関連性は持たせていなかったが、結果的に60歳を境に職務が変わる設計ではなくなっている。

　「定年を延長する一方で、役職定年を若返らせることは、一見するとつじつまが合わないように見えるかもしれませんが、これは、平均年齢42.8歳、社員のボリュームゾーンが45歳近辺という当社の労務構成を見据えたものです。社員数の多い世代が役職者になり、従来の役職定年まで同じ役職に就いた場合、より若い世代が役職に就く時期が遅くなってしまうため、役職就任と離任のサイクルを早める必要がありました。

　上の世代が役職就任の壁になる状況を防ぐために行った役職定年の見直しですが、結果として役職を離任した後から定年までのキャリアを考えさせるきっかけにもなり、同時期に行った定年延長との親和性が生ま

図表2　役職定年の見直し内容

役　職	役職定年（歳）	
	見直し前	見直し後
部　長	60	59
次　長	60	56
課　長	60	54
係　長	53	52
班　長	53	48

れたと受け取っています」

　現場の班長や係長を務めていた役職定年後の社員は、主に安全管理や品質保証などのスタッフ業務に「専門職」という名称で配置転換している。

[2] 社員区分・賃金など処遇面の変更
(1) 60歳を境にした社員区分変更

　定年延長前（60歳定年時）の正社員は、職能資格等級における1～6等級の社員が、非管理職層の「正社員B」、7等級以上が管理職層の「正社員A」と区分され、定年後は有期契約社員となっていた。定年を65歳に延長した後も「正社員B」「正社員A」の区分は60歳到達時まで続くが、60歳以降の社員区分として「正社員D」「正社員E」を新設した上で、社員区分を切り替えている [図表3]。社員区分の変更は、転勤・異動の範囲や職務内容には影響しないため、社員によっては60歳以降でも転勤することもあり得る。

(2) 60歳以降の基本給

　賃金制度のうち基本給は、資格等級ごとに号俸表が設定されており、成績評価に応じた号数アップにより次年度の賃金が決まる仕組みとなっている。定年を65歳に延長した後で、60歳以降の賃金水準をどこに設定するかを検討する中で、基本給については、従来のシニアスタッフ制度と同水準である「60歳到達前の66％」を標準的なラインに設定した。し

図表3　60歳以降の資格等級と社員区分

資格等級		社員区分	
		60歳到達前	60歳以降
7等級以上	管理職層	正社員A	正社員E
1～6等級	非管理職層	正社員B	正社員D

［注］　資格等級は変更しない。

かし、"技術を持ったベテランに活躍してもらう"ことを定年延長の目的にしている以上、「能力が下がっていない」=「職能資格等級は変更しない」ことが大前提となり、資格等級を下位に再設定することで60歳以降の基本給をダウンさせる方法は採れなくなった。

　これらを踏まえ、60歳到達のタイミングで、同一資格における号数を60歳到達前の基本給の66%となるようダウンさせることで、資格を下げずに基本給を再設定できる仕組みとしている［図表4］。

(3) 成績評価の考え方

　60歳以降の正社員D・Eに成績評価（相対評価）を付ける際の評価段階は、S・A・B・C・Dの5段階で、これは60歳以前と変化はない。ただし、60歳到達前の社員とは別の集団とし、かつ60歳以降の社員区分および等級ごとで評価する。これは、成績評価に応じた賞与支給額の幅を60歳以前よりも大きくしており、60歳までの賞与の考え方が60歳以降に当てはめにくいことによる。なお、60歳以降の昇格は原則として行わないこととしているため、成績評価の結果は、賞与と基本給の昇給（=号俸表における昇号）に影響する。

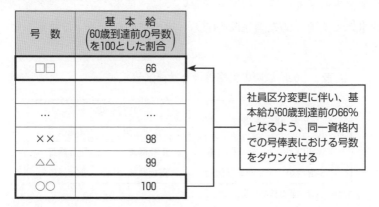

図表4　社員区分変更による基本給の変更（イメージ）

(4) 賞与支給額の決定

　賞与は、60歳以降の社員についてはパフォーマンスが人によって異なるため、成果主義の色合いを濃くし、成績評価によって従来のシニアスタッフ制度よりも賞与支給額の格差を拡大した。基本的な考え方は、標準的な評価であれば基本給と同様に、60歳到達前の66％を基準としている。さらに、最高評価のＳ評価となった社員に対しては、60歳到達時前の社員のＳ評価と同額の賞与が支給されるよう、60歳までよりも成績評価に応じた賞与支給の幅を大きくしている。

　具体的には、成績評価時点で付けたＳ～Ｄの評価のうち、Ａ・Ｂ・Ｃをさらに３段階（Ａ１～Ａ３、Ｂ１～Ｂ３、Ｃ１～Ｃ３）に分けて再評価し、全部で11段階評価とする。その上で、標準であるＢ２評価の支給額を60歳到達前に支給される標準的な賞与の66％とし、Ａ１～Ｃ１までには評価段階につき５～６％で支給割合の幅を設ける。さらにＳおよびＣ２以下は、Ａ１～Ｃ１よりも広い幅で支給率を設定している **[図表5]**。

　「60歳以降も、それまでと変わらず高い能力を発揮し続ける社員もいます。本人も能力発揮に関しては60歳到達前と変わらない自覚がありますから、会社としてもそれに見合った支給水準を用意する必要があるため、60歳到達前よりも評価に応じた賞与支給額の幅を広く取りました。また、標準評価の社員に支給する賞与額は大幅に増加させました。定年後再雇用と比較すると約１～２倍になっているので、標準評価であったからといってモチベーションが下がるような水準ではないと思います」

(5) 昇給の考え方

　60歳以降の昇給は、60歳到達前と同様に成績評価に応じた昇号により行う。シニアスタッフ制度の時には60歳以降の昇給がなかったため、65歳定年制の導入に伴い、60歳以降の評価に応じた号数アップを設定した。また、同時に58～59歳の昇号ピッチも上方修正している **[図表6]**。ただし、昇給するのはＳ評価を取った社員のみとしており、最高評価者

| 図表5 | 期末一時金の計算式と評価ごとの支給水準 |

●期末一時金の計算式
期 末 一 時 金＝（基本給比例分＋成績比例分）×出勤率
基本給比例分＝基本給×指数
成 績 比 例 分＝成績比例期末手当配分点×評価単価

●正社員D（組合員層の60歳以降）の成績比例分イメージ

成績評価	60歳到達前の支給額に対する割合	
S	100%	← 60歳前のS評価と同水準を支給
A1	87%	
A2	81%	
A3	76%	
B1	71%	
B2	66%	← 60歳前の標準評価の66%を支給
B3	60%	
C1	54%	
C2	33%	
C3	10%	
D	0%	

を優遇する設定となっている。

(6) 退職金制度

　同社の退職金制度は、確定拠出年金の割合が100％という形を採っている。同制度は定年延長前後で変更しておらず、会社からの拠出も60歳までのままとしている。

[3] 総額人件費に対するスタンス

　定年延長に伴う60歳以降の賃金見直しで生じる総額人件費の増加は、同社としては「ベテラン社員にモチベーションを高く持って働いてもらうための必要経費」と考えており、60歳より若い世代の賃金カーブを是

| 図表6 | 人事評価・年齢ごとの昇号ピッチの改定 |

●60歳定年制における昇号ピッチ

成績評価	55〜57歳	58〜59歳	60歳〜
S	2	1	
A	1	0	
B	0	0	設定なし
C	0	0	
D	0	0	

●65歳定年制における昇号ピッチ

成績評価	55〜57歳	58〜59歳	60歳〜
S	2	2	1
A	1	1	0
B	0	0	0
C	0	0	0
D	0	0	0

正するなどの対応は行わなかった。

「当社としても総額人件費の増加分を試算し、億単位での影響があると理解していました。しかし、賃金カーブを見直すことで、より若い世代のモチベーションを下げることも避けたかったのです。年齢を問わず、当社で経験を積んだ社員が社外に流出してしまうのは、人件費アップよりもリスクが大きいと判断し、すべて会社が負担するという決断をしました」

［4］定年延長時点で60歳に到達していた社員への対応

定年を65歳に延長した時点で既に60歳に到達しており、シニアスタッフとして再雇用されていた社員に対しては、一律に正社員D・Eに社員

区分を変更し、処遇も変更した。これは、総額人件費の増加分を会社が負担し、社員の60歳到達前の処遇を見直さなかったために可能となった措置といえる。

　一方で、60歳以降の社員の賃金アップに伴う原資を、60歳以前の賃金カーブの見直し等によって確保する場合は、このような対応は難しくなる。見直し前の賃金カーブで処遇された世代が定年延長によりアップした賃金を受け取ると、いわゆる「両取り」となり、世代間の不公平が生まれるためだ。そのため、定年延長された社員の処遇を数年かけて徐々に上げていく「激変緩和措置」を取るのが一般的である。

　同社では、会社が総額人件費の増加分を負担したため、社員の賃金カーブを見直す必要がなく、両取りの世代は生まれなかった。後は、既にシニアスタッフになっている世代が損をしないよう、正社員へと社員区分を変更すれば、世代間の不公平を最大限解消できるため、このような措置を取ることとした。

3. 定年延長に対する従業員の反応

シニアスタッフ制度の賃金イメージを引きずる形で不満の声があったが、大幅にアップした賞与を実際に支給することで不満を解消

　定年延長により、仕事に加え「正社員」という社員区分も60歳到達前と同じになった。このため一部の社員からは、同じ仕事をしている正社員なのに、60歳になったという理由だけで給料が下がることに対する不満が出た。ただし、定年延長に伴う賞与のアップを実際に受けると、「仕事内容に見合った年収水準である」という納得性が高まり、不満の声はほぼ聞かれなくなっている。

　「当社の標準労働者モデルで考えたときに、60歳到達前の年収を100％とすると、シニアスタッフの年収は50％台まで下がる設計になっていました。これは、高年齢者雇用継続給付金の受給を前提としていること

と、正社員と比べて大幅に下げていることによるものです。今回の定年延長に伴い、諸手当も含めると、60歳以降の年収は約69％まで上がります。成績評価によっては賞与の部分がより膨らむため、多い人であれば、60歳到達前の80％程度まで年収を確保できるでしょう。

　こういった年収のアップについても社員に説明しましたが、実際に改定後の給与を受け取らないと、なかなか実感は湧かないようです。特に、先輩社員から『60歳以降は賞与が大幅に下がる』と言われ続けてきたので、シニアスタッフ制度での60歳以降の年収イメージが社員に深く刻まれていました。そういった背景もあり、説明会の段階では仕事と給与のアンバランスさに対して不満が出ていましたが、実際に賞与が支給されると、不満はほとんど聞かれなくなりました」

4. 役職定年者へのセカンドキャリア支援施策

自己申告制で個々の希望を吸い上げる。
今後はセカンドキャリアプランセミナー（仮称）で、
会社側からも選択肢を提案し、考えさせる仕組みを検討

　役職定年年齢が早まったことと、定年が65歳に延長されたことにより、役職者が役職定年後に過ごす年数が長期化した。労務構成のボリュームゾーンが40代後半にあるため、これから役職定年を迎える社員の能力を引き出す仕組みをつくることが、今後ますます必要になる。そこで同社では、3年前から自己申告制度を用いて、役職から離任した後でどのような職務に就きたいかを集約している。ただし、中には離任後のキャリアをうまく描くことができない社員もいるため、役職を外れた後の仕事についてより明確なイメージを描いてもらえるよう、「セカンドキャリアプランセミナー（仮称）」を開催すべく、現在立案している。

　「役職定年の見直しにより、班長クラスは48歳で役職を外れることになりました。この社員が65歳まで勤務する場合、役職を外れてから17年

間もキャリアを積んでいく期間が残っています。役職経験者は技能に加え指導力もある人材なので、会社としては本人の希望も踏まえながら、ぜひ役職を外れた後も能力を発揮してもらいたいと考えています。ただ、そもそも離任後にどういう選択肢があるかを把握していない社員も多いため、以前は役職定年ギリギリまで離任後の働き方を考えず、離任後にモチベーションを落としてしまうケースもありました。海外の技術指導職なども含め、ラインにいてはできない仕事もあるので、そういった仕事を会社側から提案しながら、モチベーションを高くして取り組める職務を模索したいと考えています」

5. 今後に向けた課題

60歳を境とした処遇面での差が定年延長後も残っているため、
一貫性のある賃金カーブをつくることが長期的な課題

　これまで見てきたように、定年を延長するとともに60歳以降の社員の処遇を引き上げたものの、60歳を境に非連続的な賃金ダウンとなる点はそれまでと変わらない。担当してもらう職務や「正社員」という社員区分も変わらない中で、賃金カーブも連続的になるよう見直していくことが、今後の課題となる。
　「65歳まで現役であることを示すためには、理念だけではなく、賃金などの制度面でも示していく必要があると思っています。今はシニアスタッフ制度と比較して水準が引き上がったため、社員から不満は出ていませんが、言葉の厳密な意味での『同一労働同一賃金』にはなっていない状況です。長い時間がかかる課題ですが、賃金カーブを65歳まで連続性のあるものとして、65歳までが現役であることを制度面でも示していきたいと考えています」

6. 他社へのアドバイス

制度の思想や目的を明確にすることが肝要。
目的に合った制度を設計することで、
社員にも制度に込めたメッセージが伝わりやすくなる

　最後に、他社が定年延長を検討する際のアドバイスを西郷氏に伺った。
「制度を入れる際の思想、目的をしっかり定めることが重要だと思います。当社の場合は"優秀なベテラン社員の確保"を目的としていましたし、より根幹にある目的は『人の確保・維持』でした。この思想から定年延長の枠組みを考えたときに、どこかの世代の賃金や手当を削って、その分を60歳以降の世代に充当すると、60歳より前の世代のモチベーションが下がり、別の世代の『人の確保・維持』が難しくなるだろうと考えました。

　当社のように経験を積むほど能力が向上していく"職人肌"の会社ですと、世代間での技能継承が非常に重要です。このため、世代間で社員のモチベーションに差が生じてもいけないし、退職などで世代ごとの人数に極端な差が生まれることがあれば、技能継承が難しくなるでしょう。当社の根本思想から考えたときに、後戻りができない損失が出るリスクを取るよりは、会社が人件費の増加を受け入れるべきと判断しました。

　経営サイドが、この判断を認めてくれるかという問題はありますが、"65歳まで活躍してほしい"、ひいては"社員を大事にしている"というメッセージが、社員に一番シンプルに伝わりやすい改定の仕方ではないでしょうか」

事例❸ 日置電機

段階的定年引き上げを前倒しし、2017年4月より65歳定年制へ。
同時に70歳までの継続再雇用制度を整備

取材対応者：取締役 常務執行役員 管理担当 兼 人事部長　巣山芳計氏
　　　　　　人事部 人事政策担当部長　赤沼徹也氏

ポイント

❶ **段階的な定年延長**：2025年に65歳定年となるよう、2013年より段階的に定年年齢を引き上げ。2017年4月に前倒しで65歳定年へ移行

❷ **65歳定年制の内容**：60歳到達以降も従前と同じ職務を担う。給与を毎年約10%漸減する仕組みとし、5年間の平均で60歳時の約70%の水準とする

❸ **70歳までの継続再雇用制度**：65歳定年以降の再雇用制度を整備し、70歳まで働ける仕組みを新たに導入

❹ **中高年層の給与見直し**：定年延長を機に、48歳以降の給与を改善し、社員のモチベーションアップにつなげる

❺ **2018年4月の改定**：60～65歳までの給与支給基準を考課によるものとし、一律10%ずつの減額を廃止

※取り組み内容は取材時（2018年7月）時点のもの。

CORPORATE PROFILE

1935年創業。電気計測器メーカーとして、製品の開発、生産、販売、アフターサービスまでを一貫して行っている。約300種類の製品はいずれも自社開発製品であり、オンリーワンの高付加価値製品として毎年30種類程度の新製品を発売。アメリカをはじめ、中国、シンガポールにも拠点を置く。
https://www.hioki.co.jp/jp/

本社　長野県上田市小泉81
資本金　32億9946万円
従業員数　874人

〈2018年6月末現在〉

第8章　65歳定年制導入企業の事例

1. 定年延長に至った経緯

人手不足などを背景に、前倒しで65歳定年制へ。
同時に70歳までの継続再雇用制度を整備

[1] 65歳定年制への移行

　長野県上田市に本社を置き、電機計測器の専門メーカーとしてグローバルに事業を展開する日置電機は、定年年齢を段階的に65歳へ引き上げることを2011年に決定した［図表1］。老齢厚生年金（報酬比例分）の支給開始年齢引き上げに連動する形で、2025年に65歳へ完全移行することを目標に、2013年から3年ごとに60歳の定年年齢を1歳ずつ延長していく計画だ。2016年4月に62歳へ定年を引き上げたところだったが、2017年4月に、2025年より前倒しして、定年年齢を65歳に引き上げることにした。また、同時に、65歳以降は継続再雇用として70歳まで働くことのできる制度を整備した［図表2］。
　このように前倒しで65歳定年に移行した背景として、人手不足への対応や、同社の人員構成上の問題があったと巣山氏は話す。

図表1　定年に関する人事制度改定の経緯

時　期	内　容
1987年	55歳から60歳へ定年延長
2005年	定年後65歳までの再雇用制度を開始
2011年	2013年4月施行の改正高年齢者雇用安定法を見据え、公的年金支給に合わせ、定年年齢を3年ごとに段階的に引き上げ65歳とすることを決定
2012年4月	48〜60歳の処遇改定
2013年4月	定年年齢を60歳から61歳に引き上げ
2016年4月	定年年齢を61歳から62歳に引き上げ
2017年4月	定年年齢を前倒しで65歳に引き上げ、定年後も70歳まで働けるよう改定
2018年4月	60〜65歳の処遇改定

図表2 60歳以降の勤務形態

社員形態	正社員					定年後 継続再雇用					雇用満了
年齢	～60歳	61歳	62歳	63歳	64歳	65歳	66歳	67歳	68歳	69歳	70歳
雇用形態	週5日フルタイム 60歳役職定年（資格維持） （退職金支給率定年時と同様の優遇）					週5日フルタイム（1日7時間40分）					
						週5日時短（1日6時間）					
						週4日フルタイム					
						週3日フルタイム					

「長期的に見ると、今後少子高齢化に伴う労働人口の減少で、労働力が不足していくことは確実です。また、景気が好調の今、現場では人手不足が既に起きており、できるだけ早く人材が欲しい状況が続いていました。当社では毎年新卒採用を行っていますが、新たに人材を採用した場合は戦力化に時間がかかります。そこで、経験豊富なベテラン社員にもう少し長く働いてもらい、スキルを活かしてほしいと思ったのが理由の一つです。

　さらに、当社の人員構成上の問題も大きく影響しています。多くの会社でもそうかと思いますが、当社の人員構成を見たときに、バブル期に入社した世代がボリュームゾーンとなっています。今は60歳に到達する社員が毎年10人程度とそこまで多くはありませんが、数年後には多い年で50人弱になる見込みです。そのため、人数の少ない今のうちから手を打ち、ピーク時に備える必要があると判断し、前倒しで65歳定年制に移行することにしました」

[2] 2017年までの嘱託再雇用制度の内容

　定年を65歳に引き上げる前までは、定年後については嘱託再雇用制度により65歳までの雇用を確保していた。再雇用者は「シニアスタッフ」と呼び、①通常勤務（週5日、1日7時間40分）、②短時間勤務（週5

日、1日6時間)、③短日数勤務(週4日、1日7時間40分)の中から勤務形態を選択する。段階的に定年を延長していた間も、65歳より前に定年を迎える社員は再雇用制度の下で65歳まで継続して働くことができた。

再雇用者の基本給は業務別に3段階の年収幅が定められており、その中で勤務形態ごとに給与を設定し、65歳の雇用満了まで給与改定は行わない。一方、再雇用時も評価は実施しており、その結果を賞与に反映し、正社員の平均月数に考課係数90〜110%を乗じて支給していた。

通常勤務の場合、年収は5年間平均で60歳時に支給される総額の約半分とした。なお、制度導入当初は再雇用任用時に給与を60歳時の50%ほどに下げていたが、途中から運用を変更し、61歳時(初年度)70%、62歳時60%…と段階的に給与を引き下げ、5年間での総額は変わらないものの、給与が漸減する仕組みとしていた。これは、前年の所得によって住民税が決まるため、給与が大きく減少することに伴う負担感を減らすこと、子どもにかかる費用も60代前半のほうがかかることに配慮している。

2. 65歳定年制の内容

担当する職務や働き方は60歳到達前と変わらない。
60歳以降は給与を10%漸減する仕組みに

[1] 勤務形態、職務内容

定年を延長するに当たっては、単純に65歳へと定年をスライドさせる形とし、担当する職務や働き方は60歳到達前と変わらない。そのため、60歳以降も週5日のフルタイム勤務で、人事評価制度なども引き続き60歳以前と同じものが適用される。一方で、役職定年については従前と同じ60歳のままとし、60歳に到達すると所属長などのマネジャーはポストから降りることになる。

65歳定年へ前倒しで移行したものの、旧制度の段階的な移行期に定年が63歳や64歳で設定されていた社員の中には、定年後65歳までの期間は

フルタイム勤務ではなく短日数勤務を希望する者がわずかにいた。そのため、移行措置として、希望する社員にはそういった働き方も特別に認めることにしている。

また、65歳を定年としているが、半年前に申告すれば65歳以前でも定年退職として扱うこととした。なお、同社では定年年齢の誕生日以降最初に到来する９月末日と３月末日を定年期日としており、これは以前から変更していない。

[2] 月例給、賞与

同社の月例給は、主に基本給と資格手当で構成している［図表３］。基本給は年齢給と能力給の２本立てで、資格手当は職能資格等級に応じて支給される。また、部下のマネジメント等を担う所属長に対しては所属長手当を支給しているが、60歳の役職定年後は所属長手当が支給されなくなる。一方、職能資格は65歳まで維持されるため、資格手当は65歳まで継続して支給される。

賞与は業績連動方式で原資を決定し、各人の考課結果に応じて支給月数に係数を乗じて金額が決まる仕組みである。かつては55歳以降については考課を反映していなかったが、2016年からは年齢の枠を取り払い、

図表３　給与構成

基本給	＋	資格手当	＋	所属長手当
年齢給／能力給 （48歳まで自動昇給、48～55歳までは加算給により昇給）		職能資格等級によって、資格の高さに応じて定額支給（65歳まで支給）		組織の長である所属長に対して加算（60歳の役職定年後は不支給）

55歳以降も含めて全社員に考課結果を反映するようにした。これにより、実質的に55歳以降の賞与支給額は増額している。

また、年収ベースで見ると、2017年4月の65歳定年への移行に際し、60歳以降の賃金水準を引き上げている［**図表4**］。2017年3月までの旧制度では、60歳以降は定年まで段階的に漸減し、定年後はシニアスタッ

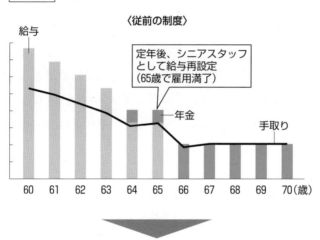

図表4　60歳以降の年収イメージ

〈従前の制度〉

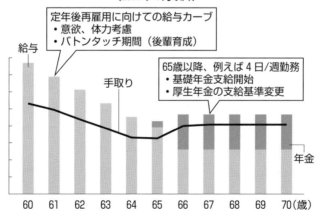

〈2017年4月以降〉

フとして給与を再設定した上で、65歳まで一定額を支給する仕組みとしていた。一方で、2017年4月の制度改定では65歳時の年収が60歳時の50％程度となるよう、5年かけておよそ10％ずつ段階的に減額する仕組みとした。5年間の平均で見ると、60歳時の約70％の水準となる。

「60歳時の約70％という水準は、世間相場からすると比較的高いほうだと思いますが、社員のモチベーションの維持・向上という観点から、それなりの報酬水準を用意することが大切だという考え方があり、以前よりも処遇を改善しました」（赤沼氏）

10％の減額は評価にかかわらず基本給で一律に行う一方、賞与では考課結果を反映し、正社員平均月数に考課係数60〜120％を乗じて支給する。

なお、2017年の制度改定前に定年を迎え、嘱託再雇用として働いている65歳以下の社員に対しては、シニアスタッフという社員区分はそのままであるものの、経過措置として65歳定年が適用された場合の収入となるように差額分を補填している。

[3] 退職金

退職金は定年年齢である65歳で支給する。退職金の計算式は「基本給×勤続年数×支給率」となっているが、60歳以降に自己都合で退職した場合でも65歳の定年退職と同じ最大係数で計算する。また、前倒しで65歳定年になったことに伴い、退職金の支給が65歳となって生活設計の面で困る場合には貸付も行うことにしたが、希望した人は今のところいないという。

なお、2013年以降、計算式に用いる勤続年数の上限を35年から段階的に引き上げていたが、2017年より40年とした。

3. 70歳までの継続再雇用制度

70歳まで働くことのできる制度を整備

[1] 65歳以降の働き方

　2017年4月に65歳定年へ延長する前は、嘱託再雇用制度で65歳まで働くことができたが、シニアスタッフの中には高度なスキルを持つ人材が多く、近年はそうした人材と個別に雇用契約を結んで会社に残ってもらうケースが各部署で生じていた。そこで、65歳定年へ移行するとともに、上限を70歳とする継続再雇用制度を整備した。

　担当業務は、基本的に65歳の定年退職時に担っていたものを継続するが、人員配置や本人の要望を考慮して変更する場合もある。

[2] 継続再雇用制度の内容

　継続再雇用制度の内容は65歳定年以前の制度を基本的に引き継いでいる。勤務パターンはフルタイムの通常勤務のほか、勤務日数や所定労働時間を減らした勤務形態があり、体調や健康面を考慮して社員が選べるようにしているが、今回の制度では65歳以降の健康・体力面を考慮して、新たに短日数勤務②（フルタイム、週3日）を用意した［**図表5**］。なお、勤務形態は契約更新の際に変更することも可能である。

　65歳以降の再雇用については、健康面や意欲面での個人差が大きくなることを想定し、健康面や能力・意欲面で雇用基準を設けている［**図表6**］。65歳以降は法律での雇用義務がないことから、これらの要件を満たさない場合は、契約更新をしない。

[3] 給与

　月例給は設計、販売、生産・事務など、担当する業務によってa〜dの給与水準を設定している。これらの区分は定額ではなく、公的年金が満額受給できる金額内で、それぞれ約4％の幅で給与レンジを設けて

図表5　継続再雇用の勤務形態、処遇

勤務形態	通常勤務	短時間勤務	短日数勤務①	短日数勤務②
勤務日数（/週）	5日	5日	4日	3日
勤務時間（／1日）	7時間40分	6時間	7時間40分	7時間40分

※勤務形態は、上記から選択。

処遇等の項目	業　務　種　別
給　与 ・短日数勤務は所定勤務日数割り ・短時間勤務は所定勤務時間を考慮し決定	a　特定の技術や高度なスキルを有しそれを発揮する業務（設計等） b　特定の経験や業務特有のスキルを有しそれを発揮する業務（販売等） c　特定の技能や専門的なスキルを有しそれを発揮する業務（生産・事務等） d　一般的な経験・技能を有しそれを発揮する業務（生産・事務等） 各種別の給与レンジをもとに個別スキル、経験、実績または再雇用時の業務が前職の経験を活かした業務か否かを考慮した上で、個別に設定した給与を労働条件通知書に記載
賞　与	正社員に準じ業績連動賞与とし、考課結果に応じて係数を乗じて支給（考課係数：90～110%）
年次有給休暇	・通常勤務および短時間勤務、短日数勤務①：4月1日付で20日付与 ・短日数勤務②：4月1日付で11日付与（法定比例付与による）
時間外・休日・深夜労働	実施しない
社会保険	労災保険、雇用保険、厚生年金保険加入 ・雇用保険については、保険料納付は免除される※

※2017年1月より65歳以上の方も雇用保険の適用対象となっている。なお、65歳以上の場合、雇用保険料の徴収は2019年度までは免除されている。

図表6　継続再雇用の基準

- **健康の基準**
  人間ドックの結果に基づき、必要な診察、治療を適切に受けていること
  職務上必要な視力・体力が許容範囲かどうか
- **能力・意欲の基準**
  会社が求める業務遂行水準に達していること
  業務態度から遂行意欲が水準に達していること

いる。

　継続再雇用となった場合は業務種別ごとの給与レンジ内で、本人のスキルやこれまでの実績等を考慮して個別に給与額を決定する。いったん設定した給与は原則として変更しないが、契約更新時に見直す場合もあり得る。

　賞与は一律設定とせず、65歳以降も正社員に準じた業績連動賞与とした。人事評価に応じてベースとなる支給月数に係数（90～110％）を乗じて支給する。

[4] 運用実績

　制度を整備して2年目の今、65歳以降も継続して勤務する社員は多くないものの、多くの社員が通常勤務を選択している。

　65歳以降の雇用が制度として導入されたことを現場は前向きに受け入れているという。

　「現在、製造現場では人手が足りていないこともあり、高いスキルを持ったベテラン社員への周りの期待は大きいです。今は対象となる社員がラインスタッフ中心ですが、今後は技術職や事務職などが65歳になったときに現場で必要とされるかが次の課題になると認識しています。例えば、マネジャーをやってきた人などに対して、65歳以降にどういった仕事のニーズがあるかについては現在検討しているところです」（赤沼氏）

　なお、65歳以降の継続再雇用制度の運用に当たっては、定年退職者と現場を結ぶためにジョブマッチングの仕組みを取り入れ、専任者を人事部内に配置した。対象者本人の経験やスキルなどをヒアリングし、所属長とは違った角度・視点からアシストすることで、現場と本人をつなぐ役割を目指している。

4. 中高年層の賃金カーブの見直し

賃金カーブを是正し、48歳以降も昇給する仕組みとする

　同社では、2011年に65歳に向けて段階的に定年を延長するのと同時期に、中高年層のモチベーションを維持し、能力を発揮してもらうために48歳以降の給与も見直している。

　前述のとおり、同社の給与体系は、主に基本給部分と資格手当で構成されている（[**図表3**] 参照）。そのうち、基本給部分は年齢給と能力給の2本立てで、年齢給は48歳まで自動昇給し、それ以降は頭打ちとなる。能力給も資格に応じたものであるため、48歳以降は昇格しない限り給与が上がらなかった。

　さらに、55歳以降は評価によっては賃金が下がる仕組みを取り入れていた。具体的には、7段階評価で平均的な評価を取っていれば賃金は下がらないものの、下位3段階の場合には最大7％下がることになる [**図表7**]。

　この仕組みだと、48歳以降は賃金が横ばい、もしくは下がることになるが、定年延長により、その期間が以前よりも長く続くことになる。そこで、2012年4月に賃金カーブを見直し、60歳までは昇給が可能な仕組みとした。

　「従来の賃金カーブでは、社員は会社に入ってからの継続教育によって能力を徐々に伸ばしていき、それに伴って給与も増えていくという年功的な考えが反映されています。1987年に定年を55歳から60歳に延長したときもこの処遇体系を変更しませんでしたが、48歳から給与が横ばいもしくは下がる仕組みでは、65歳までモチベーションを維持して働くことは難しくなると考え、65歳への定年延長を契機に制度を見直すことにしました」（巣山氏）

　48歳まで自動昇給する年齢給は変更していないが、それ以降の年齢では1000～2000円の加算給という形で55歳まで昇給する仕組みを新たに設

第8章 65歳定年制導入企業の事例

図表7 48歳～定年までの処遇イメージ

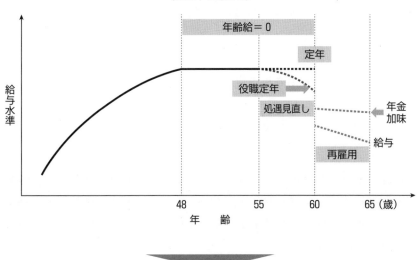

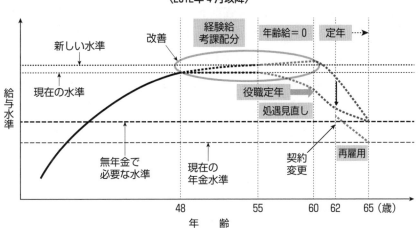

けた。48歳までと比べると昇給額は減るものの、必ず昇給し、評価が悪い場合でもまったく昇給しなかったり、減給となったりすることはない。ただし、55歳以降は基本給の水準を93～101％とし、考課によって下がる仕組みを残している。

5. 60歳以降の賃金制度を再度見直し

60歳以降も給与が下がらないように制度を改定し、
対象社員のモチベーションに配慮

　2017年4月に65歳定年制へ移行し、60歳以降の給与を約10％ずつ漸減する制度に改定したばかりだが、2018年4月より60歳以降の賃金を再度見直し、標準評価であれば下がらず、下位評価の場合には下がる仕組みに改めた［図表8］。
　「当社は目標管理制度により人事考課を行っており、60歳以降も継続して実施しています。しかし、2017年改定の制度だと、評価を行ってはいるものの、給与が一律で10％程度下がる仕組みとなっているため、評価が給与に結びついているとはいえませんでした。それでは社員はモチベーション高く仕事ができないですし、そこそこにやればよいと会社が言っているようなものです。そこで、65歳まで社員のモチベーションを維持し、能力を発揮してもらうためにも一律の減額を廃止し、評価によって支給基準を決定する方式に変えました」（巣山氏）
　具体的には、60～65歳までの給与水準を評価結果に基づいて決めることとし、90～101％の間で給与を決定する。55～60歳までは93～101％であるのに対し、下げ幅を93％から90％と若干大きくしている。なお、65歳以降の継続再雇用制度は見直していない。

第8章　65歳定年制導入企業の事例

| 図表8 | 2018年4月の制度改定内容

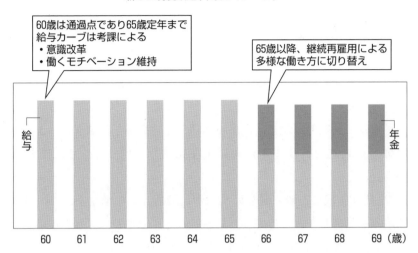

新しい制度改定（年収のイメージ）

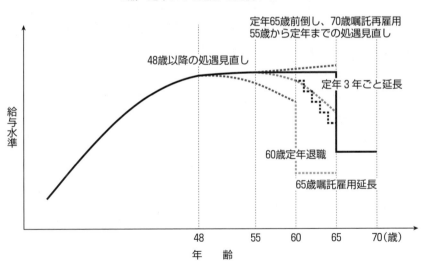

48歳～定年までの処遇　改定後のイメージ

315

6. 今後の課題

今後はミドル・シニア層のキャリア形成が課題

[1] 制度全体の見直し

　新制度がスタートしてからまだ3年目であるが、2011年に定年を延長することは発表していたことから、65歳への定年延長について多くの社員から「安心して長く働ける」と前向きに受け止められている。

　さらに、同社では現在、従来の年功的な賃金を一部見直し、より評価に応じた処遇を実現するために現在見直しを行っているところだという。

　「当社は年収に占める賞与の割合が比較的高いのですが、この賞与の仕組みを見直したところです。基本給もそうですが、賞与も年功的な要素が強く、職能等級で資格が上位の社員のほうが賞与の配分も大きくなっていました。しかし、近年は若手のボリュームゾーンが増えており、活躍も大きいです。そこに対しても適正な報酬を支払うために、賞与制度を見直すことにしました。48歳以降の賃金カーブの是正をはじめ、今まで年功的だった賃金体系を見直し、より成果に見合った処遇へと変更している途上です」(赤沼氏)

[2] 今後の課題

　今回の制度改定は、主として中高年層の賃金カーブを引き下げることなどで人件費の原資を捻出するといったことは一切せず、完全に会社の持ち出しとしている。全体としてコストアップにはなるものの、長期的に安定した人材確保が重要であるとの経営判断の下、今回の制度導入に踏み切った。

　「人件費をコストと捉えるのではなく、人材への投資と捉え、制度改定を行ってきました。当社は電機計測器の専門メーカーで、大量に何かを生産したり、サービスを提供したりするのではなく、新たな価値を創

造することに社員の多くが携わっています。そのため、賃金を引き上げる分、モチベーション高く働いてもらい、価値を創造してもらえばよいと前向きに捉えています。とはいうものの、今回の制度は当社が今後も成長発展し続けることを前提に設計しています。今後、60歳に達する社員が増えていく中、給与に見合った働きをしてもらい、確実に業績向上につなげていきたいと考えています」（巣山氏）

そのためには、40代のミドル層をはじめ、50代のシニア層に対して60歳以降の働き方を見直すきっかけをつくっていく必要があると巣山氏は話す。

「今はミドル研修として、45歳時に職制関係なく1泊2日の研修を実施していますが、そのほかに特別に行っている取り組みはありません。当社としては、60歳以降は後継者育成などに力を置いてほしいと考えていますが、実際はその意識が希薄であったり、会社の求めるものと当人の意識がずれているケースもあったりします。今後65歳まで働く上で、どのような役割を担い、どう会社に貢献していくか、今までと意識を変えていく必要がありますが、現在はそういった仕組みが十分とはいえません。そのため、若いうちから将来の働き方やそれに向けた準備ができるよう、ワーキンググループをつくって議論を進めているところです」

また、65歳以降の継続再雇用については、現在は対象者が多くないことから問題なく運用できている一方で、企業と社員がお互いにWin-Winの関係となるためには何がベストなのか、検討していく必要があるという。

「特に65歳以降は体力面や健康面で個人差が大きくなってくるため、全員が70歳まで働くことができるわけではないと思います。場合によっては会社から契約更新できないと"戦力外通告"をする必要が出てくるかもしれません。できれば社員自身が自分の引き際を察して、お互いに良い終わり方ができればよいと考えています」（赤沼氏）

7. 他社へのアドバイス

高年齢層にも頑張った人が報われる仕組みが重要。
年齢によらずに活躍してもらう方策を真剣に議論することが必要

　今後若年労働力が減少していく中、ミドル・シニア層の継続的な活躍・貢献は企業にとって重要度を増してくる。同社はいち早く定年延長へと踏み切っているが、制度を見直していく中で、賃金水準の引き下げはモチベーションへの影響が大きいと巣山氏は話す。
　「当社は2018年4月より、60歳以降の賃金について一律で10％減額する仕組みを改め、考課によって変更するようにしました。これは、現場のヒアリングなどを通じて、一律の賃金引き下げがモチベーションダウンにつながっていると実感したからです。なかなか難しいと思いますが、高年齢層も考課を賃金に反映し、頑張った人が報われるように制度を設計していくことが大事だと思います。
　また、高年齢者になってくると、健康や体力面で個人差が大きくなりますが、まだまだ現役で活躍できる人材が年齢を理由に会社を去らなければいけないことは、本人にとっても会社にとっても大きな損失です。これまでの制度改定は、年齢によらずに活躍してもらうにはどうすればよいか、という考えが根底にあります。今後、労働力人口が減っていく中で、そういった議論をしていくことは重要だと感じています」

カバー・本文デザイン／株式会社ローヤル企画
印刷・製本／日本フィニッシュ株式会社

65歳定年に向けた人事処遇制度の見直し実務

2019年 4 月13日 初版発行
2019年 9 月20日 初版 2 刷発行

編　者　労務行政研究所
発行所　株式会社 労務行政
　　　　〒141-0031 東京都品川区西五反田 3 - 6 - 21
　　　　　　　　　住友不動産西五反田ビル 3 階
　　　　TEL：03-3491-1231　FAX：03-3491-1299
　　　　https://www.rosei.jp/

ISBN978-4-8452-9281-3
定価はカバーに表示してあります。
本書内容の無断複写・転載を禁じます。
訂正が出ました場合、下記URLでお知らせします。
https://www.rosei.jp/static.php?p=teisei